德清火烧山

——原始瓷窑址发掘报告

浙江省文物考古研究所
故 宫 博 物 院
德 清 县 博 物 馆

文物出版社

北京·2008

封面设计　张希广
责任印制　陆　联
责任编辑　谷艳雪

图书在版编目（CIP）数据

德清火烧山：原始瓷窑址发掘报告/浙江省文物考古研究所，故宫博物院，德清县博物馆编著. – 北京：文物出版社，2008.3

ISBN 978-7 –5010-2435-3

Ⅰ. 德…　Ⅱ. ①浙…②故…③德…　Ⅲ. 瓷窑遗址 – 发掘报告 – 德清县　Ⅳ. K878.55

中国版本图书馆 CIP 数据核字（2008）第020570号

德 清 火 烧 山
——原始瓷窑址发掘报告

浙江省文物考古研究所
故 宫 博 物 院 编著
德 清 县 博 物 馆

*

文 物 出 版 社 出 版 发 行
（北京东直门内北小街2号楼）
http://www.wenwu.com
E-mail:web@wenwu.com
北京达利天成印刷有限公司印刷
新 华 书 店 经 销
787 × 1092　1/16　印张：15.75　插页：1
2008 年 3 月第一版　2008 年 3 月第一次印刷
ISBN 7-5010-2435-3　定价：228.00 元

DEQING HUOSHAOSHAN

Report on an Ancient Green Proto-porcelain Kiln Site

(With Abstracts in English, Japanese and Korean)

by

Zhejiang Provincial Institute of Cultural Relics and Archaeology
Palace Museum
Deqing County Museum

Cultural Relics Press
Beijing · 2008

目　录

附　表　火烧山窑址各探方出土主要器物统计表

附　录

插图目录

彩版目录

第一章　概　述

第一节　地理位置及建制沿革

德清县今属浙江省湖州市，位于浙江省北部、杭嘉湖平原西部，即北纬30°26′～30°42′、东经119°45′～120°21′之间（图一）。东邻桐乡，南毗杭州余杭区，西界安吉，北接湖

图一　德清县位置示意图

州市区。气候属亚热带湿润季风气候，温暖湿润，四季分明，主要矿藏有萤石、石煤、白云岩、石灰岩、花岗岩以及磁铁矿、铌铁矿、褐铁矿等18种。地势自西向东倾斜：西部为天目山余脉，东部为平原水乡，中部为丘陵、平原区。中部丘陵坡度平缓，草木丛生，丘陵附近的陶土、瓷土资源丰富，尤其是临溪沿河的丘陵坡地，交通运输条件更加方便，是置窑烧瓷的理想场所。

德清县境周初隶吴，春秋属越，越灭属楚。秦汉两代，为乌程县南疆、余杭县北境。三国入东吴版图，吴黄武元年（222年），武康立县，初名永安。晋太康元年（280年）改永安为永康，太康三年（283年）改名武康。唐天授二年（691年），析武康县东境17乡置武源县，景云二年（711年）改名临溪县，天宝元年（742年）又改名德清县。此后两县长期并存。1958年，武康并入德清县，县治城关镇，1994年县城搬迁至武康镇。

火烧山窑址位于德清县武康镇龙山村武洛公路西北500米处的掘步岭水库（图二）。"地形属西天目山余脉向东部嘉（兴）湖（州）平原水乡过渡的低山丘陵地带。窑址西北

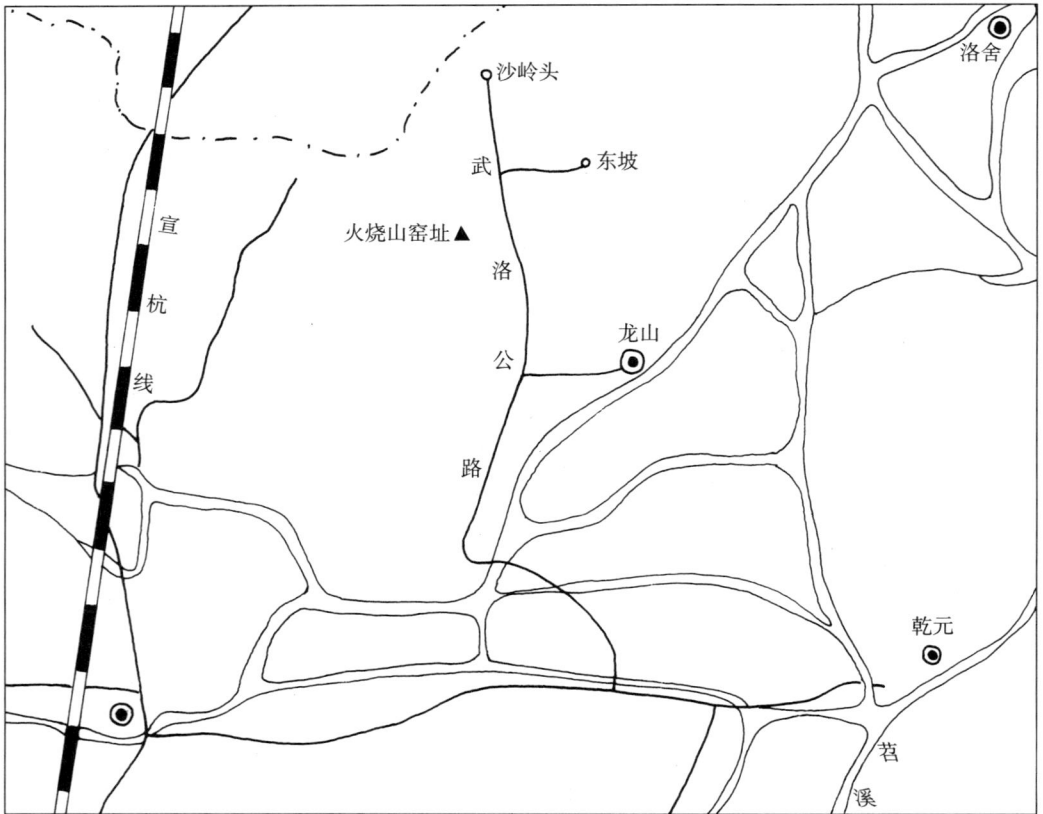

图二 火烧山窑址位置示意图

面丘陵起伏，东面紧邻嘉湖平原，土地肥沃，河流纵横，东与苕溪贯通后向北汇入太湖。在古代，山上林木茂盛，燃料丰富，瓷土可就近开采，又有舟楫之利，原始青瓷生产的自然条件优越。"①

第二节　德清原始瓷的发现与研究

德清古窑址的发现，主要始于上个世纪50年代，当时在德清县城城关镇，即今天乾元镇的焦山、丁山、城山、小马山等地发现了六朝时期的古窑址②，这些窑址在烧造青瓷的同时兼烧黑瓷③，黑釉匀润饱满、色黑如漆而深受人们喜爱，是当时已经发现的我国最早生产黑瓷的窑场。但当时认为"德清窑的烧造历史并不久长，从东晋开始到南朝初期结束，共一百多年"④。由于越窑东汉时期烧造黑瓷产品窑址的发现，德清窑在中国陶瓷史上的地位急剧下降，有学者甚至认为它仅仅是受六朝越窑的影响而短暂存在的一个窑场。至上世纪80年代初文物普查工作开展以后，德清县的文物工作者已先后发现古代窑址几十处，表明德清境内古代瓷业生产自西周晚期烧制原始瓷器始，经战国、东汉、六朝，延至唐宋，其历史跨度将近两千多年，可分为西周至战国时期原始青瓷窑址、东汉至东晋南朝时期的鼎盛时期青瓷窑址、隋唐至宋代衰落时期的青瓷窑址三大阶段。其中原始瓷窑址已发现了30多处，年代从西周晚期一直延续到战国早期，是目前我国发现的窑址最集中、跨越时间最长、序列最为完整的原始瓷窑区。

朱建明先生对德清境内原始青瓷窑址的调查资料进行了整理，在《考古》1989年第9期上发表了《浙江德清原始青瓷窑址调查》一文，第一次对德清的原始瓷资料进行了系统、全面的梳理和研究。该文将当时已经发现的原始瓷窑址分为早中晚三类，基本构建了德清原始瓷发展的年代大框架。

---

① 朱建明：《浙江德清原始青瓷窑址调查》，《考古》1989年9期。
② 汪扬：《德清窑调查散记》，《文物参考资料》1957年10期；浙江省文物管理委员会：《德清窑瓷器》，《文物》1959年12期。
③ 德清窑是最早发现的烧造黑釉瓷器的窑址，因此"德清窑"以黑釉备受世人的瞩目，后来实地调查的学者包括朱伯谦（《浙江瓷业的新发现与探索》，载《朱伯谦论文集》，紫禁城出版社，1990年）、姚桂芳（《杭州地区古窑址调查概况与认识》，《东方博物》第4辑）等人均认为德清窑以烧造黑瓷为主。但据朱建明从几处窑址资料的整理结果看来，这一观点值得商榷。通过对小马山窑址出土标本的初步整理统计，确定其黑釉瓷器标本所占比重不足20%。此外，余杭石马斗窑址两期发掘的标本数量也以青瓷占据绝对的优势，黑瓷不足20%。在余杭的其他窑址中，因工程建设几乎破坏殆尽的西馒头山，在原址上散落大量的瓷片标本，还是以青瓷占绝大多数，黑瓷只占很小的比例。东馒头山正在发掘中，从初步的发掘成果来看，也是以青瓷占绝大多数。原大陆果园等地，目前无乎无法采集到黑釉瓷片。此外，德清青山坞汉代窑址和墅元头、漾口东山、漾口、宅前窑墩等隋唐时期窑址，均以青瓷为主，仅少量的黑瓷产品。据此，几乎可以确定，德清窑自东汉至隋唐，产品包括青瓷与黑瓷两种，并且从出土的青瓷与黑瓷相互粘连的情况来看，为同窑烧造，但青瓷产品的数量远远超过黑瓷，黑釉产品占全部产品数量的不到20%。
④ 中国硅酸盐学会编：《中国陶瓷史》，文物出版社，1982年。

除了窑址的资料外，德清县还是商周时期重要的土墩墓分布区。历年来的文物普查资料及考古发现表明，不仅是丘陵地区的山脊、山坡和平地，甚至东部水乡泽国的新市镇都广泛分布着此种类型的墓葬，它与湖州市其他市、县，以及江苏南部茅山丘陵的同类遗存连成一片，文化内涵也基本一致。这些墓葬的发现和发掘，大大丰富了原始瓷的研究材料。目前经过发掘的重要土墩墓材料主要有三批：皇坟堆①、塔山②、独仓山③。

第三节　火烧山窑址的发现、发掘及保护

火烧山窑址是1984年在全国第二次文物普查中被德清县文物工作者发现的。1986年朱建明先生的《火烧山窑址调查报告》在浙江省考古学会学术研讨会上交流，引起了浙江省文物考古界的关注。1988年，浙江省文物考古研究所组织古陶瓷专家对德清的古窑址进行了系统的复查。1989年，朱建明《浙江德清原始青瓷窑址调查》在《考古》杂志发表后，中国社会科学院、中国古陶瓷学会及浙江、上海、江苏、四川、台湾以及日本等地的古陶瓷学者纷至沓来，对窑址或标本进行考察。火烧山窑址逐渐引起文物考古界的关注。

2006年6月德清县水利建设"千库保安工程"项目之一的掘步岭水库加高加固工程涉及火烧山原始青瓷窑址，德清县和浙江省两级文物部门闻讯后多次派专业人员进行现场调查，并决定进行抢救性发掘。2007年3月下旬至5月下旬，浙江省文物考古研究所、故宫博物院、德清县博物馆组成联合考古队，对窑址进行了抢救性发掘，发掘面积近900平方米，发现了窑炉、灰坑、柱洞等一大批遗迹及包括碗、盘、罐、平底尊形器、鼎、卣、簋等在内的大量精美原始瓷标本。

窑址主要堆积位于水库大坝东头的火烧山西坡，1958年修筑的掘步岭水库大坝直接叠压在窑址之上，将窑址一分为三。本次依此划分为三个发掘区：大坝的东头北面为Ⅰ区、东头南面为Ⅱ区、大坝西头北侧为Ⅲ区。（图三，彩版一、二）

本次发掘出土遗迹均分布在Ⅰ区，本报告将在Ⅰ区直接予以详述；对出土遗物，三区作为一个整体进行整理，本报告将统一划分型式并首先交代典型器物型式划分的标准和原则，具体的标本示例将在各区分别予以详细介绍。

---

① 姚仲源：《浙江德清出土的原始青瓷器》，《文物》1982年4期。
② 朱建明：《浙江德清三合塔山土墩墓》，《东南文化》2000年3期。
③ 浙江省文物考古研究所、德清县博物馆：《独仓山与南王山》，科学出版社，2007年。

图三 火烧山窑址三区位置示意图

第二章　出土遗物综述

第一节　出土遗物概况

出土器物绝大多数为原始瓷器，发现少量窑具，偶见印纹陶、石器、青铜残片及其他类型的陶器。

原始瓷器以碗为主，其次是盂、小盂和仿青铜礼器的卣，少量的盘、罐、小罐、钵、小钵、平底尊形器、器盖、盆及仿青铜礼器的鼎（彩版三，1）、簋，偶见羊形器、小杯形器等。

窑具仅见一种近似于圆锥形的间隔具——托珠，Ⅰ区、Ⅱ区均有发现，其中Ⅰ区有少量发现，Ⅱ区数量很多，部分与碗底粘结，一般三个等距置于碗底。

印纹陶包括印纹硬陶与印纹软陶两种，前者主要是罐，后者主要是鼎类炊器。

石器有斧、锛、镞等。

其他类型陶器为少量陶网坠。

第二节　典型器物的型式划分

以出土数量多、出现频率高、器形变化明显并且有一定规律，对其分类、分型、分式具有分期意义作为挑选典型器物的标准。本报告选择的典型器物均为原始瓷器，包括碗、盂、小盂、盘、罐、小罐、钵、小钵、平底尊形器、器盖、鼎、卣、簋。本节主要按器形分别介绍其型式划分的原则和标准。

1. 碗

数量最多。按口、腹部形状不同大致可分为6型。

A型　浅坦腹碗。

翻折沿，沿面内弧。按口沿、腹部和底足的不同可分为3式。

Ⅰ式　尖圆唇，子母口，弧腹浅坦，浅圈足。浅圈足用手捏制而成，多不甚规则，可看到明显的手捏痕。釉色较深，呈青褐色，釉层较厚，施釉不均匀，但均为满釉，生烧、剥釉现象严重。子母口上堆贴有横"S"形纹,以三个为主。内底无旋纹或旋纹不明显,外底部均粘结白色砂性烧结物。

Ⅱ式 尖圆唇,浅坦腹略深,浅圈足或假圈足①,假圈足平底内凹。圈足外圈有明显的手捏痕。均为满釉,施釉不均匀,釉层较厚,釉色较深,呈青褐色,大多玻璃质感较强,生烧与剥釉现象较为严重。部分沿面上贴附有两个小"S"形纹。内底有明显的旋纹,旋纹较粗疏。

Ⅲ式 浅弧腹,平底内凹或假圈足平底内凹,前者为主。均满釉,施釉不均匀,釉层较厚,釉色较深,生烧与剥釉比前两式明显减少。内底旋纹明显,比前两式略为细密;外底有明显的线割痕迹,线割后底边不加任何的修整,底边明显向外侧不规则地外凸。外底部均粘结白色砂性烧结物。极少部分内底见有三个托珠留下的痕迹,偶见粘有托珠的现象。托珠均为泥质,形体较扁,其侧边多见有裂痕。

B型 深腹碗。

按口沿不同可分为7式。

Ⅰ式 圆唇或尖圆唇外撇,翻折沿,沿面略内弧,近直腹略弧而深,平底较大略内凹。

Ⅱ式 翻折沿,沿面斜平,大部分沿面上有凹弦纹两道,近直腹较深,平底较大略内凹。部分器物上腹部刻划较粗的竖水波纹一圈。满釉,釉色多较深,呈豆青色,施釉较薄而均匀,釉色斑驳,玻璃质感不是很强。内底旋纹较粗疏而深;外底有白色砂性烧结物,多数不见线割痕迹。

Ⅲ式 窄平沿,尖圆唇外凸,沿面上有一或两道凹弦纹,上腹较直,下腹斜收,平底略内凹。分装饰水波纹与素面两种。均为满釉,釉层较薄,施釉更加均匀,釉色更淡,呈淡青色,玻璃质感较强,生烧、剥釉产品较少。内底、腹有旋纹,纹路清晰而较细密,绝大多数为顺时针方向旋转,偶见逆时针方向;外底部线切割痕迹清晰,并见有白色砂性烧结物。

Ⅳ式 窄沿,沿面或平、或略内斜、或略外斜,沿面上常见两道细的凹弦纹,绝大多数尖唇略外凸,但外凸不如Ⅲ式厉害,上腹较直或略内弧,下腹斜收,致内底较大而外底较小,平底或略内凹。胎色多呈灰白色,胎质较致密,气孔明显较少而小,但胎体表面不光洁,有较多的麻点。满釉,釉色淡青黄,施釉薄而均匀,玻璃质感较强,剥釉或生烧现象明显减少。内底旋纹较Ⅲ式明显细密,仍基本为顺时针方向旋转;外底部有明显的线割痕迹并有白色砂性烧结物粘结。粘结窑渣现象仍大量存在,并常有两件器物上下粘连的现象。此型器物伴出有大量的托珠。托珠以尖圆形为主,少量形状较扁,底

---

① 本书在器物描述中,将外侧呈矮圈足状、实心足呈弧形内凹、足壁与底相交处呈弧形的定义为"假圈足",以区别于外侧呈矮圈足状、内侧足壁与底相交处折角较为明显的圈足。

部绝大多数有凹弧，大小不一，质地包括瓷土质和陶质两种，以前者占绝大多数，后者数量极少。瓷土质托珠表面有一层薄薄的釉，估计是爆汗釉而非有意为之。碗的底部常见有粘结小托珠的现象，均为三个。上下叠烧粘结的目前主要发现两件粘在一起的，而基本不见三件或三件以上者。此式碗出土数量极多。

Ⅴ式　圆唇或近三角形唇，直口直腹，腹较浅，器形较矮，下腹斜收成假圈足，内底大外底小。胎多呈灰白色，胎质较致密。釉色较浅，呈青黄色，釉层较薄，施釉均匀，玻璃质感较强。内底旋纹较细密，基本为顺时针方向旋转；外底线割痕迹明显，线割后不加任何的修整，并粘结有白色砂性烧结物。

Ⅵ式　子母口盅式碗。子母口，直口直腹，腹较深，形体较修长，下腹折收成假圈足小平底，内底径大于外底径。胎灰白或灰黄色，胎质较为致密。釉色青黄，釉层较薄，施釉均匀，玻璃质感较强。内底旋纹细密，内腹旋纹较粗；外底有弧形线割痕迹，底及下腹白色砂性烧结物较厚。

Ⅶ式　盅式碗。尖圆唇，部分保留有子母口的孑遗，直腹较深，器形较为修长。多数器物灰黄色胎，胎质较为致密，少量灰白色。釉层薄，施釉均匀，玻璃质感较强，釉色多青黄，少量较青翠。内底旋纹细密，内腹则较为稀疏；外底弧形线割痕迹清晰明显，并粘有白色砂性烧结物。

C型　侈口碗。

圆唇，侈口，卷沿，颈部略束，腹略深而弧收，小平底。口径大于腹径与底径。该型碗数量极少。

D型　翻折沿直腹碗。

多数器物器形较小，翻折沿，沿面略内弧，腹较深而直，平底。该型碗数量极少。

E型　方唇大碗。

形体极其巨大。窄平沿略下斜，沿面有两道细凹弦纹，直腹很浅，下腹斜收成小平底，外底平而略内凹。内底径远大于外底径，腹径大于器高。釉色青黄，施釉均匀，釉层极薄。内底旋纹极细密，纹路深而清晰。该型碗数量极少。

F型　子母口钵形碗。

沿外翻，子母口，近垂腹，下腹斜收成小平底。内底径大于外底径。青黄色釉，施釉均匀，釉层较薄，玻璃质感较强。该型碗数量极少。

2.盂

子母口，尖圆唇外撇，短颈内敛，折肩，弧腹斜收，浅圈足、假圈足或平底，假圈足多平底略内凹。素面，部分器物在折肩部堆贴对称的双泥条小系或横"S"形纹。胎色灰白，胎质较粗松，夹杂有较多的细小砂粒，并有较多的细小气孔，常见有烧造过程中形成的大个气泡。生烧与剥釉情况严重，有釉者均为满釉，釉层较厚，釉色较深，玻璃质感较强，施釉不均匀，缩釉或积釉现象严重。内底有较粗的旋纹，基本为顺时针方向旋转；外底有一层白色砂性烧结物。出土的标本多粘有窑渣，许多大块窑渣装满了整个器内。按底足的不同可分为2式。

Ⅰ式　浅圈足或假圈足，底足外圈有明显的手捏痕。浅圈足用手捏出一圈浅而薄的足壁，假圈足平底略内凹。

Ⅱ式　平底或略内凹，底足线割后不经任何修整。

3. 小盂

尖圆唇外撇，子母口，直口微敛，短颈，折肩，折棱明显，深弧腹斜收，小平底或小平底略内凹。部分折肩处堆贴对称的双泥条小系一对。满釉，施釉不均匀，釉色较深，釉层较厚。内底有明显的较粗疏旋纹；外底部弧形线割痕迹清晰粗疏，并粘结有白色砂性烧结物。

4. 盘

发现数量极少。按口沿可分为2型。

A 型

窄平沿略类似于翻折沿外撇，沿面内斜、上有凹弦纹，尖圆唇外凸较甚，敞口弧腹浅坦，内底较大、平，外底平而略内凹。内底旋纹顺时针方向旋转，略粗。

B 型

窄平沿近似于方唇，沿面上有两道凹弦纹，微敞口，上腹略深弧，下腹近斜收，小平底略内凹。青黄色釉薄而均匀。

5. 罐

量极少，多残。据口部可分为5型。

A 型　弧敛口罐。

窄平沿，沿面上有凹弦纹，敛口，鼓腹，平底。青黄色釉较为匀薄。

B 型　折敛口罐。

C 型　子母口罐。

方唇，子母口，短直颈，隆肩，腹部弧收。

D 型　侈口卷沿罐。

尖圆唇，束颈，溜肩。数量极少。

E 型　侈口折沿罐。

溜肩，鼓腹。数量极少。

6. 小罐

据口部可分为3型。

A 型　敛口小罐。

尖圆唇外撇，溜肩，垂鼓腹。

B 型　侈口卷沿小罐。

溜肩，垂腹或鼓腹。

C 型　侈口折沿小罐。

7. 钵

按腹部深浅可分为 2 型。

A 型　深腹钵。

敛口，折肩，折棱明显。按腹部及釉面特征可分为 2 式。

Ⅰ式　深直腹钵。尖圆唇外撇，近似于子母口，近直腹较深，平底。多绳索状系，部分器物上腹部装饰有纹饰。青釉较深，釉层较厚，施釉不均匀。外底无线割痕迹。

Ⅱ式　略斜直腹钵。子母口，腹较深且略斜收。细泥条系下端交粘在一起，近似于心形。釉层较薄，釉色较浅。

B 型　扁矮腹钵。

青黄色釉，施釉均匀，釉层较薄。

8. 小钵

尖圆唇，折敛口，折棱明显，深弧腹斜收，小平底略内凹。灰白色胎，质地较为细密。釉色青黄，釉层较薄而均匀，玻璃质感不强。

9. 平底尊形器

圆唇，侈口卷沿，束颈，折肩，扁鼓腹，平底。外底线割痕迹明显，外圈线割后不经任何修整。

10. 器盖

桥形纽器盖占绝大多数，也有少量其他器盖，包括方柱形纽、鸟形纽、僧帽形纽器盖等。桥形纽器盖可分为 2 式。

Ⅰ式　多呈绞索状桥形纽，两侧常见"S"形或反"S"形堆贴。

Ⅱ式　桥形纽中间压印凹槽一道并刻划叶脉纹，盖面多呈点状积釉。

11. 鼎

尖圆唇，侈口，卷沿，束颈，扁腹较鼓，底近平，三圆锥形足。肩部设两对称小竖耳，腹剔刻细密纹饰。按鼎足、刻划纹饰可分为 2 式。

Ⅰ式　三圆锥形足较直，腹部刻划纹饰较为粗放。肩部堆贴对称的倒"U"形小耳。

Ⅱ式　三圆锥形足外撇，肩腹部刻划纹饰较为细密。肩部设对称的绳索状倒"U"形耳一对，在两耳之间的腹中部各有鸡冠状扉棱一道，部分在扉棱的上部堆贴立鸟。

12. 卣

按腹部差别可分为 2 型。

A 型 筒形卣。

子母口，尖圆唇外撇，口微敛，折肩，颈腹间折棱外凸，直筒腹较深，大平底。折棱上侧凹弧处积釉较厚。近肩部有对称绳索状倒"U"形系，系上侧弧形处呈绳索状、下面两直条捏成尖形。腹部往往装饰有繁缛的纹饰。先拍印纹饰再贴附系。根据纹饰的区别可划分为3式。

Ⅰ式 少量素面，多数器物腹部有纹饰，纹饰作风粗犷，排列较为杂乱，重叠拍印现象较多见。纹饰包括圆圈纹、勾连双勾线"S"形纹、勾连"S"形纹、云雷纹、水波纹等。

Ⅱ式 腹部多拍印较为复杂繁缛的纹饰，少量素面。纹饰包括勾连双勾线"S"形纹、勾连双勾线"S"形与方格纹复合纹、对称弧形纹等，勾连双勾线"S"形纹排列较为整齐，对称弧形纹较粗大。

Ⅲ式 腹略鼓凸。仅有对称弧形纹一种，阳线外凸，单组纹饰较为细密，三道或三道以上对称弧形构成一个完整的纹饰，两个对称弧形纹之间以双勾线"S"形纹间隔，五个完整的对称弧形纹构成一组完整的纹饰，纹饰排列整齐有序，除相邻的纹饰间有局部重叠外，基本不见重叠、重复拍印现象。肩部多刻划阴线水波纹一圈，有纵向与横向两种。

B 型 鼓腹卣。

发现极少。按腹部与纹饰的差别可分为2式。

Ⅰ式 垂腹或近圆腹，最大腹径偏下或接近于器物中部。纹饰主要是勾连"S"形纹，杂乱粗放、重复重叠拍印。

Ⅱ式 最大腹径偏上。纹饰主要是对称弧形纹，细密，排列较为规则。

13. 簋

侈口，卷沿，束颈，折肩，折肩处折棱明显，有的甚至形成凸棱一道，弧腹斜收，底近平，高圈足外撇。腹部设扉棱一对，或并有一对对称绳索状倒"U"形系。青褐色釉。

第三章　Ⅰ区地层、遗迹与遗物

第一节　地层堆积与遗迹

一　布方

原始瓷窑址特别是早期原始瓷窑址产量一般比较小，分布面积不大，地层堆积不厚。本区位于水库淹没区内，计划淹没区全部发掘。由于发掘之前地面保存情况的现场观察并不理想，仅在西边近大坝处明确有堆积存在，并且从剖面推测堆积可能不会很厚，保

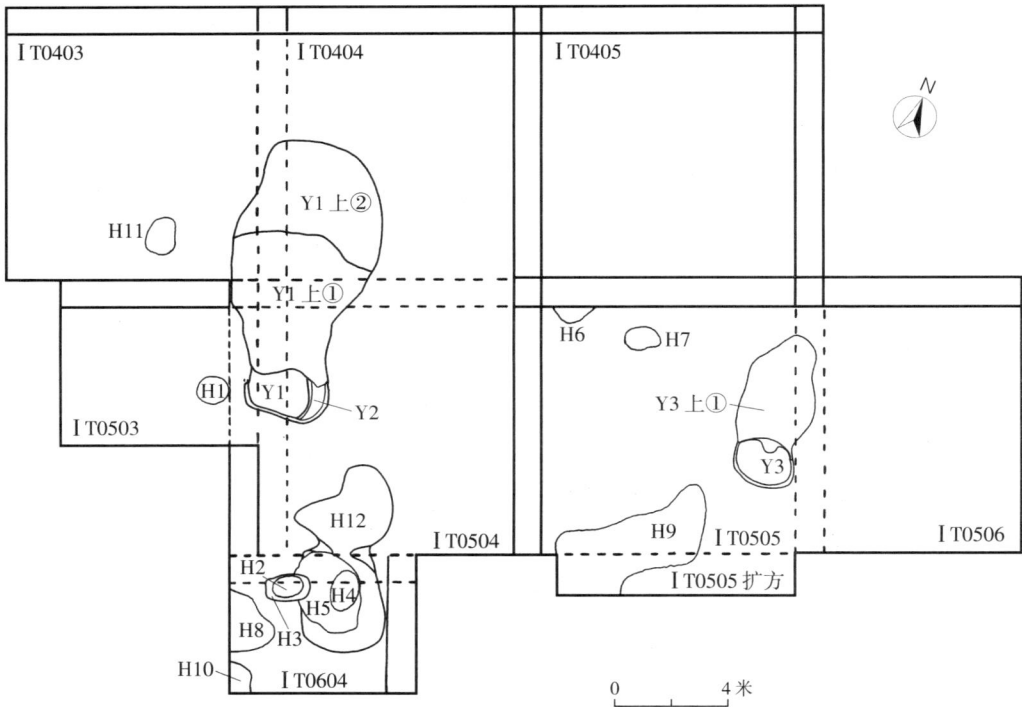

图四　Ⅰ区探方分布图

存面积亦不大，因此先仅在明确有堆积处布一个 10×10 米探方（Ⅰ T0403）进行发掘。经过初步发掘，窑址的堆积与分布情况大大超过我们最初的预料，于是以此探方为基础，向东、南依次布方：北边一排 3 个探方，自西向东为Ⅰ T0403、Ⅰ T0404、Ⅰ T0405；南边一排 4 个探方，自西向东为Ⅰ T0503、Ⅰ T0504、Ⅰ T0505、Ⅰ T0506。因为Ⅰ T0504 有遗迹向南延伸，在其南边布探方Ⅰ T0604。探方计划布 10×10 米，东、北各留宽 1 米的隔梁。实际发掘，Ⅰ T0404 为 9×10 米，南北长；Ⅰ T0503 因较接近水库大坝的坝体，仅为 7×6 米；Ⅰ T0504 为 9×10 米，Y1 露头后向西扩 1 米；Ⅰ T0505 在表土层下发现少量墓砖，当时推测有古墓葬存在，因此局部向南扩 1.5 米；Ⅰ T0604 为 5×6.5 米；Ⅰ T0506 已接近于遗址的边缘，为 7×10 米，南北长。所有探方方向均为 340°。（图四；彩版一，2）

二　地层堆积

文化层东部薄西部厚，在Ⅰ T0404、Ⅰ T0504 两探方内堆积最厚，并且地层自早至晚由东向西倾斜，最晚期的文化层出现在Ⅰ T0403 中。

各探方地层各自独立分层编号：

Ⅰ T0403：①、②、③、④、⑤、⑥、⑦、⑧、⑨、⑩、⑪

Ⅰ T0404：①、②、③、④、⑤、⑥、⑦、⑧、⑨、⑩

Ⅰ T0405：①、②、③、④、⑤、⑥、⑦

Ⅰ T0503：没有文化层，仅发现柱洞与灰坑等遗迹

Ⅰ T0504：①、②a、③a、②b、③b、④、⑤

Ⅰ T0505：①、②a、②b、③、④a、④b、⑤、⑥

Ⅰ T0506：①、②、③、④、⑤、⑥

Ⅰ T0604：没有文化层，只有灰坑等遗迹。

发掘完成后，相邻探方的地层进行了通层，地层对应情况如表一：

表一　Ⅰ区各探方地层对应表

T0403	T0404	T0405	T0504	T0505	T0506
①	①	①	①		①
		②			②
②	②		②a		
③	③		③a		
④					
⑤					
⑥					
⑦					
				②a	③
			②b	②b	
⑧	④				
	⑤				
	⑥				
			③	③b	③
			④	④a	
				④b	④
			⑤	⑤	⑤
					⑥
⑨	⑦	⑥	④		
⑩	⑧				
⑪	⑨				
	⑩	⑦	⑤		

现以ⅠT0404西壁典型地层为例，结合ⅠT0504西壁的部分地层介绍如下。（图五）

①层：厚5～60厘米。黄褐色土，土质较硬。在ⅠT0404、ⅠT0504均有分布。原为荒地，有大量的植物根系及少量近现代的砖瓦等，瓷片除原始瓷外，还有青花瓷等。在ⅠT0404内，有一宽约65、深约45厘米的东西向扰乱沟，开口在此层下，打破②、③、④层；在探方中部，有一个直径约270、深20～60厘米的坑与该沟相通，坑内填黄褐色土，夹杂有较多的石块、砖块及少量青花瓷片。

②（ⅠT0504②a）层：深5～40、厚0～35厘米。分布于ⅠT0404西南部（ⅠT0504②a分布在ⅠT0504西北角），ⅠT0404分布范围较大、大半个探方都有分布，ⅠT0504中分布范围较小。棕褐色土，夹杂少量的红烧土粒，土质较纯、软。包含物极少，以原始瓷片为主，偶见印纹陶片。原始瓷片主要是翻折沿浅坦腹碗、盅式碗等，其中部分有装饰纹饰，包括对称弧形纹、变形"S"形纹等。

③（ⅠT0504③a）层：深约10～45、厚0～35厘米。分布于ⅠT0404西南角（ⅠT0504③a分布在ⅠT0504的西北角），范围较小。灰褐色土，土色比②层黑，夹杂红烧土粒也更多，土质仍比较松软。包含物基本为原始瓷片，偶见印纹硬陶片。原始瓷片主要是翻折沿浅坦腹碗和盅式碗。Y1上①叠压在ⅠT0504③a层下。

④层：深5～55、厚0～30厘米。分布于ⅠT0404西南边大半个探方内。灰黑色土夹杂有少量的小块红烧土块，略泛红，土质比较紧密。出土物主要为原始瓷片，偶见印纹陶片。原始瓷片主要是盂和翻折沿浅坦腹碗，生烧与剥釉产品占相当的比例；印纹陶片纹饰主要是曲折纹与席纹，席纹较为细密杂乱。该层下叠压着Y1上②。

⑤层：深35～65、厚10～25厘米。分布于ⅠT0404中部略偏北的小范围内。灰黑色土，夹有大量的黑色烧结块，土质较硬。包含物主要是原始瓷翻折沿浅坦腹碗，还有少量的鼎、罐、小盂等。鼎剔刻"S"形纹，罐饰有对称弧形纹。

⑥层：深10～25、厚0～20厘米。分布于ⅠT0404南边近中部极小范围内。近灰色土，土质极纯、细软。包含物极少。

⑦层：深5～60、厚0～15厘米。大面积分布于ⅠT0404内。灰黑色土，土质较细软，夹杂绿色砂粒。出土器物主要是原始瓷盂和翻折沿浅坦腹碗，生烧产品比例比较高。

⑧层：深60～75、厚0～30厘米。主要分布于ⅠT0404的西边近中部。灰黑色土，夹杂有红烧土块，土质较硬。出土器物主要是原始瓷盂、翻折沿浅坦腹碗和卤等，生烧与剥釉产品比例很高。

⑨层：深25～65、厚0～30厘米。分布于ⅠT0404的西南角。浅灰黑色土，夹杂少量的红烧土粒，土质较细软。出土器物主要是原始瓷盂、翻折沿浅坦腹碗和小盂等，生烧与剥釉产品比例很高。

⑩层：深25～30、厚0～20厘米。分布于ⅠT0404南边。灰黑色土因夹杂有大量的

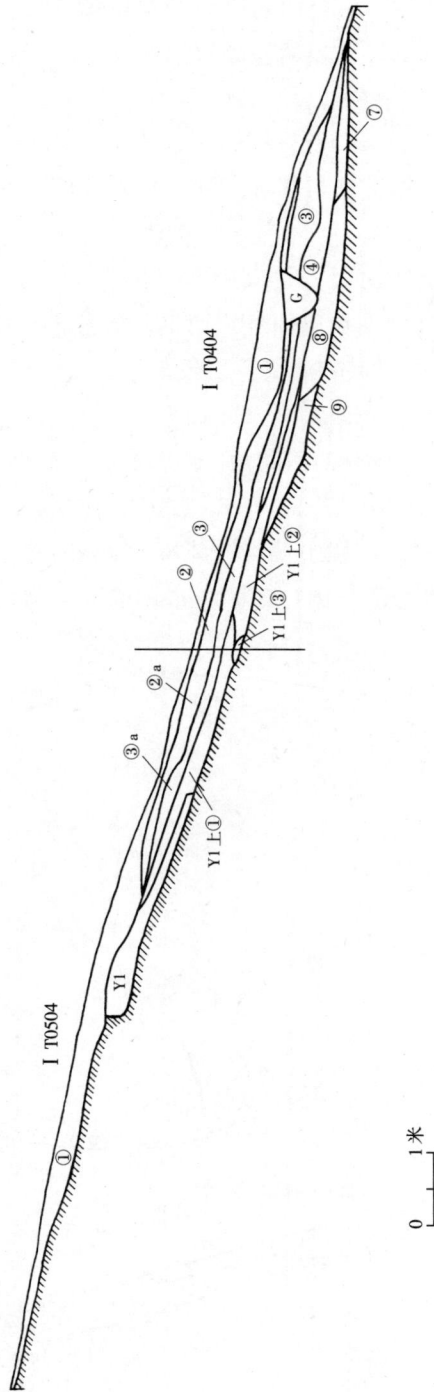

图五　Ⅰ T0404、Ⅰ T0504 西壁剖面图

红烧土块与红烧土粒而泛红，土质较紧，颗粒较粗。包含一定数量的原始瓷片，以盂为主，其次是翻折沿浅坦腹碗与小盂。生烧产品比例很大。剥釉较为严重，许多器物釉完全剥落，也有器物釉色较深、釉层厚、玻璃质感较强。

三 遗迹

本区遗迹较为丰富，主要包括窑炉与灰坑两种，其中窑炉3座、灰坑12个。

（一）窑炉

共发现两处3座，依次编号为Y1～Y3。其中Y1与Y2在一处，Y3为另外一处。Y1打破Y2，从窑壁的情况来看，Y1整个后壁因烧烤而呈灰黑色，但中段颜色特别深，可能是利用了原Y2的部分窑壁、烧烤时间较两头长所致。

1. Y1

位于ⅠT0404的西南角与ⅠT0504的西北角。窑炉本身仅存窑尾，窑底残长290、残宽212厘米，窑壁残长140、残高40、厚20厘米。在窑尾前面，有一小片呈扇形分布的土，最宽处约480厘米，夹杂大量的红烧土粒与烧结块，与周围的土质土色截然不同，其分布范围极有可能就是原窑炉本身的范围（参考Y3窑尾前的凹槽，更证明了这一判断），

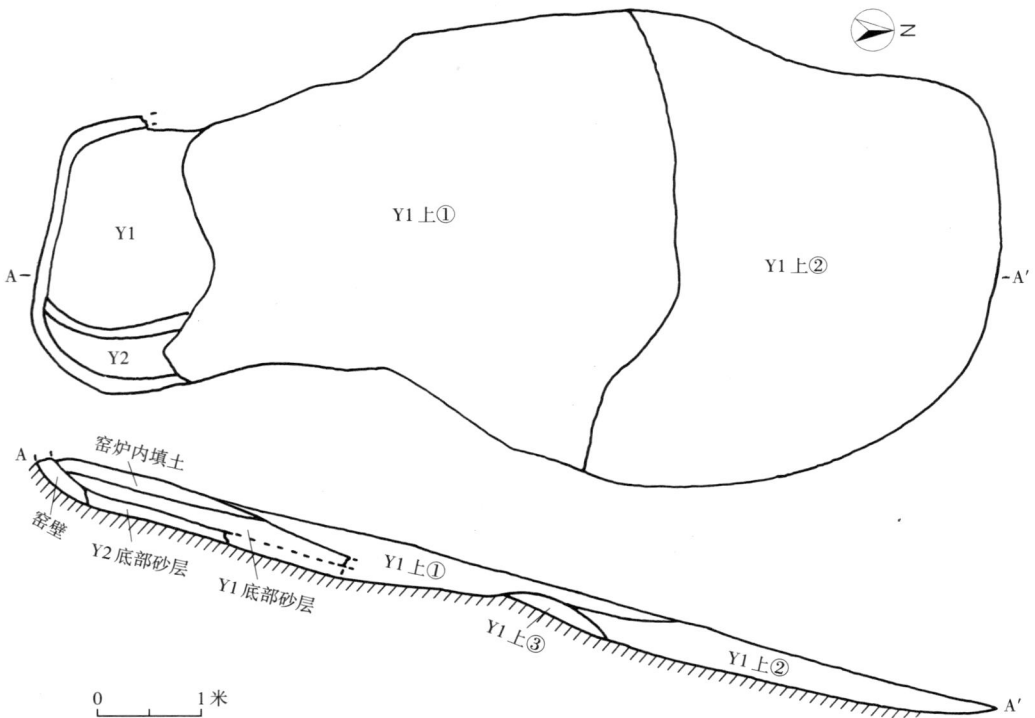

图六 Y1、Y2及其上堆积平剖面图

据此推测Y1全长可能达940厘米左右。窑依山而建，坡度15°，南北向，头北尾南，方向350°。（图六、七；彩版四，1）

窑尾前扇形分布的土分3层，应该是窑炉废弃后破坏所致，编号为Y1上①、②、③：

Y1上①层：叠压在ⅠT0504③a层下，其下叠压Y1的底部砂层和Y1上②层。厚0~25厘米。红褐色土，土质较松，夹杂有大块的红烧土块。出土物较少，主要是原始瓷片，有翻折沿浅坦腹碗、小盂、拍印勾连"S"形纹的筒形卣等。筒形卣纹饰风格粗放，翻折沿浅坦腹碗内底有较粗的旋纹。釉层较厚，生烧与剥釉情况严重。

Y1上②层：叠压在ⅠT0404④层和Y1上①层下，其下叠压Y1上③层和ⅠT0404⑥层。厚0~35厘米。黑褐色土，土质较松，夹杂大量的红烧土块。出土物仍以原始瓷翻折沿浅坦腹碗为主，少量小盂、鼎与小罐。釉层较厚，生烧与剥釉情况严重。

Y1上③层：叠压在Y1上②层下，基本呈东西向狭长分布。厚0~15厘米。棕红色土，夹有一定量的红烧土粒，土质较为纯净。包含物极少。

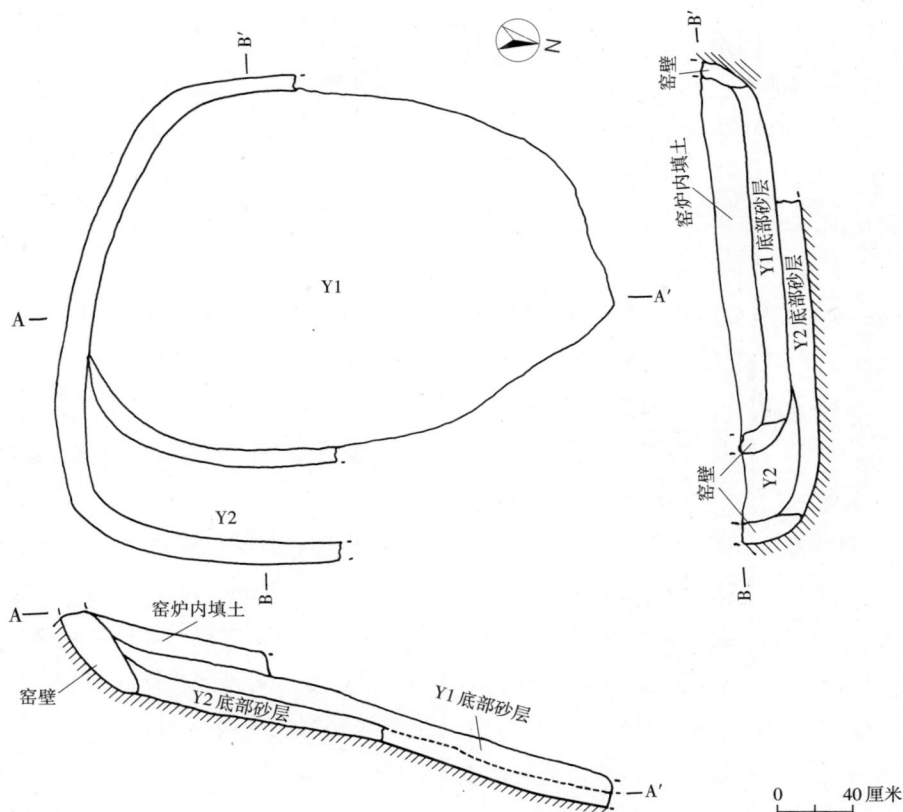

图七　Y1、Y2平剖面图

Y1位于Y2的西边，打破Y2和生土，叠压在ⅠT0504①层和Y1上①层下。残存的窑尾后端基本完整，前端已被破坏，残存部分平面形状近似于"U"形。窑壁为红烧土墙，不见呈块状的土坯痕迹，土质较为纯净，不见掺杂植物枝条类有机质。窑炉内填土为较纯净的红烧土，土质较为细、软，很少见有大块的红烧土块，仅少量原始瓷片，多为翻折沿浅坦腹碗。窑底铺一层细砂，厚近14厘米，表面因火烧烤而成灰黑色。窑壁内侧呈灰黑色，烧结不严重，不见玻化的窑汗。

2. Y2

位于ⅠT0504西部、Y1的正东。西半边被Y1破坏，部分后壁可能被Y1再利用。窑炉残长150、残宽225厘米，窑壁残高近20、厚约15厘米。窑壁、窑室内填土、底部砂层等与Y1基本一致。（图六、七；彩版四，1）

3. Y3

位于ⅠT0505的东边。与Y1相似，窑炉本身仅存窑尾，窑底残长216、宽222厘米，窑壁残长142、残高40、最厚处20厘米。在窑尾前面，有一小片土呈扇形分布，最宽处达262厘米，夹杂大量的红烧土粒与烧结块，与周围的土质土色截然不同。此片土清理掉后，现出一道凹槽。凹槽与窑床差不多等宽，长约380厘米，约低于地面10厘米、深度基本与残存的窑底相当，可能是窑床被破坏后所形成。据此推测Y3全长约596厘米左右。残存的窑依山而建，坡度16°左右，南北向，头北尾南，方向352°。（图八；彩版四，2）

窑尾前面扇形分布的土共分2层，编号为Y3上①、②：

Y3上①层：叠压在ⅠT0505⑤层下，其下叠压Y3上②层。厚0～6厘米。灰黑色土，夹有较多的灰烬，土质细、软而纯净。包含物极少。

Y3上②层：叠压在Y3上①层下，大部分直接压在生土上，南侧少部分叠压Y3底部砂层。厚0～14厘米。红烧土粒层，有大量的红烧土粒，土质较硬。包含物极少。

Y3叠压在ⅠT0505①层下，打破生土。残存窑尾，前端已被破坏，残存部分平面形状近"U"字形。窑壁亦为红烧土墙，不见呈块状的土坯痕迹，亦较为纯净。窑室内填土为较纯净的红烧土，土质较为细、软，很少见有大块的红烧土块。仅见少量原始瓷片，多为翻折沿浅坦腹碗。窑底铺细砂，较厚，厚近22厘米，从解剖情况来看，可分为4层：a层为灰黑色的烧结面，b层为红烧土层，c层又为灰黑色的烧结面，d层为红烧土层。据此推测窑室至少经过两次修整，第一次在窑底铺土，使其平整，再铺砂烧造，形成烧结面；第二次是在前一次烧结面上进行铺土平整，再铺砂烧造，形成第二个烧结面。窑壁内侧烧结不严重，仅呈灰黑色，完全不见玻化窑汗。

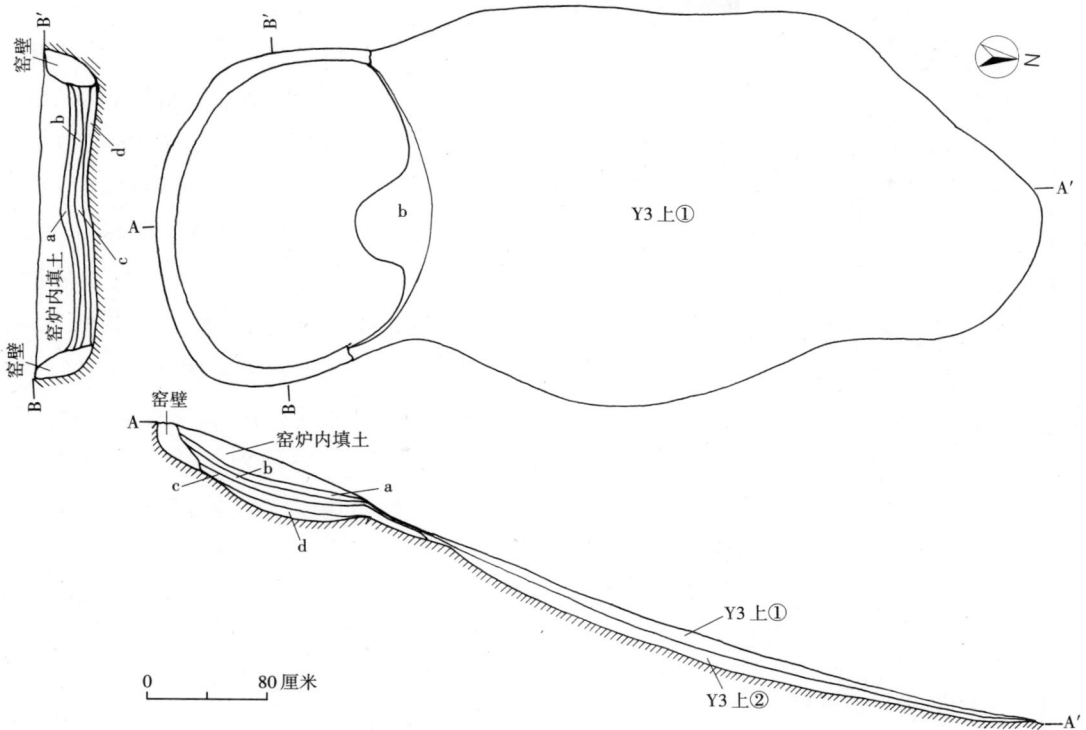

图八　Y3 及其上堆积平剖面图

（二）灰坑

本次发掘灰坑数量较多，达 12 个，形状各异，功能不明。现择其典型 H3、H5、H12 介绍如下。

1. H3

位于 I T0604 的西北角，部分叠压于北隔梁下。开口在表土层下，被 H2 打破，打破 H5 及生土。平面近圆角长方形，四壁较直而略斜收，底近窄长方形、不甚平。在西、南两壁转角处近中间部位有一凹窝，不甚规则，底较斜，可能是脚窝。灰坑口部长 192、宽 116 厘米，底部长 94、宽 22 厘米，深 230 厘米。填土棕红色，较为纯净、细软，在近底部红烧土粒增加，土色较红。包含物极少，除发现少量原始瓷翻折沿浅坦腹碗外，还发现了一片细方格纹的印纹陶片，及一片子母口、青黄色釉的盅式碗口沿残片。（图九）

2. H5

位于 I T0604 中部略偏东。开口于表土层下，被 H3 打破，打破 H12 与生土。平面不规则，近似于圆形，壁较斜直，底部不甚平。最长处达 320、最深处达 52 厘米。填土棕色，土块较大，土质较松软。包含物主要是原始瓷片，另有少量的印纹硬陶片。原始瓷片除翻折沿浅坦腹碗外，还有筒形卣，筒形卣腹部拍印较粗放的对称弧形纹。（图一〇）

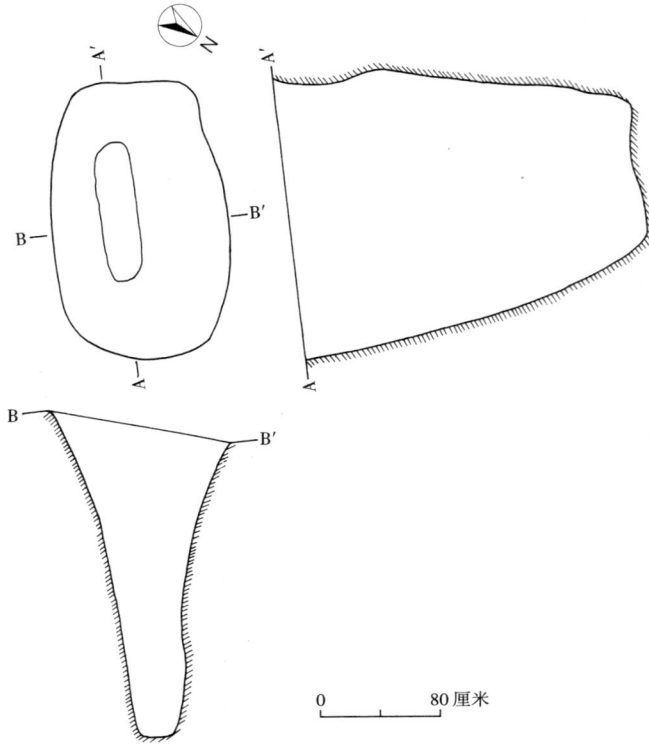

图九　H3平剖面图

3. H12

刚露头时被作为窑炉处理，编号为Y2，清理完毕后确认不是窑炉，改号为H12。位于ⅠT0504的南边中部及ⅠT0604的北边略偏东，部分叠压于ⅠT0604的北隔梁下。开口于表土层下，被H5打破，打破生土。平面形状不规则，近亚腰形，四壁略斜收。口部最长近630、最宽处达310、最深处达75厘米。填土为大块的红烧土块，较为纯净而硬，可分为2层：上层土色略深，下层土色略浅、红烧土更纯净。包含物极少，发现少量原始瓷翻折沿浅坦腹碗、小盂等。（图一一）

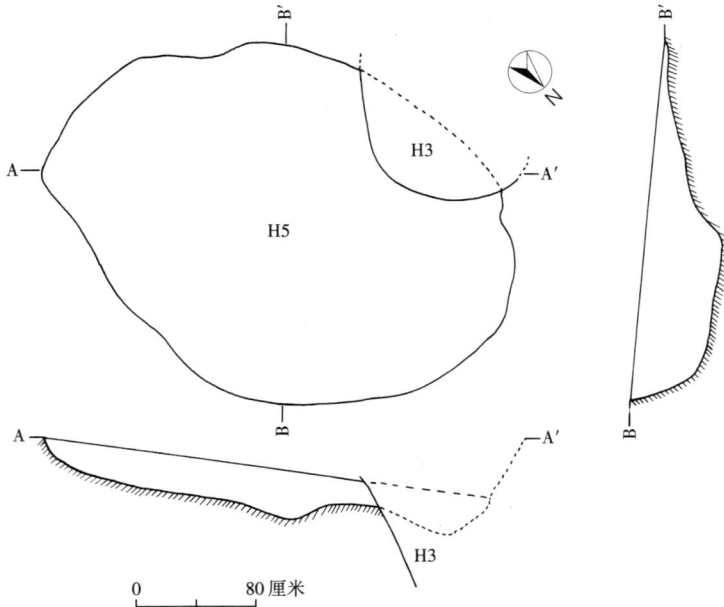

图一〇　H5平剖面图

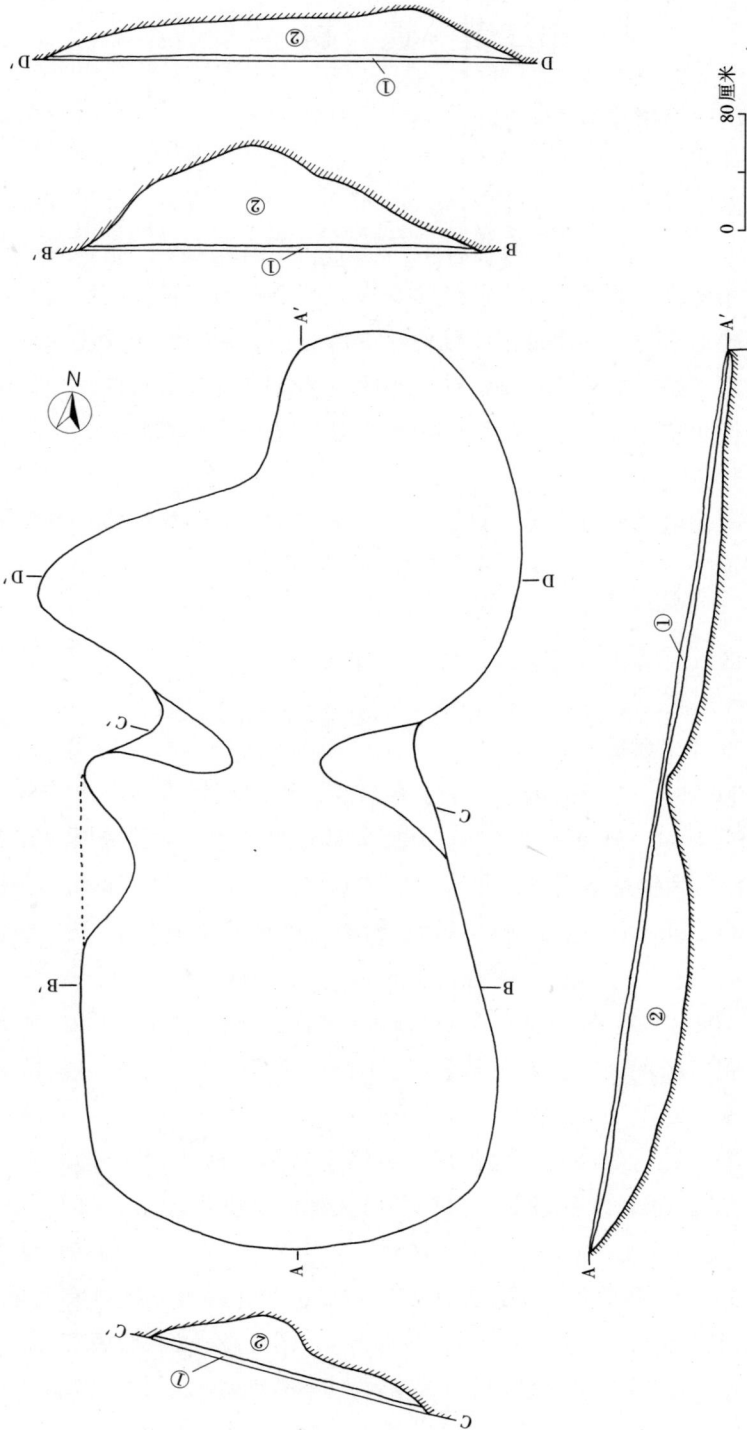

图一一 H12平剖面图

第二节　遗　物

本区出土器物中，原始瓷器占了绝大多数，另有极少量的窑具和印纹陶器，石器和青铜残器各发现一件。

一　原始瓷器

本区出土的原始瓷器，器类丰富。胎色多灰白，胎质较为细腻但不够致密。釉色较深，釉层较厚，施釉不均匀，釉面常因积釉而疙疙瘩瘩，但釉的玻化程度较好，玻璃质感比较强。素面为主，鼎、部分卣、碗、钵、小罐上装饰有复杂的纹饰，少量碗、盂的底部有刻划符号。极少使用托珠，外底普遍粘有一层白色砂性烧结物。

（一）器类

以碗为主，其次是盂，另有小盂、盘、罐、小罐、钵、平底尊形器、器盖以及仿青铜器的鼎、卣、簋等。

1. 碗

数量最多。本区见有 A、B、C 型。

A 型　翻折沿浅坦腹碗。本区三式均有。

Ⅰ式　仅见于本区，数量极少。

标本Ⅰ T0403 ⑩：10，沿面略内弧，浅圈足较直。外底刻划"人"形符号。沿面上堆贴三个横向小"S"形纹。施釉极不均匀，外腹局部釉色较深、釉层较厚、玻璃质感较强，内腹剥釉严重，内底釉基本剥落殆尽。口径 12.6、底径 6.8、高 3.9 厘米。（图一二，1）

标本Ⅰ T0403 ⑩：11，沿面略内弧，折腹。沿面上堆贴三个横向小"S"形纹。釉基本剥落。口径 10.6、底径 6.1、高 3.7 厘米。（图一二，2；彩版五，1）

标本 H5：1，浅圈足，足墙略外撇。子母口上堆贴三个横向"S"形纹。满釉，釉层较薄，釉色较浅，剥落严重。口径 10、底径 6.1、高 4 厘米。（图一二，4；彩版五，2）

Ⅱ式　数量较多。

标本Ⅰ T0403 ⑩：12，假圈足平底内凹。沿面上堆贴有横向"S"形纹。外腹釉呈色较佳、施釉较为均匀、玻璃质感较强，内腹与内底釉完全剥落。口径 12.6、底径 8、高 4.7 厘米。（图一二，3）

标本Ⅰ T0403 ⑧：2，腹略深，假圈足平底略内凹。釉色较佳。碗内有大块的窑渣。外底呈火石红色。口径 16.8、底径 9.6、高 6.8 厘米。（图一三，1；彩版五，3）

标本Ⅰ T0403 ⑧：3，腹略深，假圈足平底略内凹。外腹施釉不匀、局部呈酱色斑块状，内腹釉较好。碗内有大块的窑渣。口径 14.8、底径 8、高 7 厘米。（图一三，2）

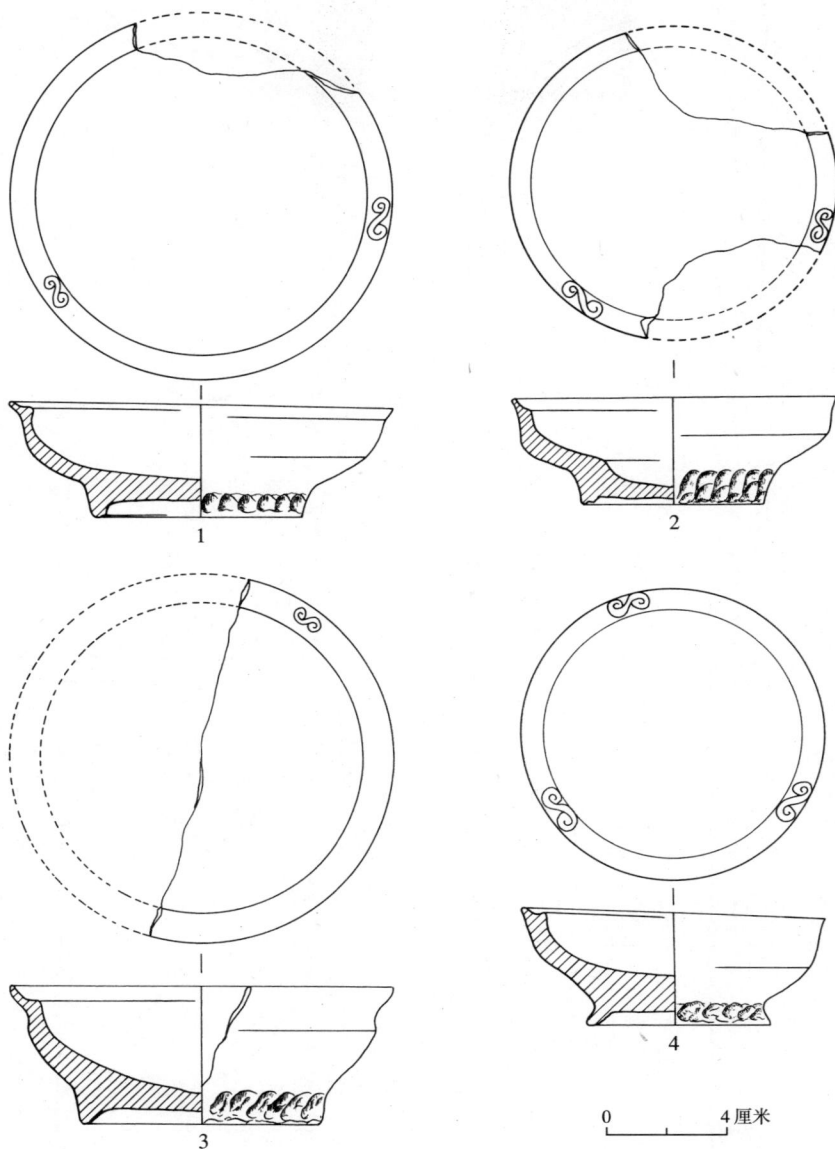

图一二　Ⅰ区出土原始瓷 A 型碗

1. Ⅰ式Ⅰ T0403 ⑩：10　2. Ⅰ式Ⅰ T0403 ⑩：11　3. Ⅱ式Ⅰ T0403 ⑩：12　4. Ⅰ式 H5：1

标本Ⅰ T0403 ⑨：46，假圈足平底略内凹。沿面上有 "S" 形堆贴。灰色胎，胎质较为细腻，有少量小气孔。青褐色釉，釉层厚，施釉不均匀，玻璃质感较强。内底中心旋纹较粗，外底有近似于圆圈的细阴线纹。内外均粘有小块窑渣。口径14、底径7.4、高4.6厘米。（图一三，3）

标本Ⅰ T0404 ⑨：2，假圈足平底内凹。外腹釉呈色较佳、施釉均匀、玻璃质感较强，

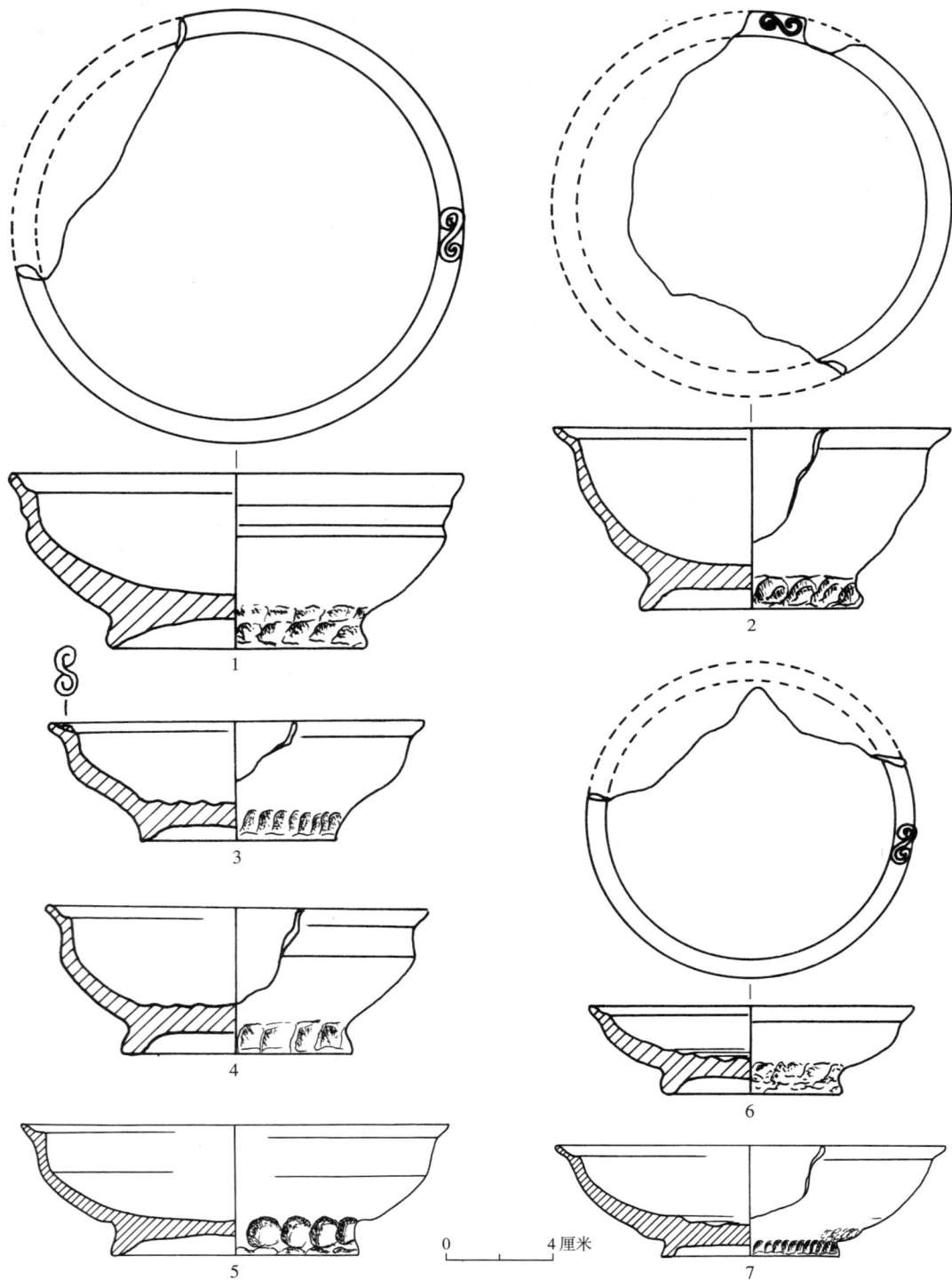

0　　　　　　4厘米

图一三　Ⅰ区出土原始瓷A型Ⅱ式碗

1. Ⅰ T0403 ⑧ : 2　　2. Ⅰ T0403 ⑧ : 3　　3. Ⅰ T0403 ⑨ : 46　　4. Ⅰ T0404 ⑨ : 2　　5. Ⅰ T0404 ⑨ : 3　　6. Ⅰ T0404 ⑦ : 2　　7. H12 : 4

内腹、底釉完全剥落。口径14、底径8.8、高5.6厘米。（图一三，4）

标本ⅠT0404⑨：3，近直口，假圈足平底内凹。釉完全剥落。口径15.8、底径9.2、高5厘米。（图一三，5）

标本ⅠT0404⑦：2，浅碟形腹，浅圈足。沿面堆贴对称横向小"S"形纹一对。釉呈色较佳，玻璃质感较强。外底呈一种较深的火石红色。口径12、底径6.8、高3.4厘米。（图一三，6）

标本H12：4，浅圈足，手捏痕明显。釉完全剥落。内底旋纹不清晰。口径14.6、底径6.6、高4厘米。（图一三，7）

Ⅲ式　数量极多。

标本ⅠT0403⑨：10，釉色较深，施釉不均匀。内底旋纹略细密。口径15.4、底径8.4、高4.5厘米。（图一四，1；彩版五，4）

标本ⅠT0403⑨：11，沿面堆贴对称的横向"S"形纹一对。灰白色胎，胎质较坚致细密。施釉较均匀，釉色较淡，玻璃质感极强。口径16、底径8.4、高4厘米。（图一四，2）

标本ⅠT0403⑨：12，施釉不均匀，釉色玻璃质感较强。内底三个托珠，一个完整、一个残余半个、一个仅留痕迹，其中较为完整者为褐色、泥质、扁圆形、有明显的裂痕。口径16.4、底径8.8、高5.2厘米。（图一四，3；彩版五，5）

标本ⅠT0403⑨：13，沿面有横"S"形纹堆贴。施釉较为均匀，釉面玻璃质感不强，釉色接近于青灰色。口径17.4、底径9、高5厘米。（图一四，4；彩版五，6）

标本ⅠT0403⑨：20，弧腹略深，假圈足较高。釉完全剥落。口径13.6、底径7.6、高4.6厘米。（图一四，6）

标本ⅠT0403⑨：37，平底略内凹。灰胎，胎色接近酱色，较为少见。内底中心旋纹较粗；外底有一道细阴线纹，并粘有大量的白色砂性烧结物。口径16.4、底径8、高3.6厘米。（图一四，5）

标本ⅠT0404⑤：2，平底略内凹。内底保留一颗泥质扁圆形托珠。釉呈色不佳，剥落较为严重。口径13.6、底径8、高3.8厘米。（图一四，7）

标本ⅠT0505③：14，腹极浅坦，假圈足内凹极浅。釉极佳。口径19.2、底径9.8、高3.6厘米。（图一四，8）

标本Y1上②：4，内弧的沿面更近似于子母口而不似翻折沿。内底、腹青釉较厚、釉色较佳、玻璃质感较强，但施釉不均匀，积釉明显；外腹釉色较差、釉层较薄，玻璃质感不强，局部呈棕褐色斑块状。内底中心旋纹粗疏，外底白色砂性烧结物较薄。口径14.4、底径7.8、高4.6厘米。（图一四，9；彩版六，1）

标本H5：6，灰白色胎，胎质较为细密。釉完全剥落。内底中心旋纹较为粗疏。口径9.4、底径6、高3厘米。（图一四，10）

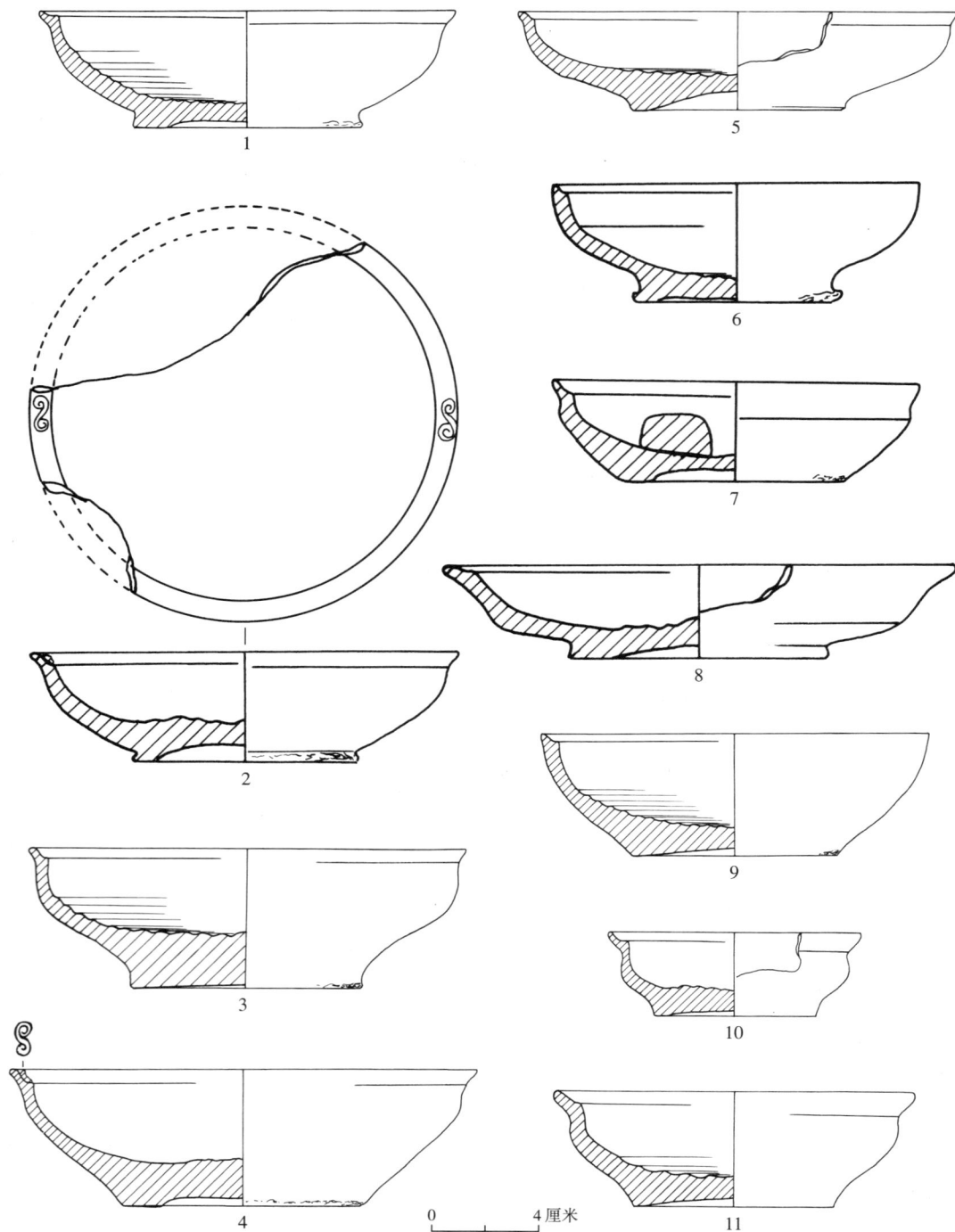

图一四　Ⅰ区出土原始瓷 A 型Ⅲ式碗

1. ⅠT0403⑨：10　2. ⅠT0403⑨：11　3. ⅠT0403⑨：12　4. ⅠT0403⑨：13　5. ⅠT0403⑨：37　6. ⅠT0403⑨：20
7. ⅠT0404⑤：2　8. ⅠT0505③：14　9. Y1上②：4　10. H5：6　11. H5：8

标本 H5：8，灰白色胎，胎质较细密。釉几乎完全剥落。内底中心旋纹较粗疏；外底不甚平，无线割痕迹。口径13.4、底径7.6、高4.2厘米。（图一四，11；彩版六，2）

B 型　深腹碗。此区仅见Ⅲ式碗，数量较多。

Ⅲ式　有水波纹与素面两种。

标本ⅠT0403⑥：2，上腹部刻划细的水波纹。釉色极差，外腹釉极薄、近似于爆汗釉、呈酱黄色，内腹釉略厚、但施釉极不均匀、釉色呈略淡酱黄色。内底有窑粘，一侧有较大的气泡。口径14.4、底径8、高5.2厘米。（图一五，1）

标本ⅠT0403⑤：5，水波纹极细密，排列整齐有序。下腹缩釉无釉处呈酱色。内底粘结有大块窑渣，外底白色砂性烧结物较厚。口径12.4、底径6.2、高3.6厘米。（图一五，2）

标本ⅠT0403⑤：7，变形。上腹部的水波纹分组排列，每组水波纹数量不一，各组的排列亦不均匀。内底粘结有小块的窑渣，外底白色砂性烧结物较厚。口径14、底径8、高3.8厘米。（图一五，3；彩版六，3）

标本ⅠT0403⑤：9，上腹部刻划水波纹一圈，纹饰细密而浅，布局较为规整。内腹釉不如外腹的均匀，内底一侧积釉较厚处有乳白色窑变，另一侧有一大气泡。口径14、底径7.6、高5.4厘米。（图一五，4；彩版六，4）

标本ⅠT0403⑤：12，上腹部刻划较细的水波纹。底部白色砂性烧结物较厚。口径13.2、底径8.2、高4.8厘米。（图一五，5）

标本ⅠT0403⑦：5，素面。内底粘结有大块的窑渣，外底除白色砂性烧结物外，还有小块的窑渣粒。口径12.6、底径7、高4.4厘米。（图一五，6；彩版六，5）

标本ⅠT0403⑤：2，变形。平底略内凹。素面。外底切割痕迹明显。内底有大块的窑汗，口沿及底局部粘结有小块的窑渣。口径12.8、底径7、高3.8厘米。（图一五，7）

标本ⅠT0403⑤：6，大平底。素面。内底有小块的窑渣及大个气泡，下腹一侧有小块窑粘；外底线切割痕迹明显，底及下腹白色砂性烧结物较薄。口径13.6、底径8.4、高4.4厘米。（图一五，8）

标本ⅠT0403⑤：14，器形较大。内底中心略下凹，外底平略内凹。素面。内底一侧粘结有大块的窑汗，外底粘大面积的白色砂性烧结物。口径17.6、底径10.8、高4.6厘米。（图一五，11；彩版六，6）

标本ⅠT0403⑤：15，素面。内底、腹、口沿上粘有小块窑渣粒，外底、下腹有大面积的白色砂性烧结物。口径14.4、底径7.2、高4.6厘米。（图一五，9）

标本ⅠT0403⑤：18，基本完整。素面。口沿、内底局部粘结有大块的窑汗，外底及下腹一侧有白色砂性烧结物。口径12.8、底径6、高4.6厘米。（图一五，10）

C 型　侈口碗。

标本ⅠT0403⑨：33，腹较扁鼓。近灰黄色釉，釉层极薄，仅积釉处呈青灰色。内

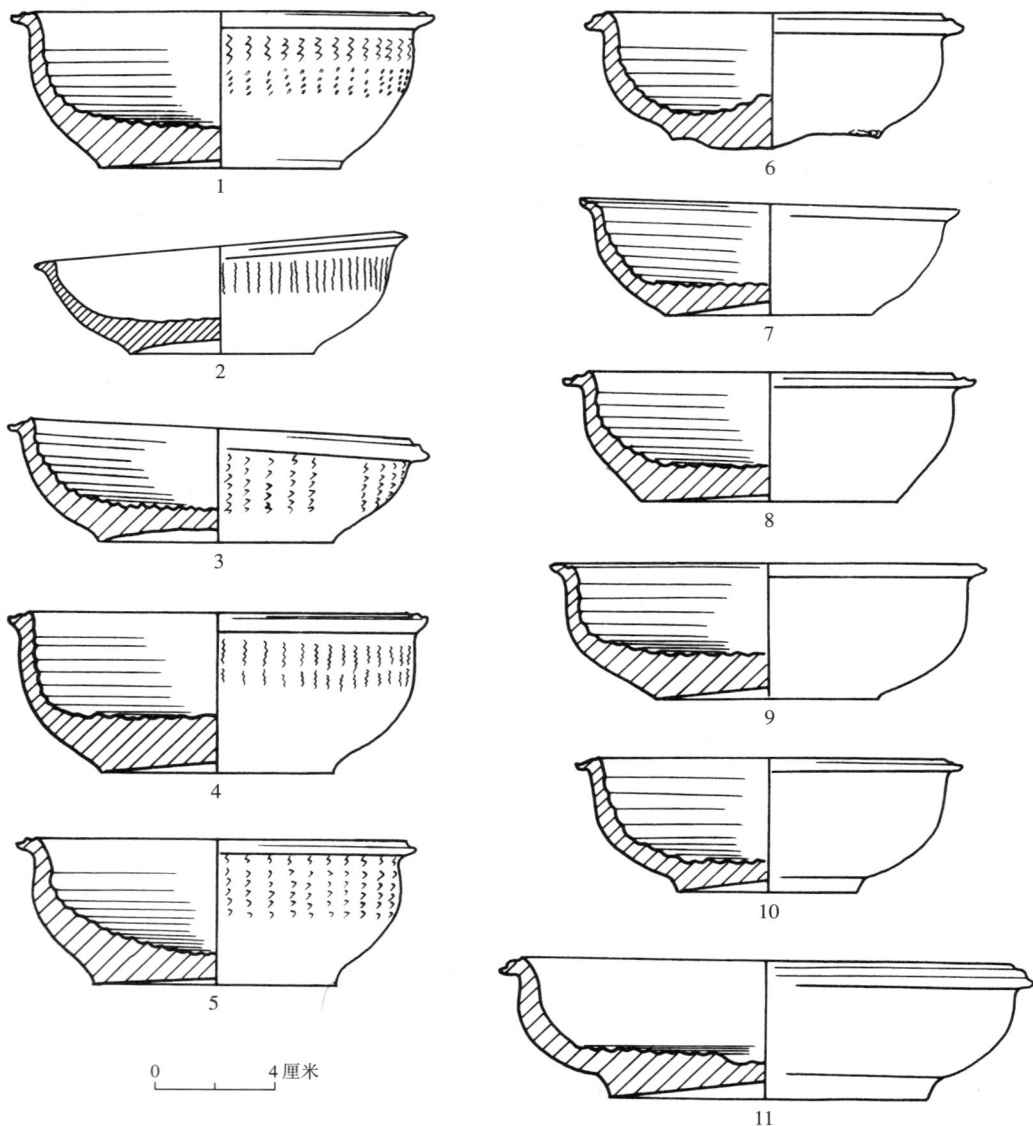

0　　　　　4厘米

图一五　Ⅰ区出土原始瓷 B 型Ⅲ式碗

1. Ⅰ T0403⑥：2　2. Ⅰ T0403⑤：5　3. Ⅰ T0403⑤：7　4. Ⅰ T0403⑤：9　5. Ⅰ T0403⑤：12　6. Ⅰ T0403⑦：5
7. Ⅰ T0403⑤：2　8. Ⅰ T0403⑤：6　9. Ⅰ T0403⑤：15　10. Ⅰ T0403⑤：18　11. Ⅰ T0403⑤：14

底、下腹旋纹清晰，底心向外圈旋纹由较细密逐渐变得粗疏；外底线割痕迹明显。外腹粘结一小片同类器物的口沿。口径 11、底径 7.4、高 3.4 厘米。（图一六，1；彩版七，1）

标本Ⅰ T0506②：3，鼓腹近弧收，平底略内凹，最大径偏上。灰黄色胎，胎质较疏松。釉色较深，玻璃质感较强，施釉极不均匀，积釉较厚处呈酱黑色。内底中心有较为细密的旋纹，圈足外圈有白色砂性烧结物。口径 15.6、底径 10.4、高 5.2 厘米。（图一六，2）

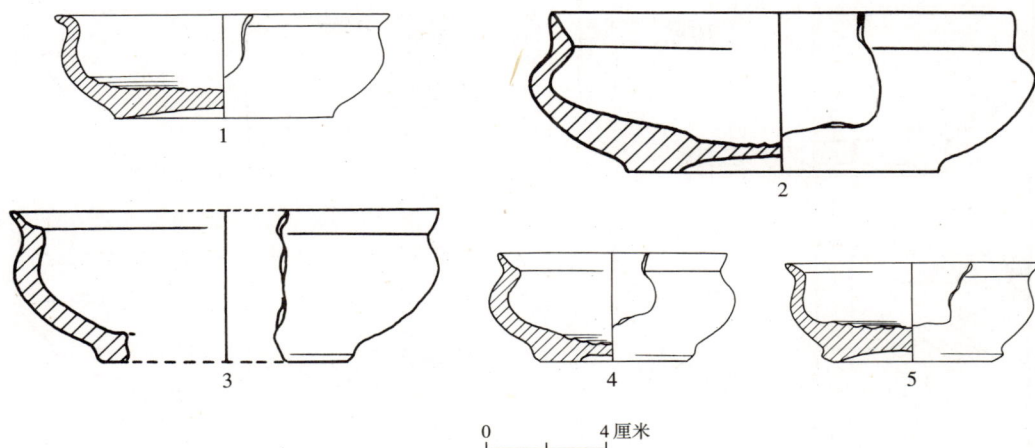

图一六　Ⅰ区出土原始瓷C型碗

1. Ⅰ T0403⑨：33　2. Ⅰ T0506②：3　3. Ⅰ T0505②a：1　4. Ⅰ T0506③：4　5. Ⅰ T0506③：6

标本Ⅰ T0506③：4，沿面较宽略内弧，腹极扁鼓，底平。青灰色釉，玻璃质感较强，施釉较为均匀。沿面近下部有一圈积釉。内底及外腹粘结有小块已烧结的窑汗，外底有白色砂性烧结物。口径7.6、底径5、高3.6厘米。（图一六，4；彩版七，2）

标本Ⅰ T0506③：6，尖圆唇，沿面内弧，腹较扁鼓，外底平而略内凹。灰白色胎，胎质较疏松。内底、腹青黄色釉较厚，玻璃质感较强，釉色略佳；外腹釉略薄，釉色不匀，局部呈棕褐色的斑块状。内底旋纹粗疏清晰，有较大的气泡，并粘结有大块的窑渣；外底底足外圈泥痕外翻，底上白色砂性烧结物较薄。口径8.4、底径5.4、高3.2厘米。（图一六，5；彩版七，3）

标本Ⅰ T0505②a：1，沿面略内弧，腹较扁。青釉，玻璃质感较强，施釉较为均匀，釉色较佳，其中内腹釉色较外腹更佳、釉层更厚。近沿面上端积釉一圈。口沿上粘结有小块的窑渣，底部有较大的气泡。口径14.2、底径8.2、高5厘米。（图一六，3）

2. 盂

本区数量极多，以Ⅰ式为主，也见少量Ⅱ式。

Ⅰ式

标本Ⅰ T0403⑩：1，假圈足平底内凹。肩部设对称的双系。青釉，施釉不均匀，釉色较差。内底粘附有较多的粗砂质窑渣。口径13.2、底径8.8、高5.8厘米。（图一七，1；彩版八，1）

标本Ⅰ T0403⑩：4，略变形。假圈足平底略内凹。青釉，内底积釉较厚，外腹有黑褐斑。内底、外腹下部及外底均粘有窑渣。口径12.2、底径8.4、高6.2厘米。（图一七，2）

标本Ⅰ T0403⑩：5，假圈足较高而外撇，平底略内凹。青釉，釉层极厚，施釉较均

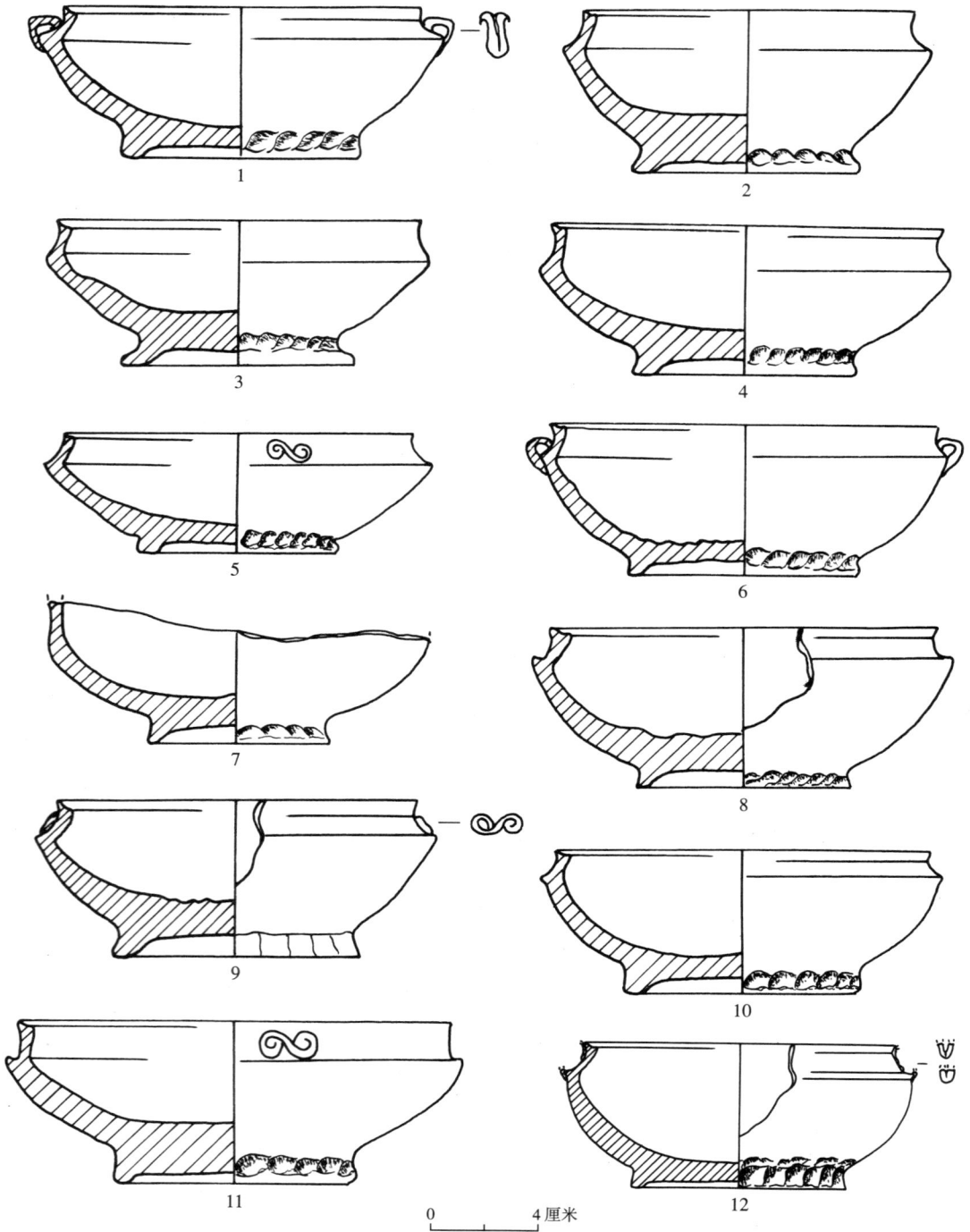

图一七　Ⅰ区出土原始瓷Ⅰ式盂

1. ⅠT0403⑩：1　2. ⅠT0403⑩：4　3. ⅠT0403⑩：5　4. ⅠT0403⑩：8　5. ⅠT0403⑩：9　6. ⅠT0403⑩：13
7. ⅠT0404⑨：1　8. ⅠT0403⑨：41　9. ⅠT0403⑨：42　10. ⅠT0505③：4　11. ⅠT0505③：11　12. H12：10

匀，局部有流釉现象，玻璃质感很强。内底粘结有大块的窑渣。口径13.6、底径8.8、高5.6厘米。（图一七，3；彩版八，2）

　　标本ⅠT0403⑩：8，手捏浅圈足。青釉，釉色极佳，玻璃质感强，施釉不均，流釉、缩釉现象严重，在子母口、折肩、内底旋纹所形成的凹槽处，聚积了较厚的釉，积釉处釉色青褐。内底、折肩处粘结有小块的窑渣。口径14.4、底径8.2、高5.8厘米。（图一七，4；彩版八，3）

　　标本ⅠT0403⑩：9，矮圈足。肩部堆贴横向"S"形纹。青釉，釉严重剥落，内腹釉基本剥落殆尽。内底粘结窑渣粒，外底呈深黑色。口径12.8、底径7.6、高4.6厘米。（图一七，5）

　　标本ⅠT0403⑩：13，手捏浅圈足。折肩处有双系。胎质较粗，夹杂有大量细砂，表面极不光滑。青釉，施釉不均匀，釉层较薄，釉色不佳，玻璃质感不强。外腹近底处局部粘有白色砂性烧结物。口径14.4、底径8.4、高5.8厘米。（图一七，6；彩版八，4）

　　标本ⅠT0403⑨：41，生烧。假圈足平底略内凹。灰黄色胎。口径14.4、底径8、高6厘米。（图一七，8；彩版八，5）

　　标本ⅠT0403⑨：42，假圈足略外撇。短颈近折肩处堆贴横向小"S"形纹，残存一个。灰白色胎，器底有较大的气泡。黑褐色釉，釉层较厚，施釉较为均匀，釉层略薄处泛青色，外腹釉色、玻璃质感较内底、腹为好。底足手捏痕明显，足圈有多处开裂。内底粘有小块窑渣粒，并且积釉较厚处土蚀明显；外底外圈及圈足沿有白色砂性烧结物。口径13.2、底径9.2、高6厘米。（图一七，9；彩版九，1）

　　标本ⅠT0404⑨：1，生烧。近直口，圈足平底略内凹，肩部折棱不明显。底径6.6、残高5.5厘米。（图一七，7；彩版八，6）

　　标本ⅠT0505③：4，假圈足平底略内凹。青釉，施釉较为均匀，釉色较佳。内底、肩、外腹部粘有小块窑渣。口径14、底径8.8、高5.4厘米。（图一七，10）

　　标本ⅠT0505③：11，假圈足较高，平底略内凹。折肩处堆贴对称的横向"S"形纹。青釉，釉色较佳，玻璃质感较强。内底积釉较厚，并粘结有大块的烧结块。外腹部有砂粒处往往形成黑褐色小斑。口径16、底径8.8、高6.2厘米。（图一七，11；彩版九，2）

　　标本H12：10，浅圈足。肩部保留泥条形小系一个。灰白色胎，胎质较为致密。除肩部外，釉几乎完全剥落。火候较低，底足呈橘红色。口径11.6、底径8、高5.4厘米。（图一七，12）

　　Ⅱ式　本区数量极少，并且基本为残片而不能复原。

3. 小盂

数量较多。

　　标本ⅠT0403⑨：2，颈近折肩处堆贴横向"S"形纹一对。釉色较佳，玻璃质感较

强。底腹有较大的气泡。口径7.6、底径5.6、高3厘米。（图一八，1）

标本ⅠT0403⑨：16，施釉不均匀，外腹除积釉处呈青色外，其余呈酱褐色。内腹粘结大块的窑渣。口径9.4、底径5.8、高4.4厘米。（图一八，2；彩版一〇，1）

标本ⅠT0403⑨：24，基本完整。颈、上腹部刻划反向"S"形纹各一圈，线条较细，"S"形纹转折较为生硬，纹饰排列不甚规则。釉色极深，近似于酱色，釉色不均匀，其中外腹较内腹釉色更深。内底粘结有大块的窑渣，外底白色砂性烧结物较厚。口径8.8、底径5、高4.6厘米。（图一八，3；彩版一〇，2）

标本ⅠT0403⑦：1，略变形。釉色不甚佳，外腹缩釉釉薄处呈酱色，内底积釉明显。内底、腹部有多个较大的气泡，口沿、折肩、内底处粘结有小块的窑渣。口径8、底径6、高5厘米。（图一八，4；彩版一〇，3）

标本ⅠT0403⑥：3，折肩处堆贴双泥条小系一对。外腹釉色较佳，玻璃质感较强。内腹粘结大块的窑渣，底部白色砂性烧结物较厚。口径9.6、底径5.6、高4.4厘米。（图一八，5；彩版一〇，4）

标本ⅠT0404⑨：7，折肩上堆贴"S"形纹。外底部有细阴线刻划。灰胎较为细腻致密。釉完全剥落。口径9.4、底径7.4、高4.6厘米。（图一八，6）

标本ⅠT0404⑦：1，颈近折肩处堆贴横向"S"形纹一对。釉完全剥落。口径7.2、底径5.2、高3.6厘米。（图一八，7）

标本ⅠT0405⑥：1，折肩处堆贴双泥条小系一对。施釉均匀，釉色较浅，呈青灰色，釉层较薄，玻璃质感较强，内底局部积厚釉。外底的旋纹较细密。口径8、底径5.4、高4.4厘米。（图一八，8；彩版一〇，5）

标本ⅠT0504⑤：1，施釉不均匀，釉色较深，内腹釉玻璃质感较强。内底粘结有小块的窑渣。口径9、底径5、高4.6厘米。（图一八，9；彩版一〇，6）

标本ⅠT0504⑤：2，近肩部残存双泥条小系一个。内腹、底釉明显较外腹的为佳，玻璃质感较强，釉色青翠；外腹釉色斑驳，呈棕褐色的斑块状，玻璃质感不强，釉层薄。外底线割痕迹明显，一侧及下腹部有白色细砂性烧结物。口径5.6、底径3.6、高3.8厘米。（图一八，10）

标本ⅠT0504⑤：6，灰胎。釉完全剥落。外底弧形线割痕迹清晰明显。口径8.2、底径4.6、高3.6厘米。（图一八，11）

标本ⅠT0505⑤：3，釉基本剥落殆尽。口径7.8、底径5.2、高4.2厘米。（图一八，12；彩版一一，1）

标本ⅠT0505④a：2，釉色较深，呈深褐色，玻璃质感较强，施釉不均，外腹流釉明显，子母口，折肩、内底旋纹处积釉明显。内底粘结有小块的窑渣。口径7.8、底径5.4、高5.2厘米。（图一八，13；彩版一一，2）

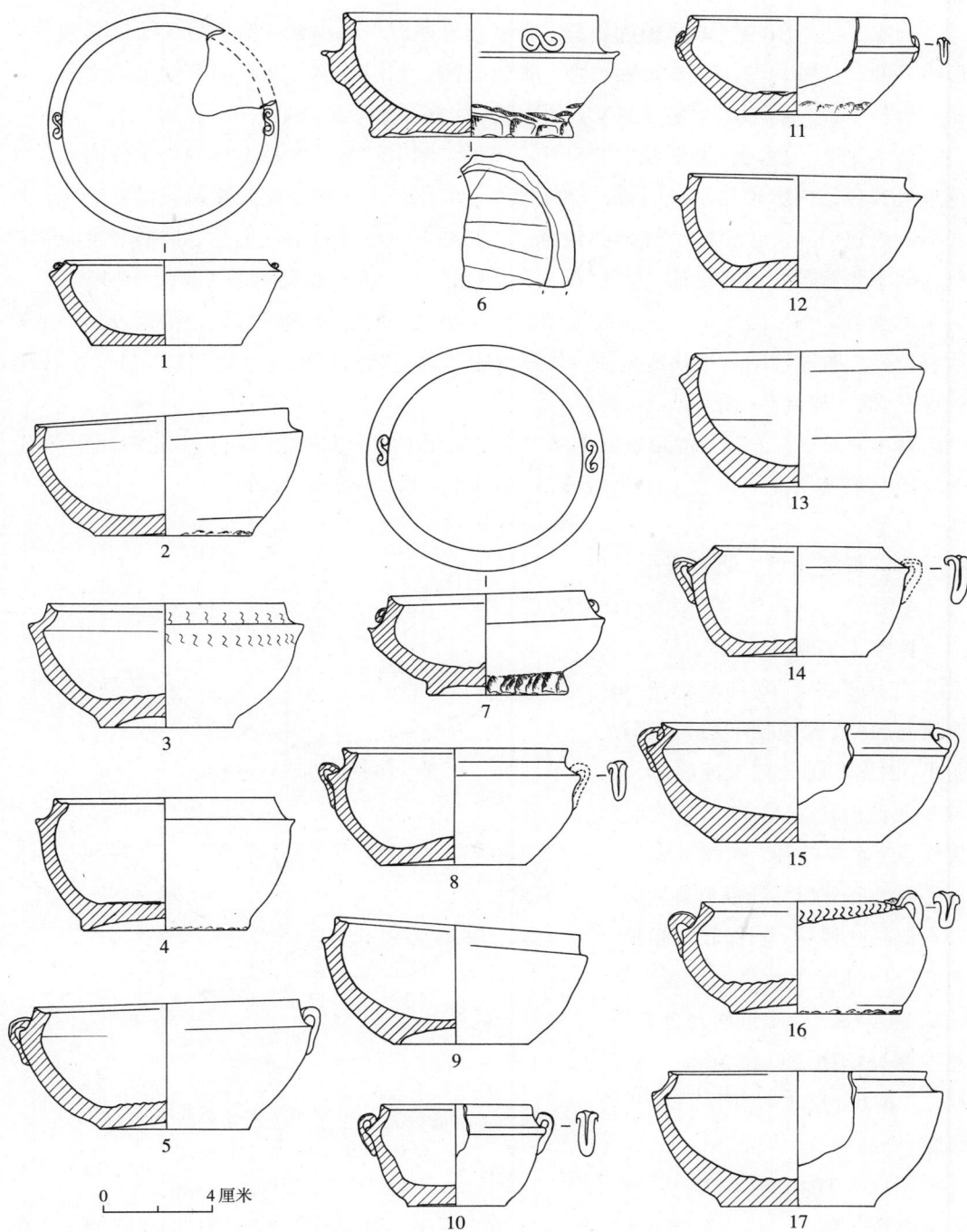

图一八　Ⅰ区出土原始瓷小盂

1. ⅠT0403⑨：2　2. ⅠT0403⑨：16　3. ⅠT0403⑨：24　4. ⅠT0403⑦：1　5. ⅠT0403⑥：3　6. ⅠT0404⑨：7
7. ⅠT0404⑦：1　8. ⅠT0405⑥：1　9. ⅠT0504⑤：1　10. ⅠT0504⑤：2　11. ⅠT0504⑤：6　12. ⅠT0505⑤：3
13. ⅠT0505④a：2　14. H5：3　15. H5：7　16. Y1上①：3　17. Y1上②：3

标本 Y1 上①：3，口部严重变形。折肩处堆贴双泥条小系一对，短颈处刻划细"S"形纹一圈。施釉均匀，玻璃质感较强，釉色较浅，釉层较薄。外腹局部釉呈黑褐色斑块状。口径7.2、底径6.2、高4厘米。（图一八，16；彩版一一，3）

标本 Y1 上②：3，器形较大。口残。满釉，釉层较薄，施釉不均匀，积釉明显，釉色呈青黄色，内腹釉被土蚀明显，外腹釉明显剥落。内底中心旋纹粗疏且呈乳突状，外底线割痕迹明显、白色砂性烧结物较薄。内底粘有一小片口沿，釉色、器形与本器物相似，似乎为本器物自身的残片。口径9.4、底径5.6、高5厘米。（图一八，17）

标本 H5：3，略变形。折肩处堆贴双泥条小系一对。施釉较均匀，釉色较佳，玻璃质感较强。内底粘结有小块的窑渣，外腹近底一侧粘结有白色砂性烧结物。口径6.2、底径5.2、高4厘米。（图一八，14）

标本 H5：7，肩部保留泥条形小系一个。釉几乎完全剥落。内底有多处细片状剥落，外底线割痕迹明显。口径10、底径6.2、高4.4厘米。（图一八，15）

4. 盘

本区仅见 A 型，数量极少。

A 型

标本 Ⅰ T0403⑧：8，窄平沿上有两道凹弦纹。青釉色较佳，玻璃质感较强，但施釉不均匀，积釉明显，内底积釉处被土蚀明显，且有多处乳白色窑变，外腹釉保存较佳，外底不施釉。内底有旋纹；外底中心部分弧形线割痕迹明显，外圈似经过修抹，制作较为粗糙。内底近中部等距分布三个瓷土质托珠痕，外底、外腹近底足处有白色砂性烧结物。口径26.8、底径11.2、高6.4厘米。（图一九，1；彩版一一，4）

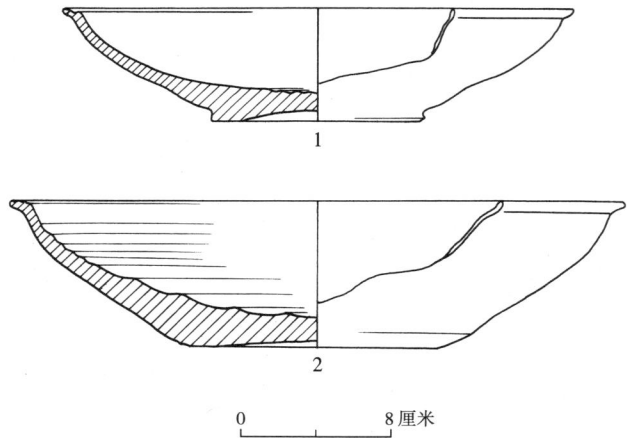

图一九　Ⅰ区出土原始瓷 A 型盘
1. Ⅰ T0403⑧：8　2. Ⅰ T0403⑦：7

标本 Ⅰ T0403⑦：7，窄平沿上有四道凹弦纹，内外两道较宽，其中内道还较深，中间两道较细浅。釉色略偏黄，施釉不均匀，但内底、腹的釉色和玻璃质感明显较外腹的为佳，外底无釉。内底旋纹较为清晰；外底制作较为粗糙，底有较大的气泡，且有白色砂性烧结物。口径32.4、底径13.2、高8厘米。（图一九，2）

5. 罐

本区仅见D型和E型，数量极少。

D型　侈口卷沿罐。

标本H4：5，口、腹残片。尖圆唇。肩部有横向绳索状系，系两头堆贴竖向反"S"形纹。内腹仅口沿下施釉，外腹釉色较佳、玻璃质感较强、施釉不均匀。口径12、残高4.6厘米。（图二〇，1）

E型　侈口折沿罐。

标本ⅠT0403⑨：40，尖圆唇外撇，敛口，溜肩，鼓腹较扁。釉层厚，釉色佳，玻璃质感较强，施釉不均匀，积釉明显。底足外圈切割下的泥痕外卷，未经修整。口径10.6、底径12.4、高12厘米。（图二〇，2）

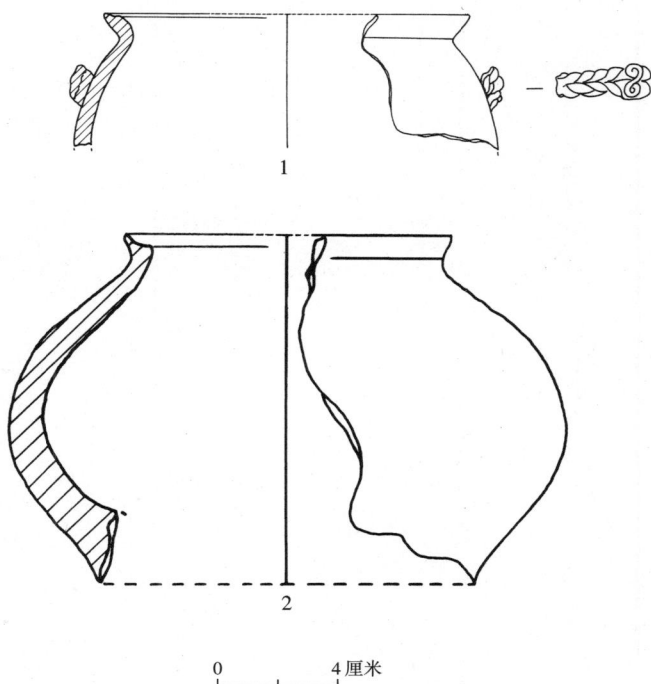

图二〇　Ⅰ区出土原始瓷罐
1. D型 H4：5　2. E型ⅠT0403⑨：40

6. 小罐

A型　敛口小罐。

标本ⅠT0403⑥：6，口沿、腹部残片。口近子母口形，溜肩，垂腹较扁鼓。肩部残存一个双细泥条小系。灰白色胎，胎质细密、坚致。青黄色釉极薄，外腹剥釉较为严重。口径7.4、最大腹径12.6、残高5.2厘米。（图二一，1）

标本ⅠT0403⑤：16，口近子母口形，垂腹。肩部有横向双泥条小系。口径4.8、高5厘米。（图二一，3；彩版一二，1）

标本ⅠT0404⑤：4，口近子母口形，平底。从残存的情况看，肩部有倒"U"形系。肩、腹部刻划有三层反"3"形纹饰，线条较细，其中中间转折处较粗深、近似于三角形。青灰色釉，施釉极不均匀，釉层较厚，底釉较薄，呈黄褐色。内底形成弧凸状，顺时针方向旋纹明显；外底有明显的线割痕迹，线割后底不加修整，底面不平，底边泥外卷。外底有极薄的白色砂性烧结物。口径5.2、最大腹径9、底径6、高5.4厘米。（图二一，4；彩版一二，2）

标本ⅠT0404④：11，口沿、腹部残片。口近子母口形。腹中部残存两个有倒"U"

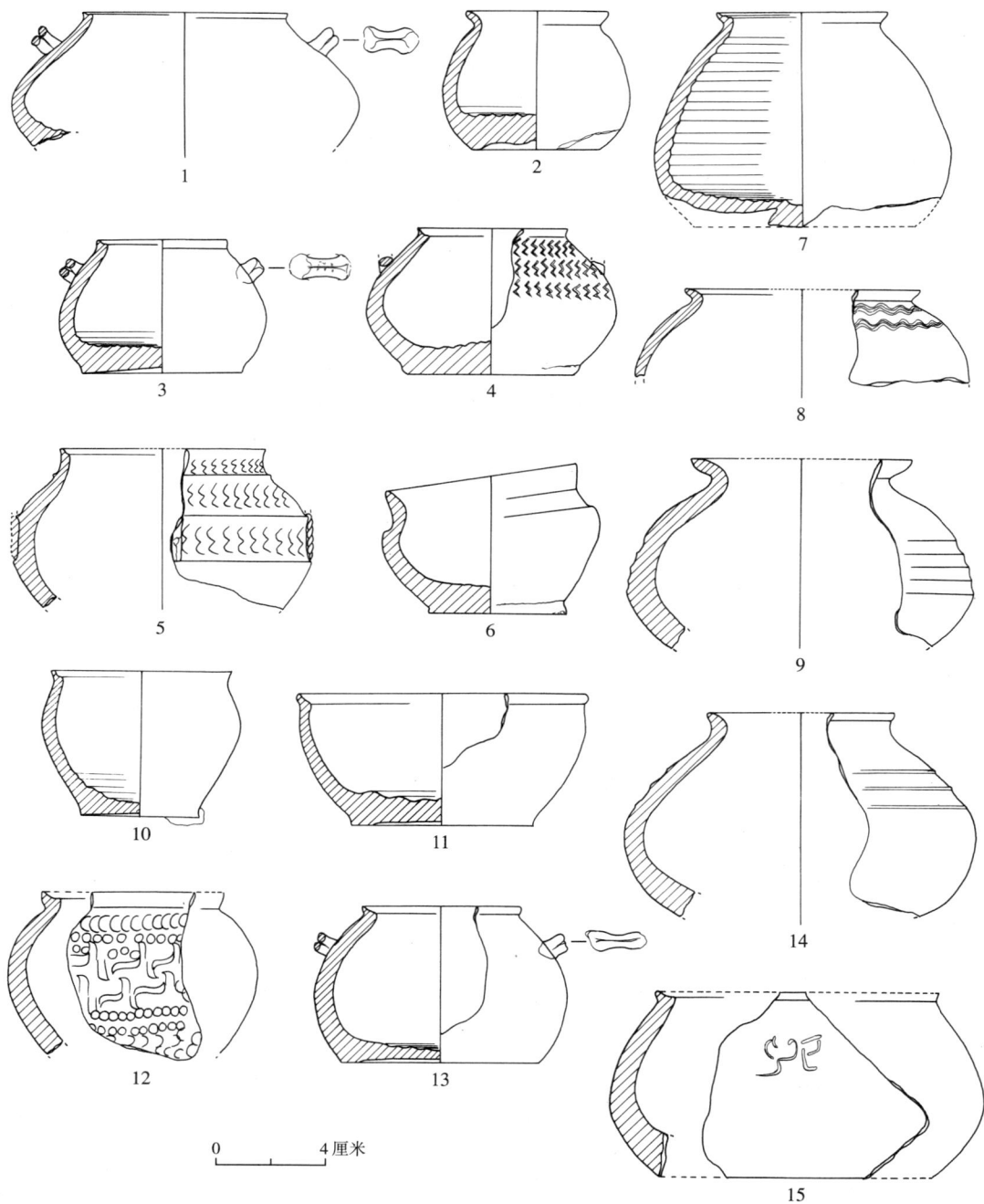

图二一　Ⅰ区出土原始瓷小罐

1. A 型Ⅰ T0403⑥：6　2. B 型Ⅰ T0403⑤：4　3. A 型Ⅰ T0403⑤：16　4. A 型Ⅰ T0404⑤：4　5. A 型Ⅰ T0404④：11
6. B 型Ⅰ T0403⑨：7　7. B 型Ⅰ T0403⑤：17　8. B 型Ⅰ T0506④：1　9. B 型Ⅰ T0506③：7　10. C 型Ⅰ T0403⑨：43
11. C 型Ⅰ T0505④b：4　12. C 型Ⅰ T0505⑤：5　13. C 型Ⅰ T0505①：1　14. B 型 H9：2　15. C 型 Y1 上②：6

形系，从分布看，完整者应该有四个。上腹部有三道凸棱，使肩、上腹部呈三层台阶状下展，每一层均刻划有一圈反"3"形纹饰，纹饰线条较细，其中中间转折处较粗深、近似于三角形。施釉极不均匀，釉层较薄，呈青褐色，下腹缩釉、无釉处呈酱色。腹部有较大的气泡，肩、上腹部粘结有小块的窑渣。口径7.2、最大腹径10.6、残高6厘米。（图二一，5；彩版一二，3）

B型　侈口卷沿小罐。

标本ⅠT0403⑨：7，器物变形，向一侧倾斜。圆唇，束颈，隆肩，弧腹斜收，小平底。胎较白，缩釉处露胎泛白。满釉呈青灰色，施釉极不均匀，釉层较薄，表面有黑褐色斑点。内底有大块的窑渣，外底部及倾斜的一侧近底部有较厚的白色砂性烧结物。口径6.8、最大腹径7.8、底径5、高5.2厘米。（图二一，6；彩版一三，1）

标本ⅠT0403⑤：4，器形极小。口径5、最大腹径6.8、底径5、高5.2厘米。（图二一，2；彩版一三，2）

标本ⅠT0403⑤：17，底部残。口径6、最大腹径10.8、残高8厘米。（图二一，7）

标本ⅠT0506④：1，口沿、腹部残片。尖唇，溜肩。肩部刻划有两层水波纹。剥釉较严重。口径8.4、残高4厘米。（图一，8）

标本ⅠT0506③：7，底部残。灰胎较为致密，局部有较大的气泡。施酱黑色釉，其中积釉较厚处釉色较深，釉层薄处则泛青色。口径7.8、最大腹径12.4、残高7.2厘米。（图二一，9；彩版一三，3）

标本H9：2，底部残。溜肩，腹鼓凸。内腹仅口沿下施釉，外腹青釉较佳，釉层较厚，玻璃质感较强，施釉不匀，积釉明显，有土蚀痕迹。口径6.6、最大腹径12.6、残高8厘米。（图二一，14）

C型　侈口折沿小罐。

标本ⅠT0403⑨：43，沿面略内弧，腹较深而略鼓，形体较修长，平底。青灰色釉较薄。外底上弧形线割痕清晰，一侧粘有一小块窑渣，可能是作为托珠使用。口径6.4、最大腹径7、底径4.2、高5.6厘米。（图二一，10；彩版一三，4）

标本ⅠT0505⑤：5，口沿及腹部残片。沿面略内弧，束颈，溜肩，腹较鼓。腹部满饰多层多种纹饰：肩部一圈"C"形纹，上腹部为两圈小圆圈纹，腹中部为两层横竖不同方向的双勾线"S"形纹，下腹部又为两圈小圆圈纹，再下为两圈"C"形纹，其中上圈为反"C"形。单个纹饰较为规则，应为戳印而成，但纹饰排列不规则，有重叠戳印现象，风格较为粗放杂乱。胎色较白，质地较松，有较多的气泡。青灰色釉较厚，施釉不均匀。口径6.6、最大腹径9、残高6.2厘米。（图二一，12）

标本ⅠT0505④b：4，折沿较窄，弧腹较深，平底较大。灰白色胎，胎质较为疏松，底部有较大的气泡。青灰色釉，玻璃质感略强，积釉明显，内腹釉色较外腹略佳，外腹釉面有少量呈棕褐色的小斑块状。内底旋纹较粗疏，中心呈乳突状上鼓，并粘有较多的小窑渣粒；外底白色砂性烧结物较厚。口径10.4、最大腹径10.2、底径6.6、高5厘米。（图二一，11）

标本Ⅰ T0505①：1，翻折沿极窄，沿面较平，溜肩，鼓腹，平底较大。上腹部堆贴横向双细泥条系。浅灰黄色胎，胎质较为疏松，近底部有较大的气泡。青黄色釉极佳，玻璃质感较强，釉色较为匀净，但施釉不均匀，积釉处釉色较深。外底不见线割痕迹，制作不甚平整。口沿及肩部粘结有少量窑渣，外底白色砂性烧结物较薄。口径5.6、最大腹径9、底径7、高5.8厘米。（图二一，13；彩版一三，5）

标本Y1上②：6，翻折沿较窄，沿面略内弧，溜肩，鼓腹，平底。肩部刻划纹饰。内腹仅口沿下施釉，外腹青釉色较佳，玻璃质感较强，但施釉不均匀。口径10、最大腹径13.4、底径9.8、高6.8厘米。（图二一，15）

7. 钵

本区仅见A型。

A型　深腹钵。本区两式均有，数量较少。

Ⅰ式

标本Ⅰ T0404⑤：3，上腹近折肩处有绳索状倒"U"形系。灰白色胎，胎质较疏松，有较多的气孔。满釉，釉层较薄，施釉均匀，玻璃质感较强，釉色较浅，呈青黄色。下腹近底部及底火候较低、剥釉较为严重，露胎处呈砖红色。口径11、底径8.2、高10.6厘米。（图二二，1）

标本Ⅰ T0404④：1，腹略深弧。上腹近折肩处有小泥条系。灰白色胎，胎质较疏松，有较多的小气孔。满釉，釉层较薄，施釉均匀，玻璃质感较强，釉色较浅，呈青黄色。下腹近底部及底火候较低，剥釉较为严重。内底粘结有砂粒状窑渣。口径10.6、底径8.2、高8.8厘米。（图二二，2；彩版一四，1）

标本Ⅰ T0404④：2，口及上腹残。底径9.2、残高6.8厘米。（图二二，4）

标本Ⅰ T0404④：3，口沿、腹部残件。折肩处有绳索状倒"U"形系。上腹部刻划一圈勾连双勾线"S"形纹，风格较为粗放而不甚规则。灰白色胎，胎质较疏松，有较多的小气孔。满釉，釉层较薄，施釉均匀，玻璃质感较强，釉色较浅，呈青黄色。口径13.6、残高6.6厘米。（图二二，3）

标本Ⅰ T0405④：1，折肩处残存半个系的痕迹。青灰色釉，色泽较暗，玻璃质感略强，施釉较均匀。内底粘有大块的烧结块；外底白色砂性烧结物较厚、颗粒较粗，部分颗粒类似小颗粒的窑渣。口径9、底径6.6、高7厘米。（图二二，5；彩版一四，2）

标本Ⅰ T0505③：13，肩部近折棱处有"S"形堆贴。上腹部有两层双勾线双"S"形纹的变形纹，由三个鸟喙形勾头构成一组图案。单个鸟喙形勾头大小、结构基本一致，应

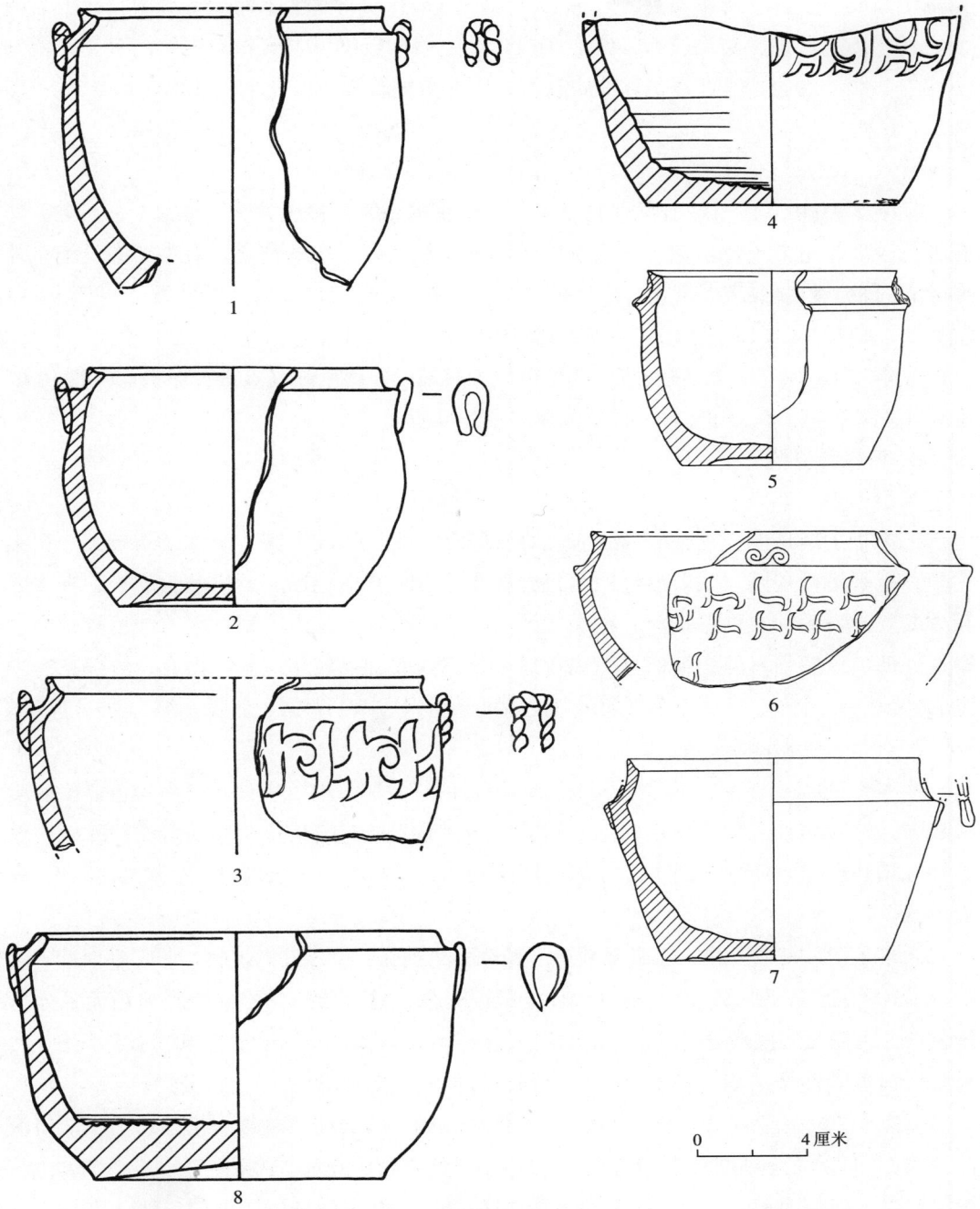

图二二　Ⅰ区出土原始瓷 A 型钵

1. Ⅰ式 Ⅰ T0404⑤：3　2. Ⅰ式 Ⅰ T0404④：1　3. Ⅰ式 Ⅰ T0404④：3　4. Ⅰ式 Ⅰ T0404④：2　5. Ⅰ式 Ⅰ T0405④：1
6. Ⅰ式 Ⅰ T0505③：13　7. Ⅱ式 Ⅰ T0403⑥：7　8. Ⅱ式 Ⅰ T0403④：1

为戳印而成，但整个图案布局不严谨，鸟喙形勾头有的只有上下两个，有的只有上右两个，且连接不严整，布局较为杂乱。灰白色胎，胎质较细腻但疏松。内外均有釉，施釉不均匀，釉色极佳，呈青褐色，釉层较厚，玻璃质感较强。口径13.4、残高6厘米。（图二二，6）

Ⅱ式

标本Ⅰ T0403④：1，上腹近肩处残存一个细泥条系。釉色青黄，施釉不甚均匀，外腹釉色较差，呈褐色斑块状。内底旋纹较细密，粘结有小块的窑渣，有大个的气泡；外底除有白色砂性烧结物粘结外，还有粗砂粒。推测此类器物烧造时直接放置于窑床上，单层烧造。口径14.4、底径10.4、高9.2厘米。（图二二，8；彩版一四，3）

标本Ⅰ T0403⑥：7，腹斜直，最大径在折肩部。青黄色釉剥落得较厉害。口径10.6、底径8、高7.4厘米。（图二二，7；彩版一四，4）

8. 平底尊形器

数量不多。

标本Ⅰ T0403⑩：7，外底略内凹。肩部刻划"S"形纹一圈，纹饰线条较细、粗细均匀，排列不甚规则，"S"形纹的转折处较为生硬。灰白色胎，胎质较为疏松，有多处较大的气泡。满釉，釉色较深，釉层较厚，施釉不均匀，其中内底、腹的釉色较外腹色略佳、玻璃质感强，外腹釉面呈棕褐色斑块状。内底旋纹较粗且深，内底、肩部粘有少量的窑渣粒；外底、外腹近底足处有白色砂性烧结物。口径16、底径8.4、高5.4厘米。（图二三，1；彩版一五，1）

标本Ⅰ T0403⑨：9，满釉，施釉不均匀，釉层较厚，釉色较佳，呈深褐色，玻璃质感较强，外腹缩釉无釉处呈酱色。内底旋纹不明显，局部粘结有小块的窑渣；外底白色砂性烧结物较厚，并且布满整个底部。口径11.8、底径7、高5.2厘米。（图二三，2；彩版一五，2）

标本Ⅰ T0403⑨：25，近似于翻折沿，沿面略内弧，束颈，扁鼓腹，平底略内凹。满釉，施釉不均匀，釉层较厚，釉色较佳，呈深褐色，玻璃质感较强，外腹缩釉无釉处呈酱色。内底粗疏旋纹明显，口沿、内底有大块窑渣；外底中间有明显的细密弧形线割纹，外圈有白色砂性烧结物。口径10、底径6、高4.8厘米。（图二三，3；彩版一五，3）

标本Ⅰ T0403⑨：49，肩部刻划"S"形纹一圈，纹饰线条较细、粗细均匀，排列不甚规则，"S"纹的转折处较为生硬。灰白色胎，胎质较为疏松。满釉，釉色略浅而匀净，釉层略薄，玻璃质感较强，其中内腹点状积釉明显，外腹施釉更为均匀、釉色更好。内底旋纹较为粗疏，并粘有少量的窑渣粒；外底白色砂性烧结物较厚。口径13.6、底径8.6、高4.6厘米。（图二三，4；彩版一五，4）

标本Ⅰ T0403⑨：32，灰白色胎，胎质较为疏松。满釉，釉层较厚，釉色较深，施

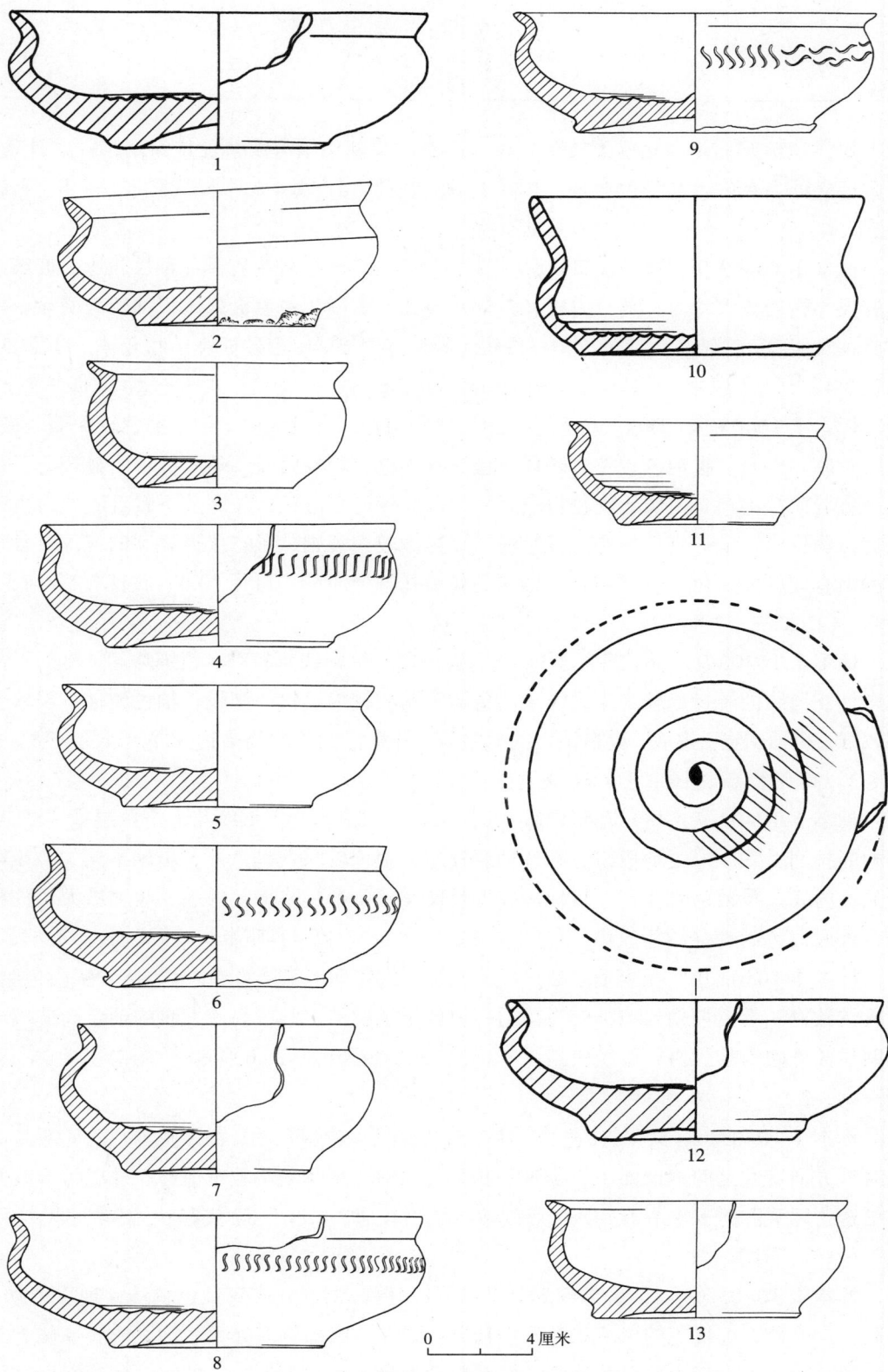

图二三　Ⅰ区出土原始瓷平底尊形器

1. ⅠT0403⑩：7　2. ⅠT0403⑨：9　3. ⅠT0403⑨：25　4. ⅠT0403⑨：49　5. ⅠT0403⑨：32　6. ⅠT0403⑨：34
7. ⅠT0403⑨：35　8. ⅠT0403⑨：36　9. ⅠT0403⑨：48　10. ⅠT0403⑧：7　11. ⅠT0403⑥：5　12. ⅠT0403⑥：8
13. ⅠT0504③a：1

釉不均，积釉明显。内底旋纹极为粗疏。内底、肩部粘结有少量已烧结的窑汗，外底、下腹近底处白色砂性烧结物较厚。口径11.8、底径7.4、高4.6厘米。(图二三，5；彩版一五，5)

标本 I T0403⑨：34，肩部刻划一圈"S"形纹。釉色较为青翠，釉层较厚，玻璃质感较强，施釉较为均匀，其中内底、腹较外腹釉层更厚、釉色更深，积釉较为明显。内底旋纹较粗疏，粘结有大块的窑渣；外底线割痕迹明显，白色砂性烧结物较厚。口径13、底径8.4、高5.4厘米。(图二三，6；彩版一五，6)

标本 I T0403⑨：35，灰白色胎，胎质较为疏松，有较大的气泡。釉色较深而斑驳，釉层较厚。内底、腹釉色较外腹略佳，呈深青褐色，积釉明显，外腹釉层明显较薄，釉色呈斑驳的棕褐色。内底旋纹较粗疏，并粘有少量的窑渣粒；外底及下腹近底处白色砂性烧结物较厚，足一侧粘结有一颗窑渣。该窑渣较为规则，形态接近扁圆的托珠，且外圈均粘有较厚的白色砂性烧结物，推测是作为托珠使用的。口径10.6、底径7.2、高5.6厘米。(图二三，7)

标本 I T0403⑨：36，肩部刻划"S"纹一圈，纹饰线条较细、粗细均匀，排列不甚规则，"S"纹的转折处较为生硬。灰白色胎，胎质较为疏松。满釉，釉色较佳，玻璃质感较强，积釉明显。内底、腹粘结大块的窑渣，外底白色砂性烧结物较厚。口径15.8、底径8.2、高5厘米。(图二三，8；彩版一六，1)

标本 I T0403⑨：48，肩部装饰"S"形纹：一层竖"S"形纹与上下两层横"S"形纹相间排列，"S"形纹均成组分布。釉层较厚，釉色较深且呈色差，施釉不均匀，积釉明显，内底、腹釉色略佳，外腹釉呈棕褐色斑块状、釉层略薄。内底、腹粘结大块的窑渣，外底白色砂性烧结物较厚。口径13.8、底径9.2、高4.6厘米。(图二三，9)

标本 I T0403⑧：7，圆唇，敞口近喇叭形，领较高，扁腹外凸，底略残。灰白色胎，胎质较致密。青黄色釉，施釉较为均匀，玻璃质感较强，其中内底、腹的釉色和玻璃质感明显较外腹为佳。内底旋纹较粗深。口径13、底径9.2、高6厘米。(图二三，10；彩版一六，2)

标本 I T0403⑥：5，灰白色胎，胎质较为致密。青灰色釉，釉层极薄。内底粗疏的顺时针方向旋纹之间的凹弧中有少量的积釉，并粘有少量的小粒窑渣粒；外底弧形线割痕细密，几乎占据了整个器底，白色砂性烧结物较薄。口径9.6、底径6、高4厘米。(图二三，11；彩版一六，3)

标本 I T0403⑥：8，肩部刻划"S"形纹一圈。内底、腹青釉色较佳，釉层较厚；外腹釉层略薄，棕褐色的斑块状釉，积釉处泛青色。底部有多处大气泡，内底一侧有刻划细短直线多道，当为非有意装饰。内底粘有少量的小粒窑渣粒，外底白色砂性烧结物较厚。口径14.4、底径7.6、高5.4厘米。(图二三，12；彩版一六，4)

标本ⅠT0504③a：1，胎质疏松，多处有较大的气泡。釉色斑驳，呈棕褐色的斑块状，施釉不均匀，积釉处呈酱黑色。内底中心呈小乳突状上鼓，旋纹浅而不清，等距分布三个圆形托珠使用后留下的痕迹；外底白色砂性烧结物较厚。口径11.6、底径8、高4.4厘米。（图二三，13）

9. 器盖

本区数量不多，以桥形纽器盖为主，极少量其他类型器盖。

桥形纽器盖　均为Ⅰ式。

标本ⅠT0403⑨：8，盖面较弧高，桥形纽中间有一道凹弦纹。素面。釉较薄，青灰色，施釉较均匀，玻璃质感较强，盖内面釉极薄，呈灰色。盖内面口缘局部有白色砂性烧结物。口径6.4、通高2.4厘米。（图二四，1）

标本ⅠT0403⑨：28，盖面中间下凹，绳索状纽上鼓较高，两侧"S"形纽一正一反对称设置。素面。胎质较细腻致密。盖面釉色较差，青灰色，釉层薄，玻璃质感较强。盖内面无釉，呈火石红色。盖内面口缘及外侧局部有白色砂性烧结物。口径7.4、通高3厘米。（图二四，2；彩版一七，1）

标本ⅠT0403⑥：4，残存半个纽，为双细泥条并列横向拼粘而成，纽端上翘，形状不明。胎质极松，并有大个气泡。青灰色釉色较差，施釉不均匀，表面有较多的小气泡。口径8.2、通高2.8厘米。（图二四，3）

标本ⅠT0403①：2，盖面较弧高，绳索状纽加两侧对称"S"形堆贴，盖缘已残。盖面釉较厚，施釉不均匀，玻璃质感较强，青黄色釉。盖面中间有明显的细修刮痕，一侧有窑粘。盖内面无釉，呈火石红色，旋纹不明显。口径10.6、通高3.6厘米。（图二四，5）

标本ⅠT0404⑨：4，盖面极平，两条细泥条并成桥形纽，两侧对称"S"形堆贴。满釉，青色釉，施釉不均匀，玻璃质感较强，盖面釉层略厚而均匀，盖内面多处缩釉。口径6.5、通高1.8厘米。（图二四，7）

标本ⅠT0404⑨：5，残存一小片。盖面有两个较小的圆圈纹。灰胎较为致密。青釉剥落较为严重。口径10、通高0.8厘米。（图二四，6）

标本ⅠT0404③：1，子母口较深，盖面较弧高，残存一个"S"形堆贴。素面。盖面釉层厚，釉色较佳，呈青黄色，施釉不均匀，玻璃质感较强。盖内面顺时针方向旋纹清晰明显，中间呈乳突状，釉较盖面略薄，青黄色，玻璃质感较强，旋纹的凹槽处积釉较厚，缩釉无釉处呈酱色。口径8.4、通高2.2厘米。（图二四，4）

标本ⅠT0505④b：1，形体不大。盖面较平，略呈弧形，盖面中间下凹，纽残、仅残存一侧的"S"形堆贴。盖面中部有一圈横向双勾线双"S"形纹，单个纹饰规整，多个纹饰之间排列的间距不等，推测是单个纹饰的印模戳印而成。盖面釉较薄，釉色较差，玻璃质感不强，常见有黑褐色小斑点。盖内面无釉，呈火石红色，仅盖缘见有白色砂性

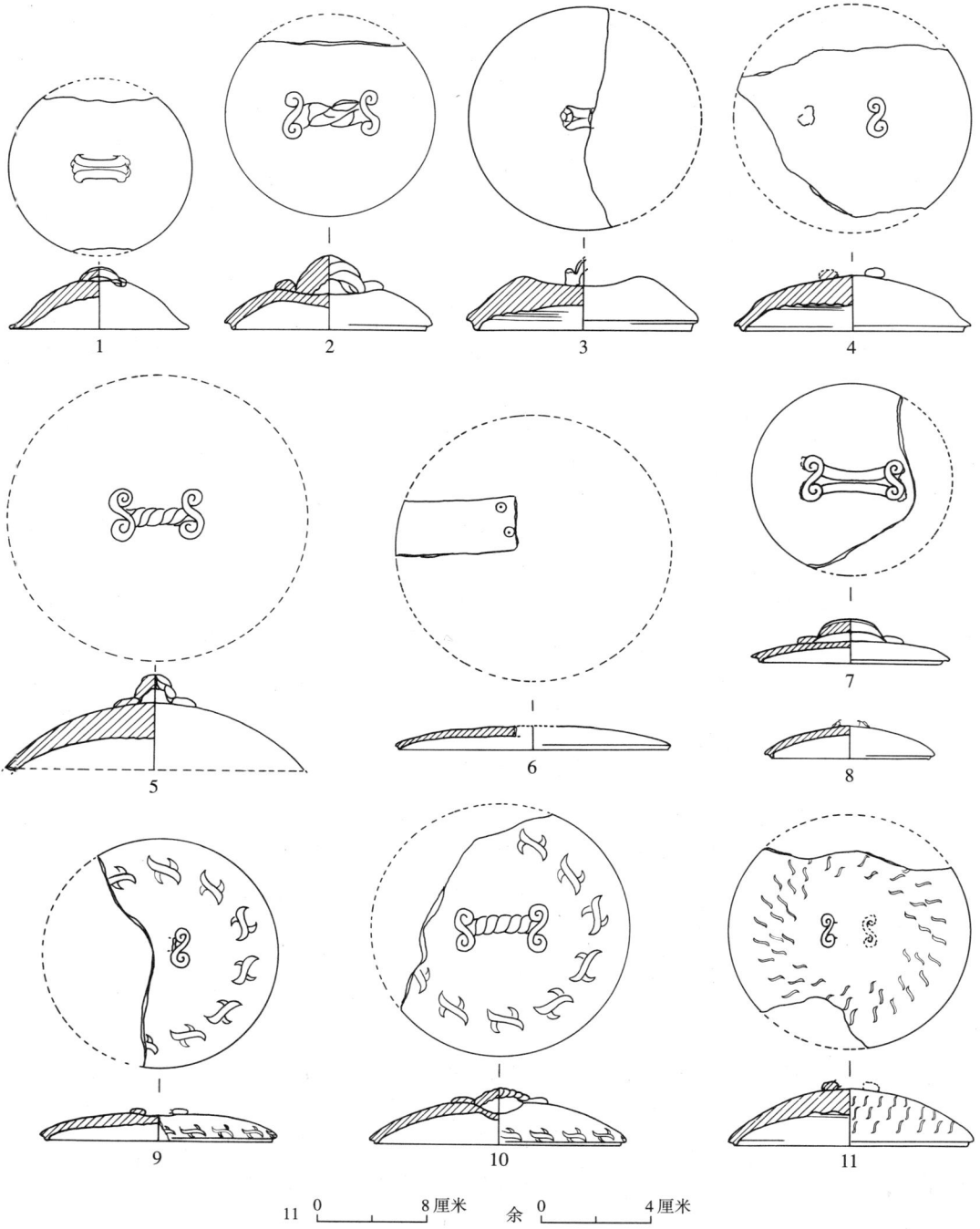

图二四 Ⅰ区出土原始瓷桥形纽Ⅰ式器盖

1. ⅠT0403⑨：8 2. ⅠT0403⑨：28 3. ⅠT0403⑥：4 4. ⅠT0404③：1 5. ⅠT0403①：2 6. ⅠT0404⑨：5
7. ⅠT0404⑨：4 8. ⅠT0505③：12 9. ⅠT0505④b：1 10. ⅠT0506⑤：1 11. ⅠT0506③：2

烧结物。口径 8.6、通高 1 厘米。（图二四，9）

标本ⅠT0505③：12，器物极小。纽已残，从痕迹上看，应该是绳索状纽加两侧对称"S"形堆贴。砖红色胎。釉完全剥落。口径 6.2、通高 1.2 厘米。（图二四，8）

标本ⅠT0506⑤：1，形体不大。盖面较平，略呈弧形，盖面中间下凹，绳索状桥形纽加两侧对称"S"形堆贴。胎色较白。盖面中部有一圈横向双勾线双"S"形纹，单个纹饰规整，多个纹饰之间排列的间距不等，推测是单个纹饰的印模戳印而成。盖面釉层较厚，釉色较佳，施釉不均匀，玻璃质感较强。盖内面釉极薄，呈酱褐色，类似于爆汗釉，局部见有白色砂性烧结物。口径 9.4、通高 2 厘米。（图二四，10；彩版一七，2）

标本ⅠT0506③：2，形体较大，如此巨大的器盖目前仅此一件。两股绞索状桥形纽，两头各有一"S"形堆贴、一侧已残。盖面有三层纵向双勾线"S"形纹。单个纹饰清晰、规整，排列较为规则，应该是戳印而成；从分布的间距上看，各个纹饰间疏密均不相同，没有几个成组的现象，推测其印模为单个纹饰。盖面与内面釉差异明显：盖面釉较佳，釉层较厚，但施釉不均匀，呈青黄色，玻璃质感较强；内面釉极薄，呈酱褐色，类似于爆汗釉。盖内面中间有明显的顺时针方向旋纹，外侧则修抹较为平整，中心略呈乳突状外凸。盖面粘结有小块的窑渣粒；内面除盖缘外，中心部位也有白色砂性烧结物，分布不均匀。口径 17.8、通高 4.6 厘米。（图二四，11；彩版一七，3）

其他类型器盖

标本ⅠT0403⑨：44，生烧件。纽已残。在盖面的外圈有三个"S"形纹与一道弧线，"S"形纹大小形状不一，似为随意刻划而非有意为之。口径 8、通高 1.8 厘米。（图二五，1）

标本ⅠT0504③a：3，生烧件。仅保存中心部一小片。橘红色胎质。纽两头上翘，近似于僧帽形，中间有一圆形小孔。纽周有双勾线双"S"形纹一圈。残高 1.6 厘米。（图二五，2）

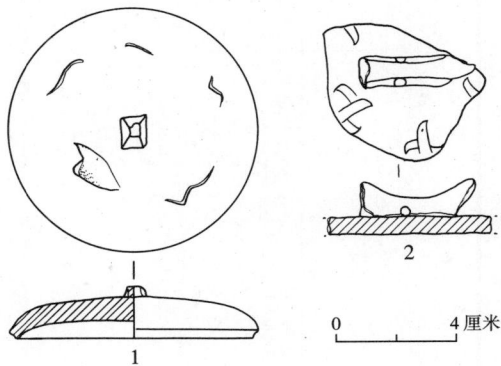

图二五 Ⅰ区出土原始瓷其他类型器盖
1. ⅠT0403⑨：44 2. ⅠT0504③a：3

10. 鼎

仅见于本区，有一定的数量。

Ⅰ式

标本ⅠT0403⑩：6，肩部堆贴对称的倒"U"形小耳。上腹部剔刻四层竖"S"形纹，纹饰风格较为粗放，剔刻"S"形为自上到下一次刻成，起笔处较浅细、收笔处最深粗，在"S"形的两个转折处及收笔处因积泥而形成小突。制作秩序为先堆贴小耳，再刻

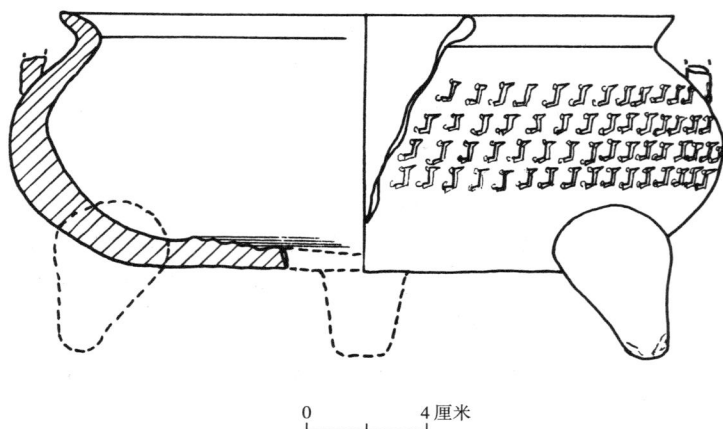

0　　　　　4厘米

图二六　Ⅰ区出土原始瓷Ⅰ式鼎Ⅰ T0403⑩：6

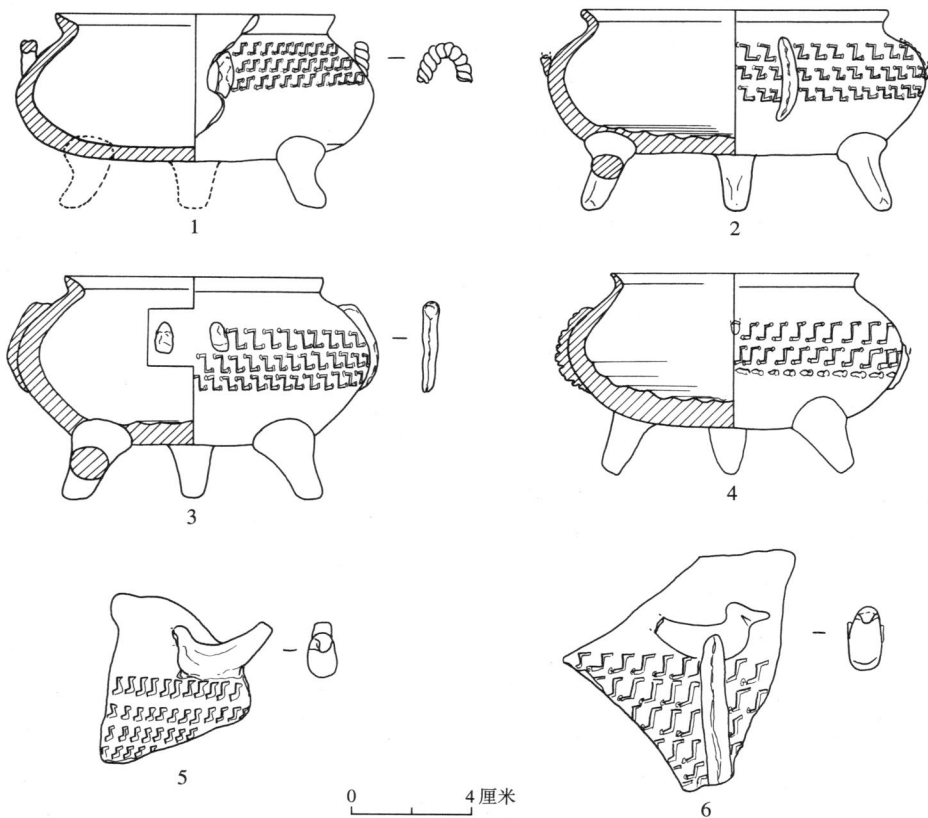

0　　　　　4厘米

图二七　Ⅰ区出土原始瓷Ⅱ式鼎

1. ⅠT0403⑨：1　2. ⅠT0403⑨：4-1　3. ⅠT0403⑨：4-2　4. ⅠT0403⑨：39　5. Y1上②：1　6. Y1上②：2

划"S"形纹。釉均已剥落。外底较平，内底有旋纹。口径20.4、高11.6厘米。（图二六；彩版一八，1）

Ⅱ式

标本ⅠT0403⑨：1，中上腹部剔刻有三层"S"形纹，剔刻方法是从中间向两头分别剔刻，两头积泥形成小泥点。满釉，釉层较厚，釉色极佳。底部白色砂性烧结物较厚。口径9.2、高6.7厘米。（图二七，1）

标本ⅠT0403⑨：3，中上腹部剔刻有六七层"S"形纹不等，剔刻方法是从中间向两头分别剔刻，两头积泥形成小泥点，纹饰细密规整。满釉，釉层较厚，釉色极佳，呈青褐色，玻璃质感较强，施釉均匀，束颈部分积釉较厚，下腹近底处有流釉现象。内底有大块的窑渣，肩及上腹部粘结有小块的窑渣粒；外底部的白色砂性烧结物较厚，并覆盖整个底部。口径16.8、高11.6厘米。（图二八，1；彩版一九）

标本ⅠT0403⑨：4-1，器形、釉色、装饰与ⅠT0403⑨：3基本一致，唯器形较小、

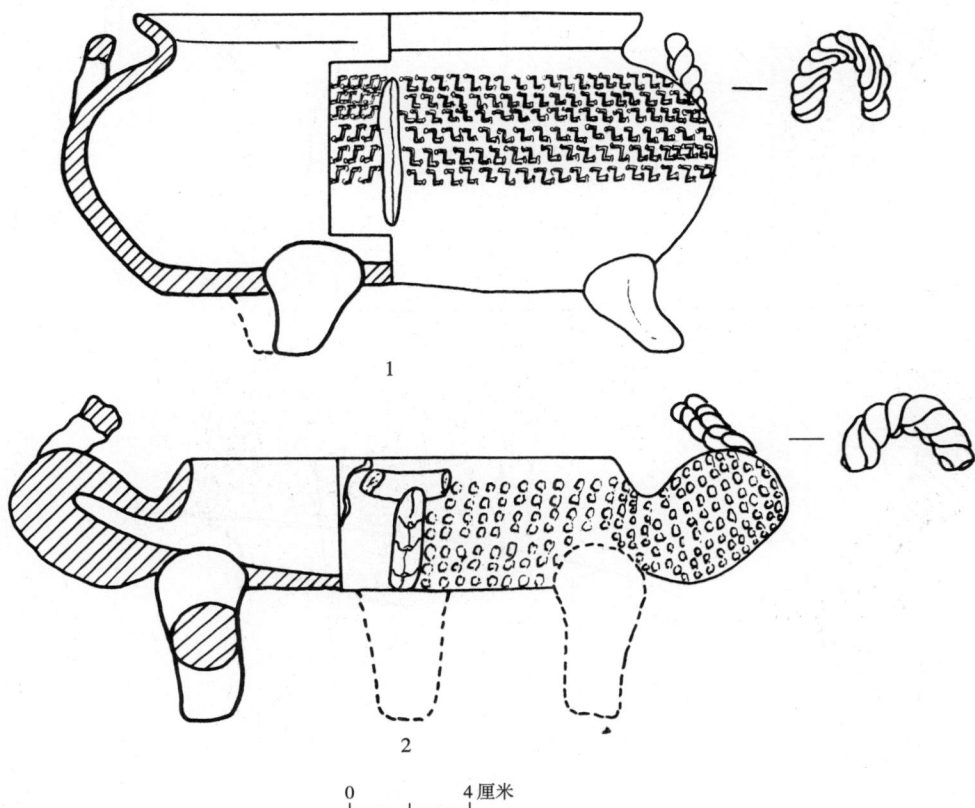

图二八　Ⅰ区出土原始瓷Ⅱ式鼎
1. ⅠT0403⑨：3　2. ⅠT0403⑨：14

腹中上部剔刻三层反"S"形纹。内腹填满大块窑渣。口径10.2、高6.9厘米。(图二七，2；彩版一八，2)

标本ⅠT0403⑨：4-2，器形、釉色、装饰、大小与ⅠT0403⑨：4-1基本一致。内外腹粘结大块的窑渣，外底白色砂性烧结物仅局部小范围内有。口径8.6、高7.6厘米。(图二七，3；彩版一八，3)

标本ⅠT0403⑨：14，严重变形。因过烧致腹部下塌与底粘连，呈扁平状。胎体、釉

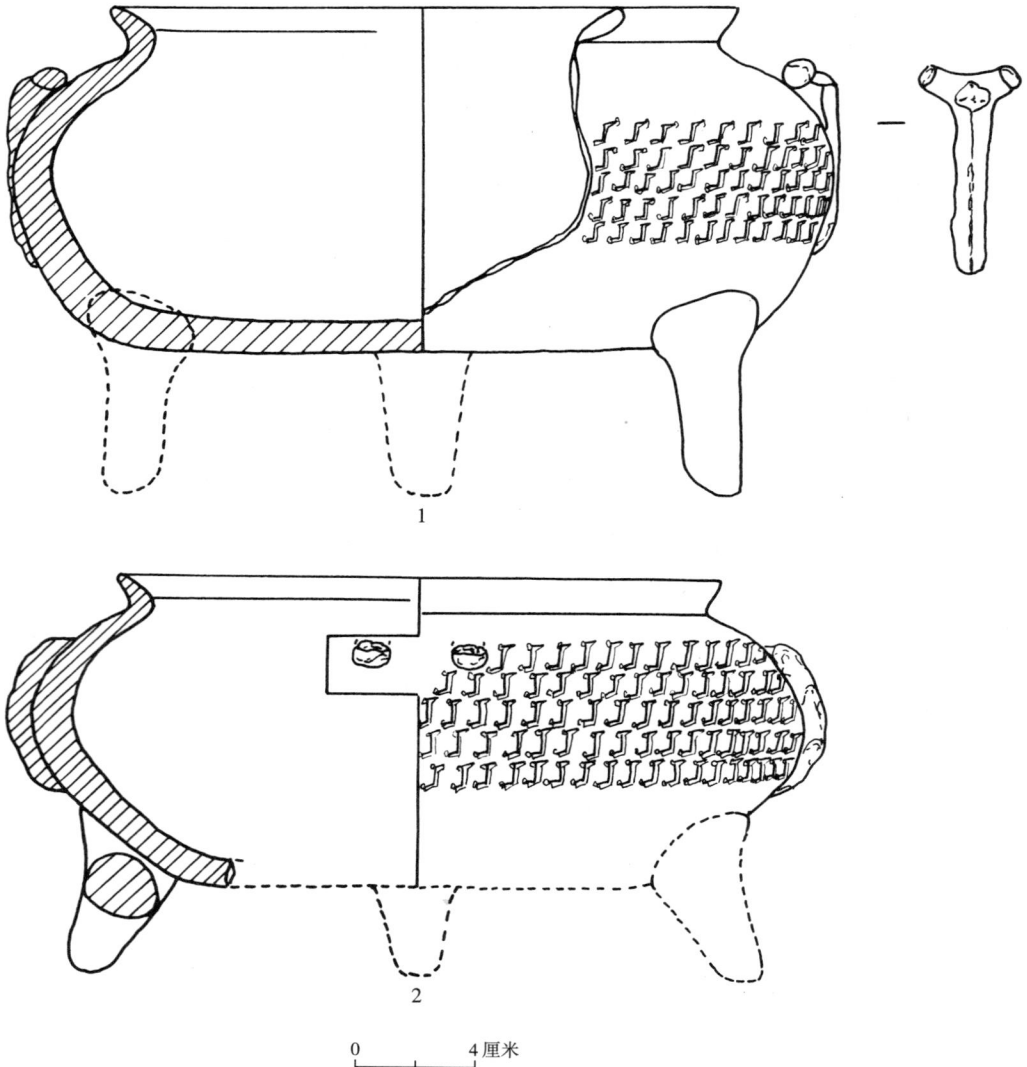

图二九　Ⅰ区出土原始瓷Ⅱ式鼎
1. ⅠT0404④：4　2. ⅠT0404④：5

有大量的气泡，釉色呈灰黑色。肩腹等距对称设有绳索状倒"U"形系与扉棱各一对。扉棱呈鸡冠状，肩部堆贴立鸟。腹部剔刻七层纹饰，纹饰线条极粗短且深。下腹部粘结有两片小型鼎的口沿，推测当时有多件鼎一同入窑烧造。口径14厘米。（图二八，2）

标本Ⅰ T0403⑨：39，器形、釉色、装饰与Ⅰ T0403⑨：4-1、4-2基本一致。口径8.2、高6.6厘米。（图二七，4；彩版一八，4）

标本Ⅰ T0404④：4，残存的一圆锥形足上下相对处有鸡冠状扉棱，扉棱顶部近肩处有立鸟，扉棱与立鸟均已残。腹中部剔刻五层"S"形纹，线条较粗深，风格较粗放，排列不很规则，特别是下面两排较乱。剔刻方法均为自左上向右下一次刻成，起笔转折处较细浅、第一转折与收笔处较粗深，同时这两处积泥形成两个小泥点。青褐色釉，呈色较佳，其中肩部釉保存较好、玻璃质感较强。口径20.8、高16.8厘米。（图二九，1）

标本Ⅰ T0404④：5，器形、釉色、装饰、大小与Ⅰ T0404④：4基本相同。内腹粘有大块的窑渣。口径20、高13.6厘米。（图二九，2）

标本Y1上②：1，残存腹部小片。上有小立鸟。胎质较粗。釉完全剥落。（图二七，5；彩版一八，5）

标本Y1上②：2，残存腹部小片。上有鸡冠状扉棱及小立鸟。灰白色胎，胎质较致密。内外青釉，玻璃质感较强（图二七，6；彩版一八，6）。

11. 卣

A型　筒形卣。

本区数量较多，见Ⅰ、Ⅲ两式。

标本Ⅰ式　装饰纹饰丰富，主要有勾连双勾线"S"形纹、勾连"S"形纹。

勾连双勾线"S"形纹

标本Ⅰ T0403⑨：30，大平底，底足外凸。上腹近肩部的绳索状倒"U"形系较短。纹饰为上下六层，排列不甚整齐，阴线较浅，但每组纹饰均清晰可辨，仅左右相邻的两组之间有极少量的重叠。下腹近底处素面。土黄色色胎，胎质较为细腻致密。内外满釉，大部分已剥落，保存部分的釉色较淡而佳，施釉均匀，玻璃质感较强。口径19.2、腹径22.4、底径16.4、高31.6厘米。（图三〇，1；彩版二〇）

勾连"S"形纹

标本Ⅰ T0505⑤：8，上腹近肩部有绳索状倒"U"形系，系形体较为修长。腹部除近口沿与底足处素面外，其余部位纹饰繁缛，以勾连"S"形纹和勾连纹相间构成，上下四层，上面三层仅相邻纹饰之间局部有少量重叠拍印现象，最下面一层则为多层多次重叠拍印、几乎无法区别单组纹饰的构成。土黄色胎，胎质较细密。内外满釉，但深褐色釉除在纹饰的下凹处有少量的保存外，几乎全部剥落，整个器物近似于一种土黄色。口径25.6、腹径28.4、底径20.4、高32.4厘米。（图三〇，2；彩版二一）

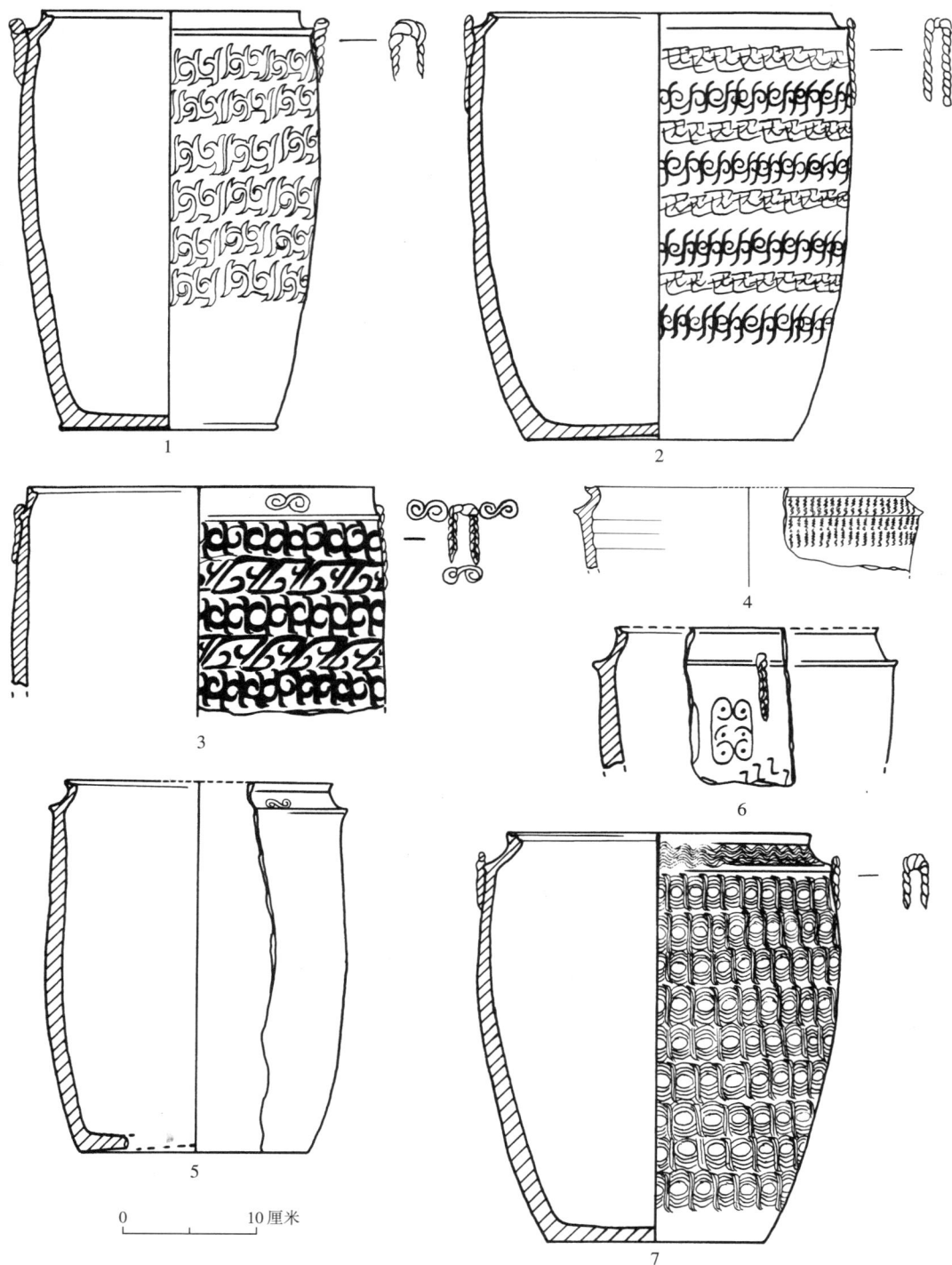

0 ————— 10厘米

图三○　Ⅰ区出土原始瓷 A 型卣

1. Ⅰ式Ⅰ T0403⑨：30　2. Ⅰ式Ⅰ T0505⑤：8　3. Ⅰ式 H9：3　4. Ⅰ式Ⅰ T0505②a：2　5. Ⅰ式 T0506②：1　6. Ⅰ式
Ⅰ T0403⑪：1　7. Ⅲ式Ⅰ T0403⑤：1

标本 H9：3，口沿及上腹残片。土黄色胎，胎质较细。内外满釉，青釉极佳，施釉均匀，玻璃质感较强。肩、腹部之间折棱尖而外凸，肩部有"S"形堆贴，绳索状倒"U"形系的上端左右两侧底端均有"S"形堆贴。纹饰为勾连"S"形纹间隔以菱形纹，保存三层，菱形纹中部有一道上弧线。纹饰布局较为杂乱，线条粗细不一，单组纹饰的结构不尽相同：除标准的勾连"S"形纹外，也有中间的勾连纹朝同一方向勾卷而构不成"S"形纹的；菱形纹大小不一。无论是勾连"S"形纹还是菱形纹，很难发现大小、结构、线条粗细完全一致的组合，因此推测此种纹饰为刻划而非拍印而成。口径25.8、残高17.4厘米。（图三〇，3，参见彩版二九，6）

标本 Ⅰ T0505②a：2，肩部刻划两层纹样，上层水波纹、下层"S"形纹，"S"形纹转折较为生硬；上腹部近折肩处刻划水波纹。纹饰细密，排列较为整齐，刻划较深而清晰。橘红色胎。釉完全剥落。口径24.4、腹径26、残高8厘米。（图三〇，4）

圆圈形纹

标本 Ⅰ T0403⑪：1，仅残存一片口沿。青黄色釉较佳，釉层较厚，施釉不是很均匀，积釉明显，玻璃质感极强。口沿下是一组圆圈形纹，圆圈形纹下为反"S"形纹。从残存的情况来看圆圈形纹当为四个一组，各个圆圈大小、阴刻线条粗细深浅不一，推测为刻划而成；而反"S"形纹则大小、深浅、粗细基本一致，且阴线的底部为方平，推测为戳印而成，但排列不规则且较为杂乱。纹饰总体风格粗放、不规则。口径20、残高12厘米。（图三〇，6）

素面

标本 Ⅰ T0506②：1，器形较小。尖圆唇外撇，口部近似于子母口状，腹较直。肩部堆贴横向"S"形纹。浅灰色胎，胎质较为疏松。施酱褐色釉，外腹均有釉，内腹上半部有釉、下半部无釉。外底有白色砂性烧结物。口径20、腹径22.8、底径17.2、高28厘米。（图三〇，5；彩版二二）

Ⅲ式

标本 Ⅰ T0403⑤：1，侈口卷沿，口沿上有两道较宽浅凹弦纹，肩、腹间折棱尖凸，腹略鼓，大平底。上腹近肩处倒"U"形系较短。肩部刻划极为细密的横向水波纹，腹部满饰对称弧形纹。上下各四道弧线构成一个对称弧形纹，五个对称弧形纹构成一组完整的印模。对称弧形纹之间间隔以反向修长的双勾线"S"形纹，双勾线之内再填以阳线一条。整个腹部共有上下九层纹饰，纹饰极为细密，排列整齐有序，上下左右相邻处仅极小局部重叠。灰白色胎，胎质细密坚致。青釉极佳，施釉均匀，玻璃质感较强。口径22.8、腹径27.2、底径16.4、高30.8厘米。（图三〇，7；彩版二三）

B 型　鼓腹卣

本区发现极少。两式均有。

Ⅰ式

标本Ⅰ T0403⑨：31，尖圆唇外撇，近似于子母口状，敛口，溜肩，垂腹，大平底。肩部有对称的双泥条横耳一对，口沿下有浅凹弦纹一道。除下腹近底处外，满饰纹饰，方形勾连纹与勾连"S"形纹相间，上下三层排列。灰白色胎，胎质较为细腻致密。青褐色釉较斑驳，釉色较深，施釉不均匀，玻璃质感较强。口径10.2、底径19.2、高21.6厘米。（图三一，1；彩版二四）

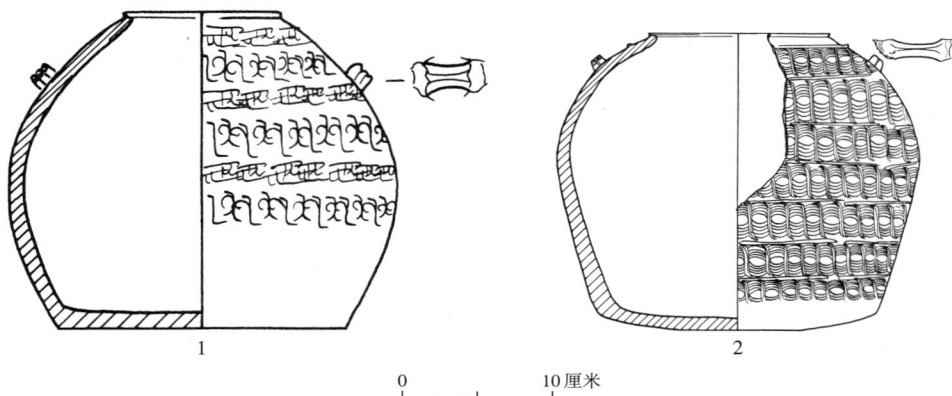

0　　　　　　　10厘米

图三一　Ⅰ区出土原始瓷B型卣
1. Ⅰ式Ⅰ T0403⑨：31　2. Ⅱ式Ⅰ T0403⑤：8

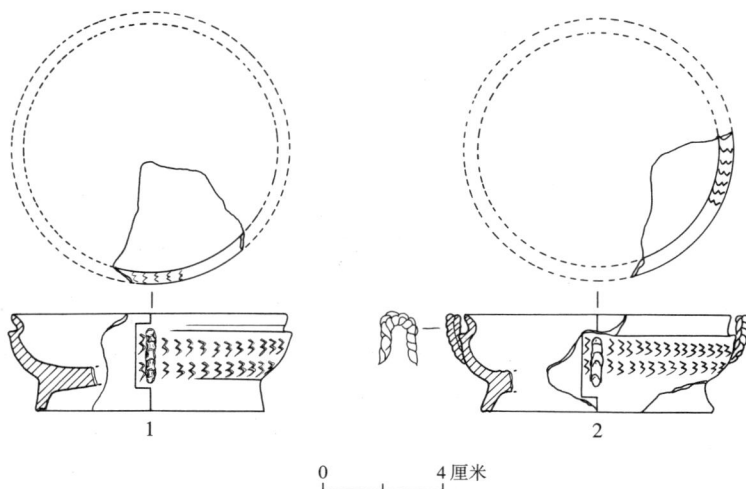

0　　　　4厘米

图三二　Ⅰ区出土原始瓷簋
1. Ⅰ T0404⑤：5　2. Ⅰ T0404⑤：6

Ⅱ式

标本ⅠT0403⑤：8，敛口，尖圆唇外撇形成一道窄平沿，沿面上有凹弦纹两道，溜肩，肩有凸棱一道，上腹较鼓，深腹弧收，平底较大。肩部残存一个双泥条横耳。通体满饰对称弧形纹，纹饰细密规则，存在多次重复拍印的现象，五道对称弧形纹重复出现，应该构成一个完整的印模。除外底外，其余部分均有釉，釉色青黄，釉色较浅，釉层薄，施釉均匀，内底、腹釉玻璃质感较强，外腹釉部分剥落。底、腹可能是分别制作拼接而成，拼接后下腹近底部经修抹，覆盖了部分先拍印的纹饰。口径12、腹径24、底径18、高22厘米。（图三一，2；彩版二五）

12. 簋

仅见于本区，数量极少。

标本ⅠT0404⑤：5，侈口，卷沿，短颈，浅弧腹斜收，颈腹间折棱明显，上腹残存鸡冠状扉棱，圈足底缘台形内收。腹中部刻划"3"形纹两层，口沿也有一层此种纹饰，但不连贯。底部多处有大气泡。釉色较深，釉层厚，底部中间呈黄褐色、施釉较薄，内底积釉处被土蚀。仅圈足上有白色砂性烧结物。口径8.8、底径7.8、高3厘米。（图三二，1；彩版二六，1）

标本ⅠT0404⑤：6，器形同ⅠT0404⑤：5，上腹残存鸡冠状扉棱与绳索状倒"U"形系。口径9.2、底径7.6、高3厘米。（图三二，2；彩版二六，2）

（二）底部刻划符号

主要见于A型Ⅱ式碗的外底部，少量见于A型Ⅲ式碗与Ⅰ式盂的外底部。均为阴线细刻，主要有"木"、"×"、斜菱形网格状、近"M"形、近"A"形、近"∧"形、"廿"形、"井"字形等。

标本ⅠT0403⑨：38，外底刻划"木"形符号。（图三三，1；彩版二七，1）

标本ⅠT0404⑨：6，外底中心刻划一"木"形符号。（图三三，2；彩版二七，2）

标本ⅠT0505⑤：1，外底刻划"木"形符号。（图三三，3）

标本H4：4，外底刻划"木"形符号。（图三三，4；彩版二七，3）

标本ⅠT0404⑨：9，外底刻划"×"形符号，两条直线长短基本相同。（图三三，5；彩版二七，4）

标本ⅠT0404⑨：11，外底刻划"×"形符号，两直线长短不一。（图三三，6）

标本ⅠT0506③：5，外底刻划"×"形符号，两条直线均较长。（图三三，7；彩版二七，5）

标本ⅠT0403⑨：45，A型Ⅱ式碗。外底刻划斜菱形网格状纹。（图三三，8）

标本ⅠT0404⑨：8，外底刻划斜菱形网格状纹。（图三三，9；彩版二八，1）

标本ⅠT0505⑤：6，外底刻划圆形网格状纹。（图三三，10；彩版二八，5）

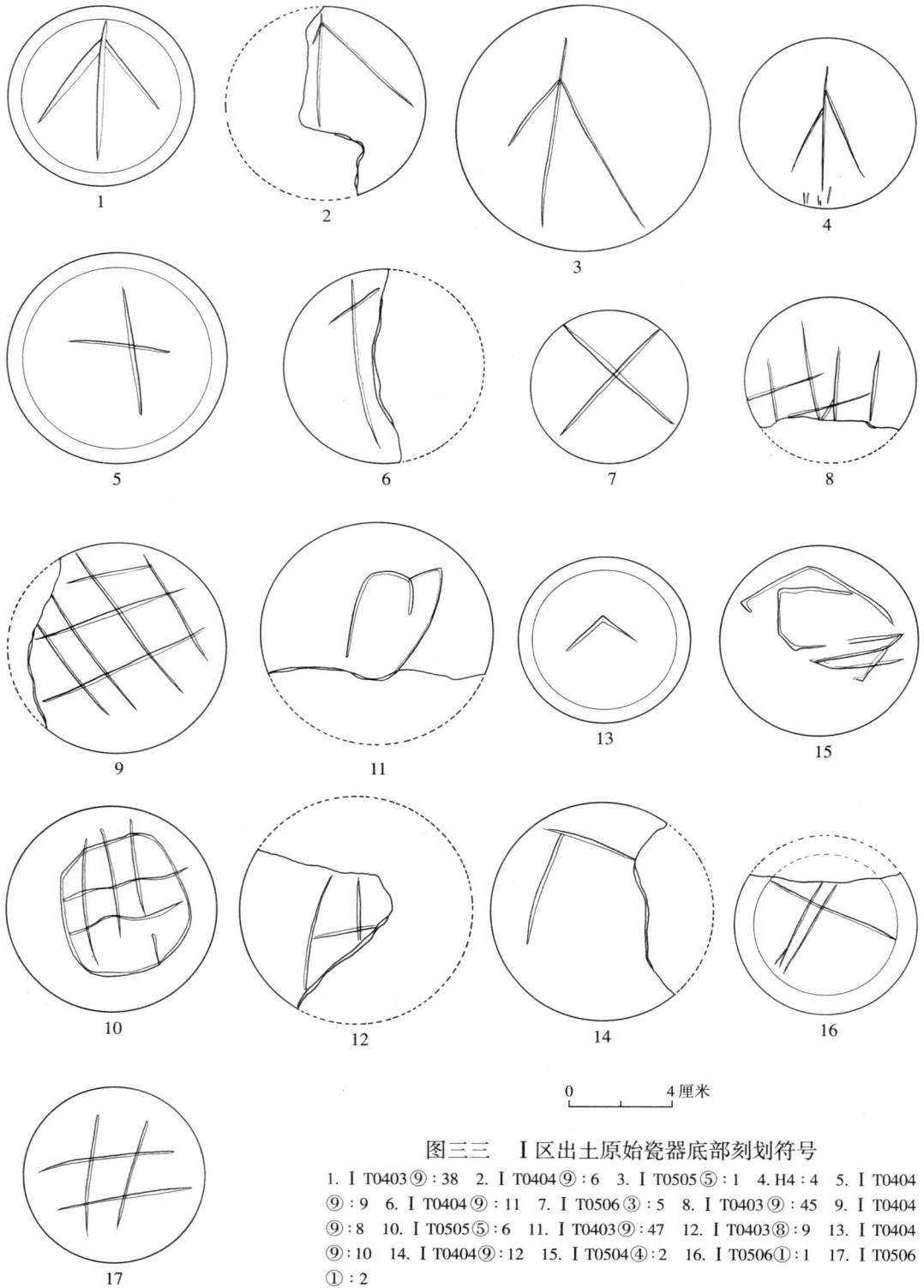

图三三　I 区出土原始瓷器底部刻划符号

1. I T0403⑨：38　2. I T0404⑨：6　3. I T0505⑤：1　4. H4：4　5. I T0404
⑨：9　6. I T0404⑨：11　7. I T0506③：5　8. I T0403⑨：45　9. I T0404
⑨：8　10. I T0505⑤：6　11. I T0403⑨：47　12. I T0403⑧：9　13. I T0404
⑨：10　14. I T0404⑨：12　15. I T0504④：2　16. I T0506①：1　17. I T0506
①：2

标本Ⅰ T0403⑨：47，外底刻划近"M"形符号。（图三三，11；彩版二七，6）

标本Ⅰ T0403⑧：9，外底刻划符号残，所见近似于"A"形。（图三三，12）

标本Ⅰ T0404⑨：10，外底刻划一个近"ㅅ"形符号。（图三三，13；彩版二八，2）

标本Ⅰ T0404⑨：12，外底刻划一个近"ㅅ"形符号。（图三三，14；彩版二八，3）

标本Ⅰ T0504④：2，外底刻划不规则且较为复杂的符号。（图三三，15；彩版二八，4）

标本Ⅰ T0506①：1，外底刻划"艹"形符号。（图三三，16）

标本Ⅰ T0506①：2，外底刻划斜"井"字形符号。（图三三，17；彩版二八，6）

（三）装饰纹样

大部分器物为素面，但是也有一些器物有纹饰，包括鼎、簋，绝大部分卣，部分钵、器盖、盂、小盂、平底尊形器及碗上均有纹样装饰。主要见有拍（戳）印、剔刻、刻划三种技法。拍（戳）印的纹饰主要见于卣上，有勾连双勾线"S"形纹、勾连"S"形纹、对称弧形纹、云雷纹、双勾线双"S"形纹、双勾线"S"形纹以及其他少量不能确定结构的纹饰等。剔刻纹主要集中在鼎上，形态接近于"S"形。刻划纹主要是细"S"形纹、水波纹等，多位于碗、平底尊形器、小罐等器物上。

1. 拍（戳）印纹饰

（1）勾连双勾线"S"形纹

一般是用双勾线构成纵向修长"S"形纹，三个"S"形纹为一组也即一个完整的印模，相邻的两个"S"形纹之间以横向双勾线"S"形纹连接，横向"S"形纹比较卷曲，接近于卷曲的云纹。主要装饰于A型Ⅰ式卣与A型Ⅰ式钵的腹部。卣上的勾连双勾线"S"形纹一般满布腹部，排列较规则，仅在相邻的两组之间有局部的重叠，而不见多次重复、重叠拍印现象。A型Ⅰ式钵上的勾连双勾线"S"形纹一般位于上腹部，并且仅有一圈。

标本Ⅰ T0403⑨：30，A型Ⅰ式卣。通体装饰勾连双勾线"S"形纹。（参见图三〇，1）

标本Ⅰ T0404④：9，A型Ⅰ式钵口沿残片。上腹部有一层勾连双勾线"S"形纹，细阴线纹较为粗放，排列不是很严密，且见有上下重叠现象。（图三四，1）

标本Ⅰ T0405②：3，A型Ⅰ式钵底部残片。纹饰清晰。（图三四，2）

标本Ⅰ T0604①：1，A型Ⅰ式卣腹部残片。纹饰保存三层，印纹深而清晰，中间原勾连的"S"形纹变成两个勾云纹，云头相对，与标准的勾连双勾线"S"形纹略有差异。（图三四，3）

（2）勾连"S"形纹

一般结构与勾连双勾线"S"形纹相似，但用单条细阴线而非双勾线，这种纹饰常与勾连纹或菱形纹相间使用，勾连纹一般是由几个近"T"字形的纹饰勾连构成一个近似于长方形的纹饰。此种纹饰可分成两种情况：一种是无论是勾连纹还是勾连"S"形纹，单

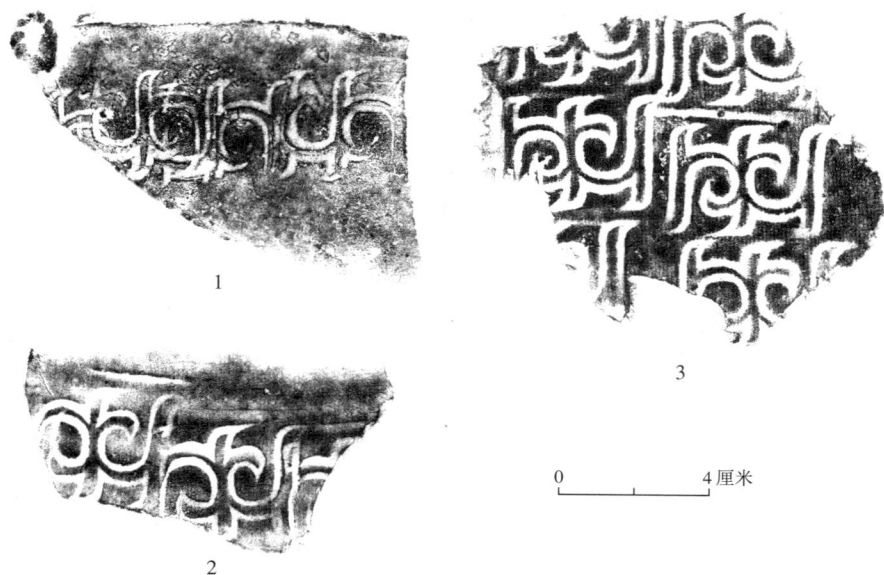

图三四　Ⅰ区出土原始瓷钵、卣拍印勾连双勾线"S"形纹拓片
1. 钵Ⅰ T0404④：9　　2. 钵Ⅰ T0405②：3　　3. 卣Ⅰ T0604①：1

组纹饰清晰，排列整齐，仅相邻两组之间有局部重叠；另外一种存在着重叠拍印现象，单组纹饰结构极不清楚，基本无法区分纹饰的结构。此种纹饰一般装饰卣的腹部，满饰。

标本Ⅰ T0403⑨：31，B型Ⅰ式卣。纹饰有重叠现象。（参见图三一，1；图三五，1）

标本Ⅰ T0505⑤：8，A型Ⅰ式卣。满饰。（参见图三〇，2；彩版二一）

标本Ⅰ T0504①：1，B型Ⅰ式卣口沿残片。外腹拍印勾连纹与勾连"S"形纹的组合纹饰，纹饰细密，有重叠现象。（图三五，2）

标本Ⅰ T0505③：17，A型Ⅰ式卣口沿残片。纹饰保存两层，上层为勾连"S"纹，下层为近似于菱形纹。阴线较粗，断面呈"V"字形。纹饰较粗放杂乱。（图三五，3；彩版二九，1）

标本Ⅰ T0505①：2，A型Ⅰ式卣口沿残片。勾连纹与勾连"S"形纹的组合纹饰，两种纹饰之间间隔较宽，同一种纹饰间存在重叠拍印现象。（图三五，4；彩版二九，2）

标本Ⅰ T0506③：8，A型Ⅰ式卣口沿残片。纹饰清晰，排列较为规则。（图三五，5；彩版二九，3）

标本Ⅰ T0506①：3，A型Ⅰ式卣口沿残片。纹样清晰，排列整齐。（图三五，6；彩版二九，4）

标本H9：5，A型Ⅰ式卣口沿残片。（彩版二九，5）

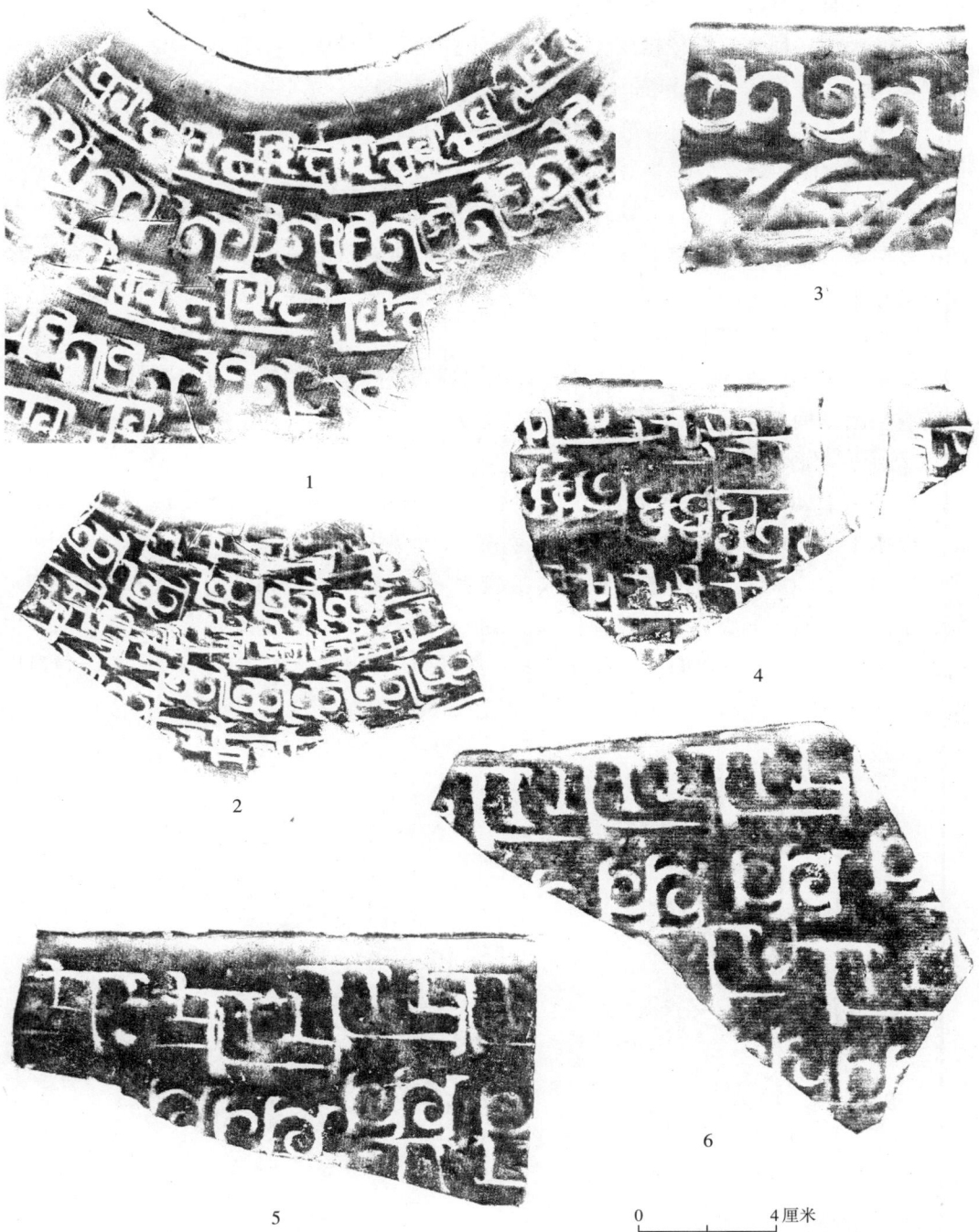

图三五 Ⅰ区出土原始瓷卣拍印勾连"S"形纹拓片

1. ⅠT0403⑨：31 2. ⅠT0504①：1 3. ⅠT0505③：17 4. ⅠT0505①：2 5. ⅠT0506③：8 6. ⅠT0506①：3

（3）对称弧形纹

分两种：一种是纹饰较粗放，一般由上下两道对称的弧形线构成一组纹饰，两组纹饰以勾连双勾线"S"形纹相隔，五组对称弧形纹构成一个完整印模，满饰A型I式卣腹部；另一种是较细密，构成与第一种相似，满饰A型I式、A型Ⅲ式和B型Ⅱ式卣腹部。

① 粗放对称弧形纹

标本I T0404④：10，A型I式卣口沿残片。颈部刻划反向"S"形纹，细阴线。腹部保存两层对称弧形纹，上下各为两道弧线构成，间隔以正向勾连双勾线"S"形纹，阳纹表面较为平滑，单组纹饰较为粗大，排列不是很严密，风格粗放，有上下成组叠压现象，应为拍印而成。（图三六，1）

标本I T0404⑤：11，A型I式卣近底部残片。除腹部的粗放对称弧形纹外，近底部还有一圈结构不甚明了的纹饰。（图三六，2）

② 细密对称弧形纹

标本I T0403⑤：1，A型Ⅲ式卣。颈部以下满饰。（参见图三〇，7；彩版二三）

标本I T0403⑤：8，B型Ⅱ式卣。满饰。（参见图三一，2；彩版二五）

标本I T0404③：3，B型Ⅱ式卣口沿残片。除颈部外，满饰细密规整的纹饰。肩部刻划水波纹一圈，下腹部为多层对称弧形纹，每层弧形纹均由上下各五道弧线构成，中间近似圆圈形，弧形纹之间间隔以修长的三线反向"S"形纹，部分弧形纹上有两道纵向直线。纹饰为阳线外凸，细密规整，应为拍印而成。因保存较小，印模大小不清。（图三七；彩版三〇，1）

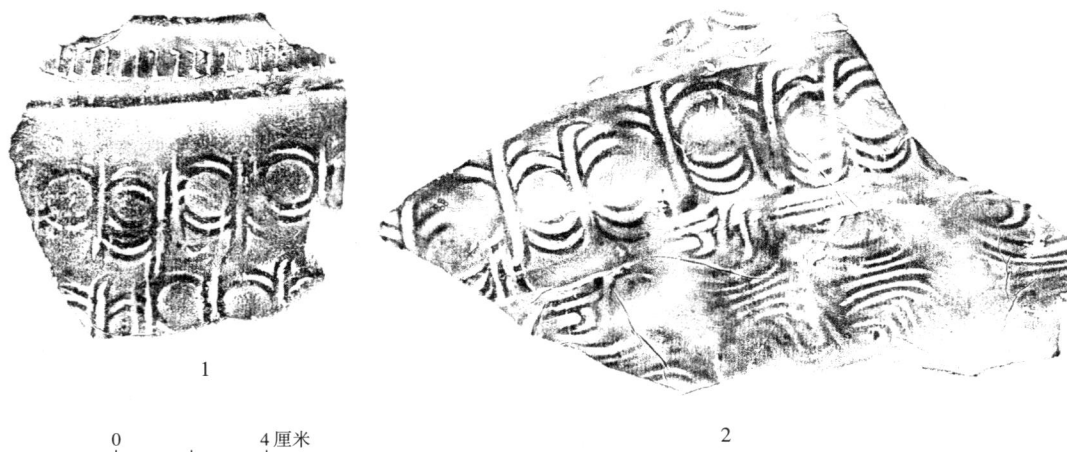

1

0 ├──────────┤ 4厘米

2

图三六　I区出土原始瓷卣拍印粗放对称弧形纹拓片

1. I T0404④：10　2. I T0404⑤：11

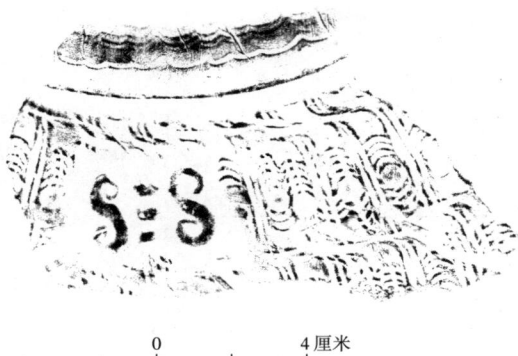

图三七　Ⅰ区出土原始瓷卣ⅠT0404③：3
拍印细密对称弧形纹拓片

图三八　Ⅰ区出土原始瓷卣拍印云雷纹拓片
1. ⅠT0405①：1　2. ⅠT0405①：2

（4）云雷纹

一般位于 A 型Ⅰ式卣的腹部。从残存情况来看，为上下多层装饰。单个纹饰一般呈斜菱形，菱形内按对角线分区，再刻划纹饰。阳纹。

标本ⅠT0405①：1，A 型Ⅰ式卣口沿残片。保存两层纹饰：单组纹饰略呈菱形，以一反向近"S"形的弧线分割成左右两部分，两侧各有一近似于回首鸟纹的纹饰。阳纹，线条较宽平，单组纹饰基本相同，布局严谨。（图三八，1；彩版三〇，2）

标本ⅠT0405①：2，A 型Ⅰ式卣腹部残片。（图三八，2；彩版三〇，3）

（5）双勾线双"S"形纹

数量较少。一般装饰于 A 型Ⅰ式卣上腹部，多为两层，也有多层的。其作法是以中间拍印的双勾线"S"形纹为主体，两侧再各叠加近似鸟喙状的半个"S"形纹，鸟喙勾头相对，构成一近似于拍印"S"形纹的纹饰。也少量见于 A 型Ⅰ式钵腹部。

标本ⅠT0404⑤：9，A 型Ⅰ式卣。上腹近折棱处有两层纵向双勾线双"S"形纹，纵向的正"S"形纹较为修长，左右两个鸟喙形勾头构成横向反"S"形纹，两者不仅间距大小不等，且与纵向"S"形纹的距离也大小不等。纹饰规则，布局严谨，细阴线较深而清晰。（图三九，1；彩版三一，1）

标本ⅠT0504③a：3，器盖。环饰于盖纽周围。（参见图二五，2）

标本ⅠT0505④b：5，A 型Ⅰ式卣口沿残片。腹部保存四层横向双勾线双"S"形纹，其中横向的反"S"形纹较为修长，

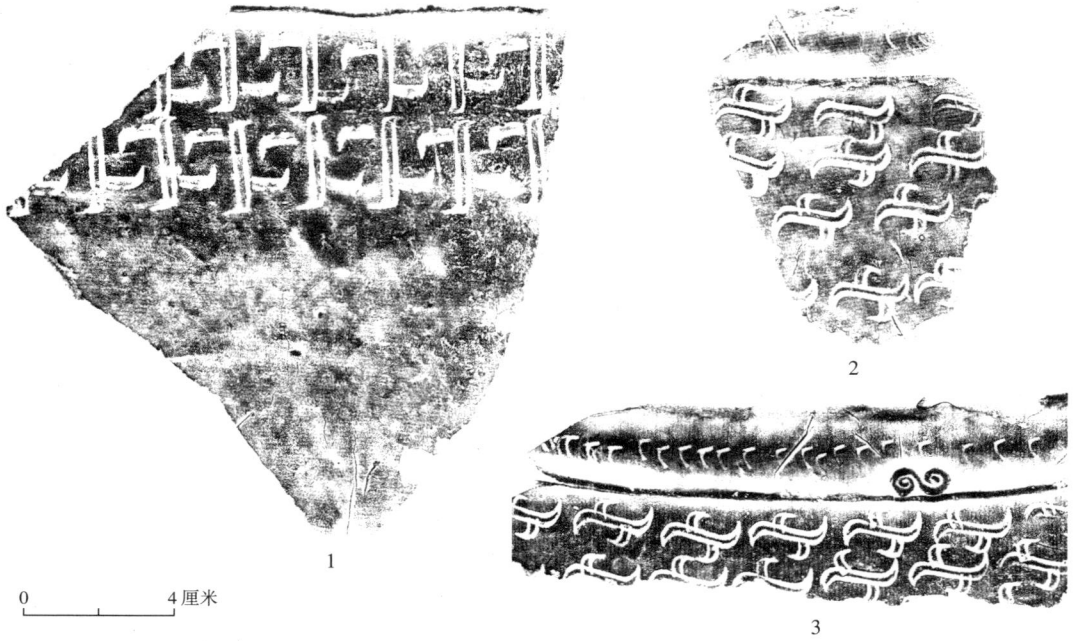

图三九　Ⅰ区出土原始瓷卣拍印双勾线双"S"形纹拓片
1. Ⅰ T0404 ⑤：9　2. Ⅰ T0505 ④b：5　3. Ⅰ T0506 ③：9

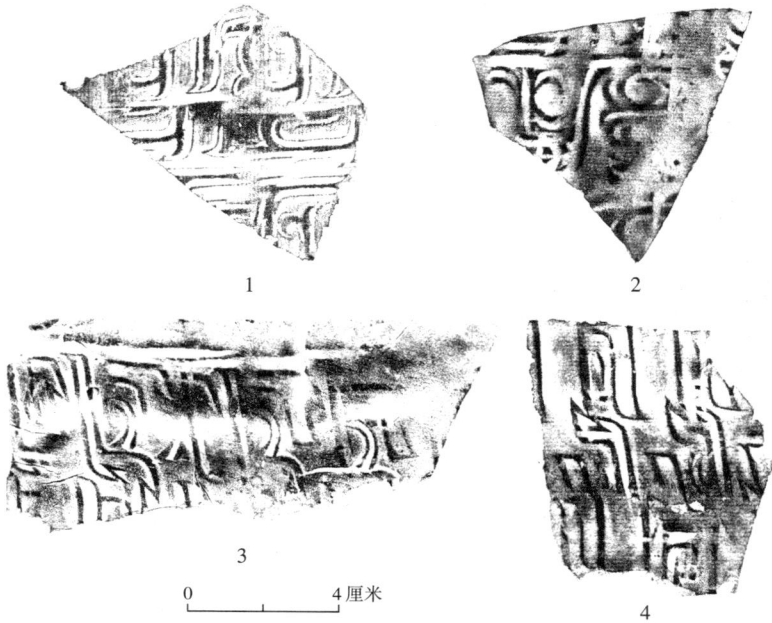

图四〇　Ⅰ区出土原始瓷卣拍印纹样拓片
1. Ⅰ T0405 ②：4　2. Ⅰ T0505 ④b：2　3. Ⅰ T0505 ②a：4　4. H9：4

而纵向的正"S"形纹分成左右两截，类似于两个鸟喙形勾头。纹饰规则，布局严谨，细阴线较深而清晰。横向反"S"形纹、鸟喙形勾头各自大小、结构完全一致，应为模印而成。但两个鸟喙形勾头间距大小不一，并可明显看出叠压于横向反"S"形纹上，且在颈部亦饰一圈尖头朝上的鸟喙形勾头纹，因此推测两者为两个不同的印模，分别拍印而成。（图三九，2；彩版三一，2）

标本ⅠT0505④b：1，器盖。环饰于盖纽周围。（参见图二四，9）

标本ⅠT0505③：13，A型Ⅰ式钵。装饰于肩部以下，纹饰略变形。（参见图二二，6）

标本ⅠT0506⑤：1，器盖。环饰于盖纽周围。（参见图二四，10；彩版一七，2）

标本ⅠT0506③：9，A型Ⅰ式卣口部残片。中间修长双勾线反"S"形纹横置，上下再拍印鸟喙状的半"S"形纹。肩部亦有一圈鸟喙状的半"S"形纹。（图三九，3；彩版三一，3）

（6）双勾线"S"形纹

一般位于器盖的盖面上，由单个"S"形纹并排排列而成。（参见图二四，11；彩版一七，3）

（7）其他拍印纹饰

一般位于A型Ⅰ式卣的腹部，结构不是很清晰。

标本ⅠT0405②：4，A型Ⅰ式卣腹部残片。（图四〇，1）

标本ⅠT0505④b：2，A型Ⅰ式卣腹部残片。（图四〇，2）

标本ⅠT0505②a：4，A型Ⅰ式卣近底足残片。（图四〇，3）

标本H9：4，A型Ⅰ式卣腹部残片。（图四〇，4）

少量见于小罐口沿残片。

标本ⅠT0505⑤：5，小罐口、腹部残片。（参见图二一，12）

2. 剔刻纹

均位于鼎的腹部，一般呈"S"形纹，少量呈三角形纹等，均为剔刻，在剔刻的收笔处积泥形成小泥点。"S"形纹剔刻方式一般从"S"的中间向两头分别剔刻，因此两头积泥形成小泥点。（参见图二六至图二九；彩版一八、一九）

3. 刻划纹

主要包括圆圈形纹、勾连"S"形纹、水波纹、"S"形纹、"3"形纹等。

（1）圆圈形纹

数量极少，仅见于A型Ⅰ式卣上。常见多个组合成一组，中心有圆点，也见与刻划的"S"形纹组合使用的。

标本ⅠT0403　：1，A型Ⅰ式卣口沿残片。口沿下是一组圆圈形纹，圆圈形纹下为反"S"形纹。从残存的情况来看，圆圈形纹当为四个一组，各个圆圈大小、线条粗细深浅不一，推测为刻划而成；而反"S"形纹则大小、深浅、粗细基本一致，且阴线的底部为方平，推测为戳印而成，但排列不规则而较为杂乱。纹饰总体风格粗放、不规则。（参见图三〇，6）

标本 I T0404⑦：3，A型 I 式卣口沿残片。残存两组圆圈形纹，从残存情况来看，上下两个不封口的圆圈与一侧的直线构成主体，中部为上弧的半圆形，圆圈纹与弧形纹中心均点一圆点。（图四一，1；彩版三〇，4）

标本 I T0505③：16，A型 I 式卣残片。纹饰与 I T0404⑦：3基本相同，保存的两组圆圈纹左右对称。（图四一，2；彩版三〇，5）

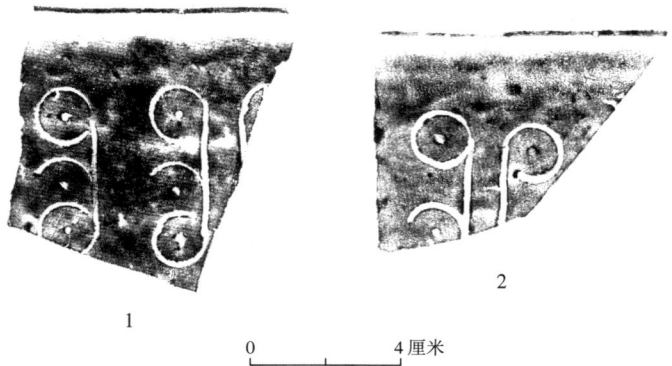

图四一　I区出土原始瓷卣刻划圆圈纹拓片
1. I T0404⑦：3　2. I T0505③：16

（2）勾连"S"形纹

标本 H9：3，A型 I 式卣口沿残片。（参见图三〇，3；彩版二九，6）

（3）水波纹

主要位于 B型 II 式、III 式碗的腹部，纵向，排列较为密集，其中 B型 II 式碗的纹饰较粗，B型 III 式碗的纹饰则较为细密。在部分卣的肩、上腹部也刻划有较粗放的水波纹。此外，在少量罐的肩部也偶见刻划有横向水波纹（如标本 I T0506④：1，参见图二一，8）

（4）"S"形纹

多位于小盂、平底尊形器等上。细阴线刻划，纵向紧密排列一圈。小盂一般位于肩部（参见图一八，16）或肩及上腹部（参见图一八，3）。平底尊形器则均位于上腹部，除纵向密集排列外（参见图二三，4、6、8），也有纵向与横向相间排列的（参见图二三，9）

（5）"3"形纹

多位于簋（参见图三二）与小罐的腹部（参见图二一，3、4），多层排列，呈"3"形或反"3"形。

4. 堆贴

堆贴主要是"S"形小堆贴、绳索状系与纽、鸡冠状的扉棱与扉棱上的小立鸟。

（1）"S"形小堆贴

多位于 A型碗的翻折沿、盂、小盂和钵的肩部等，A型 I 式碗多三个等距分布于翻折沿面上，其余则为两个对称分布。此外在器盖绳索状桥形纽的两侧也常见此类堆贴。

（2）绳索状系与纽

绳索状的系一般作倒"U"形，上端折弯处较为圆润，下端则较为尖。器盖的纽除作绳索状外，两则往往有"S"形堆贴。

（3）鸡冠状的扉棱与扉棱上的小立鸟

鸡冠状的扉棱一般位于簋、鼎类器物的腹部，且多与倒"U"形系组合使用，部分鼎的扉棱上端还有圆雕小立鸟（参见图二七，5、6；彩版一八，5、6）

二　窑具

仅发现托珠一种。基本形态为矮圆锥形，底部有浅凹窝，部分呈扁圆形。有陶土与瓷土两种质地，后者为主，陶土质的质地较粗并多开裂，瓷土质的质地则较为细腻。

标本ⅠT0404⑤：7，近扁圆形。高2厘米。（图四二，1；彩版三二，1）

标本ⅠT0404⑤：8，近扁圆形。高1.8厘米。（图四二，2）

标本ⅠT0404④：6，近扁圆形。高2厘米。（图四二，3；彩版三二，1）

标本ⅠT0404③：2，圆锥形，底部有浅凹窝。高2.9厘米。（图四二，4；彩版三二，1）

标本ⅠT0505③：15，扁圆形。高1.4厘米。（图四二，5；彩版三二，1）

标本ⅠT0505②b：1，圆锥形，底部有浅凹窝。高2.4厘米。（图四二，6；彩版三二，1）

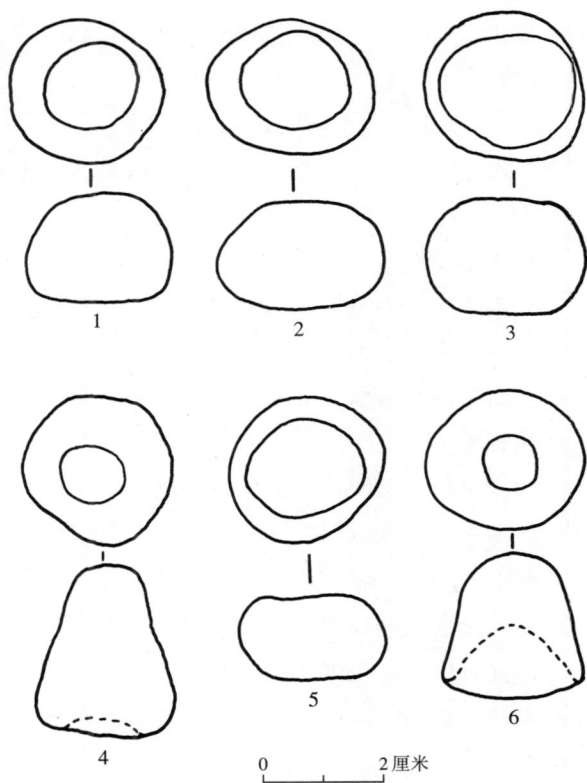

图四二　Ⅰ区出土托珠
1. ⅠT0404⑤：7　2. ⅠT0404⑤：8　3. ⅠT0404④：6　4. ⅠT0404③：2　5. ⅠT0505③：15　6. ⅠT0505②b：1

三　印纹陶器

印纹陶发现数量极少，多者每层出土数片，少者则无一片。包括硬陶和软陶，硬陶为主，偶见软陶。无复原器，从残存的陶片来看，器形主要是罐，分侈口、高领、翻折沿、束颈等，底则平而较大。纹饰主要有席纹、云雷纹、重菱形纹、曲折纹、"回"字纹、方格纹、凸方格纹、曲折纹与方格组合纹、曲折纹与"回"字纹组合纹、曲折纹与凸方格纹组合纹，有的器物肩部还刻划水波纹。席纹、云雷纹、重菱形纹一般较小，细密、杂乱，拍印较浅；"回"字纹则内框较为外凸。保存的陶片较小，除席纹与云雷纹、重菱形纹外，可见曲折纹与方格纹、曲折纹与"回"字纹或曲折纹与凸方格纹的组合纹，而非单纯的曲折纹、方格纹或"回"字纹。

侈口罐

标本Ⅰ T0404⑤：10，硬陶质，胎色发灰。侈口，短颈。颈下有剔刻纹。饰曲折纹与"回"字纹组合纹。口径22.4、残高11.6厘米。（图四三，1）

标本 H9：1，硬陶质，紫红色胎。侈口，短颈。颈下部有细密的弦纹，残存的肩部拍印曲折纹。口径12.4、残高4厘米。（图四三，2）

标本 Y1上②：5，软陶质，泥质灰陶，内外表皮呈浅黄色。尖圆唇略外撇，短颈，溜肩。残存的肩部拍印席纹，单组席纹较大，排列规则整齐。口径24.4、残高7.6厘米。（图四三，3）

翻折沿罐

标本Ⅰ T0403⑥：9，硬陶质，紫红色胎心，内外表呈灰白色。翻折沿沿面略内弧，尖唇外凸，束颈，溜肩与腹之间有一道凸棱。凸棱之上刻划水波纹，凸棱之下则为曲折纹与方格纹的组合纹。口径20.4、残高8厘米。（图四三，4）

高领罐

标本 H4：2，硬陶质，灰白色胎。窄平沿，高领上有凹弦纹数道。肩部拍印重菱形纹，纹饰细密而浅。口径8.8、残高6厘米。（图四三，5）

标本 H5：5，硬陶质，灰白色胎。窄平沿，高领上有凹弦纹数道。肩部拍印重菱形纹，纹饰细密而浅。口径13.2、残高5.2厘米。（图四三，6）

标本 H12：1，硬陶质，紫红色胎心，内外表为灰白色。窄平沿，圆唇外凸较甚，高领上有弦纹数圈。残存的肩部拍印较为细密的重菱形纹。口径16、残高4.4厘米。（图四三，7）

标本 H12：9，硬陶质，灰白色胎。窄平沿，高领上有凹弦纹数道。肩部拍印重菱形纹，纹饰细密而浅。口径22、残高5.2厘米。（图四三，8）

短颈罐

标本Ⅰ T0405⑥：2，硬陶质，紫红色胎。圆唇，短颈，直口。残存的肩部拍印曲折纹，纹饰较粗。口径13.6、残高6.4厘米。（图四三，9）

标本Ⅰ T0505⑥：1，硬陶质，紫色胎。圆唇略外撇，短颈，直口，肩部有凸棱一道。肩部刻划水波纹，腹部拍印曲折纹。口径16.4、残高5.2厘米。（图四三，10）

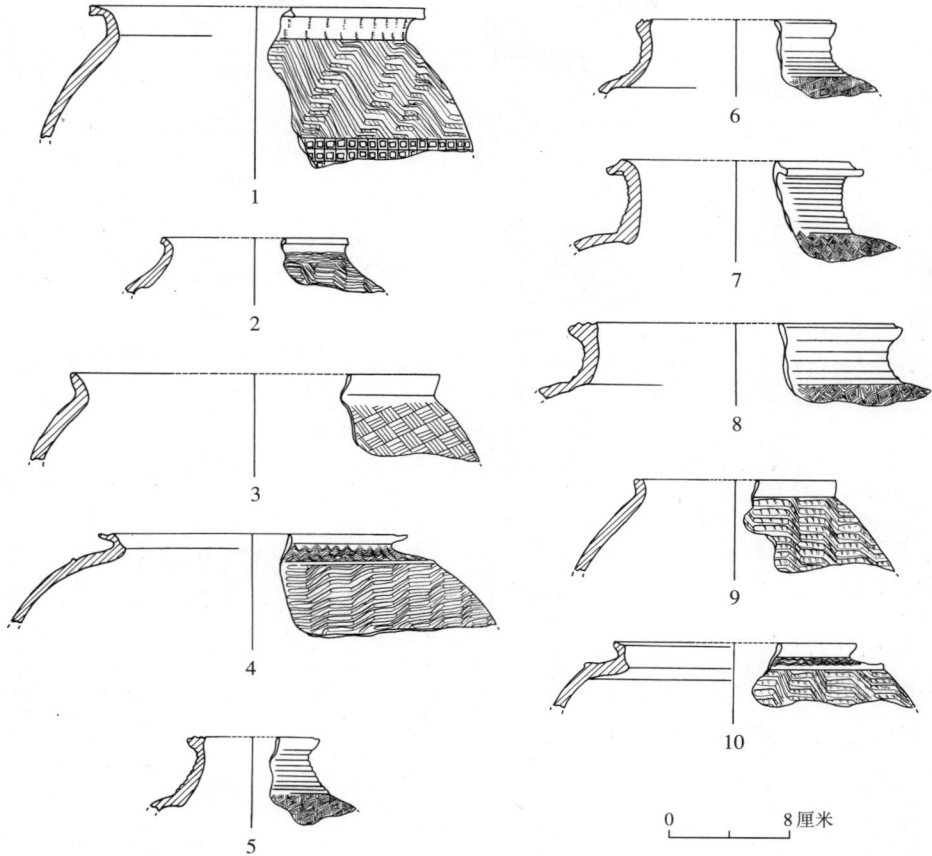

图四三　Ⅰ区出土印纹陶罐类口沿

1. 侈口罐Ⅰ T0404⑤：10　2. 侈口罐 H9：1　3. 侈口罐 Y1 上②：5　4. 翻折沿罐Ⅰ T0403⑥：9　5. 高领罐 H4：2　6. 高领罐 H5：5　7. 高领罐 H12：1　8. 高领罐 H12：9　9. 短颈罐Ⅰ T0405⑥：2　10. 短颈罐Ⅰ T0505⑥：1

器底

标本Ⅰ T0404⑤：12，硬陶质。腹部拍印凸“回”字纹。底径26、残高8厘米。（图四四，1）

标本Ⅰ T0504⑤：8，硬陶质，灰黑色胎心，内外表呈紫红色。腹部拍印“回”字纹，阳线纹的“回”字内外框基本相平，有重叠拍印现象。底径24.4、残高8.8厘米。（图四四，2）

标本Ⅰ T0506②：2，硬陶质，紫色胎。平底较大。腹部拍印“回”字纹。底径25.2、残高10.4厘米。（图四四，3）

标本 H12：2，硬陶质，紫红色胎。腹拍印曲折纹。底径12、残高5.4厘米。（图四四，4）

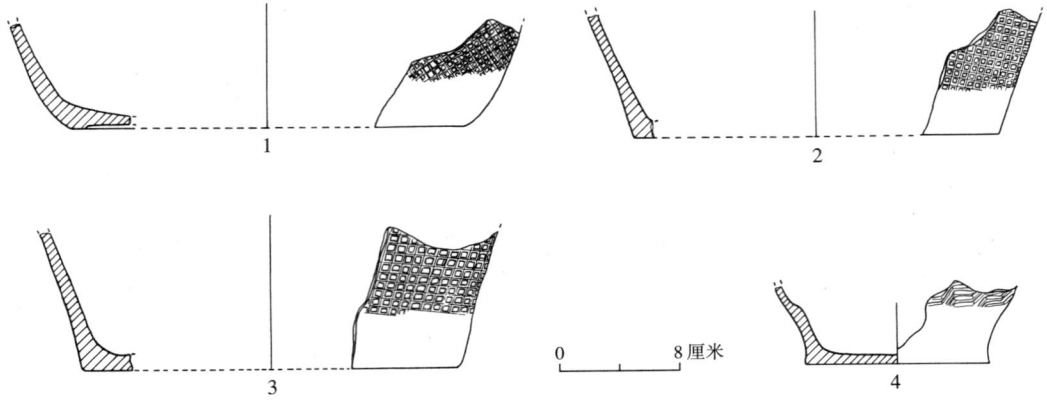

图四四　Ⅰ区出土印纹陶器底

1. Ⅰ T0404⑤：12　2. Ⅰ T0504⑤：8　3. Ⅰ T0506②：2　4. H12：2

四　其他

1. 青铜残片

标本 Ⅰ T0504⑤：7，斧类器物残
片。有刻划纹饰。残长6.4厘米。（图四
五，1；彩版三二，2）

2. 石镞

标本 Ⅰ T0506②：4，已残。截面
近菱形。残长4厘米。（图四五，2）

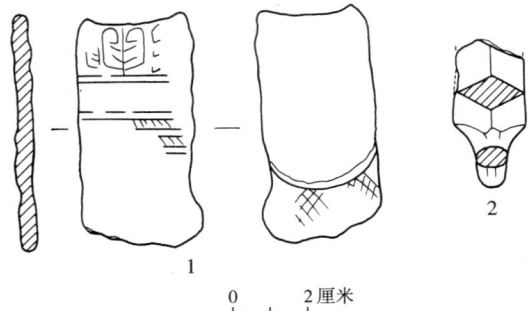

图四五　Ⅰ区出土青铜残片、石镞

1. 青铜残片 Ⅰ T0504⑤：7　2. 石镞 Ⅰ T0506②：4

第四章 Ⅱ区地层与遗物

第一节 地层堆积

一 布方

在大坝东头南面山坡脚下有一条很宽的现代沟，破坏了原生地层，在沟的剖面上可清楚地看到地层堆积情况，可以确定沟的南北两侧均有地层堆积，因此循着Ⅰ区发掘的布方思路，在大坝以南的山坡脚下布探方发掘。在西面布 11 × 5 米的两个探方，横跨整个扰乱沟；东边因为沟南已不见地层堆积，因此仅在沟北布 5 × 5 米探方一个。三个探方分别在东、北各留宽 1 米的隔梁，自西向东依次编号为Ⅱ T0303、Ⅱ T0304、Ⅱ T0305，方向15°。（图四六；彩版二，1）

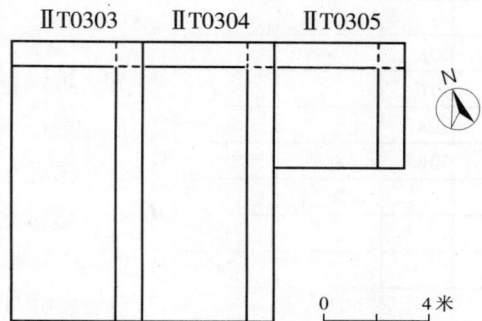

图四六　Ⅱ区探方分布图

二 地层堆积

三个探方地层均较厚，堆积沿山坡自早到晚从东北向西南倾斜，最晚期的文化层集中在Ⅱ T0303与Ⅱ T0304的西半边。

各个探方地层独立编号如下：

Ⅱ T0303：①、②a、②b、②c、③、④、⑤、⑥、⑦a、⑦b、⑧a、⑧b、⑨、⑩

Ⅱ T0304：①、②、③、④、⑤a、⑤b、⑥、⑦、⑧a、⑧b、⑨、⑩、⑪、⑫a、⑫b、⑬

Ⅱ T0305：①、②、③、④、⑤、⑥、⑦a、⑦b、⑧、⑨、⑩

发掘结束后相邻的探方进行通层，各探方地层通层及对应情况如表二。

表二　Ⅱ区各探方地层对应表

T0303	T0304	T0305
①	①	①
	②	
	③	
	④	
②a		
②b	⑤a	
②c	⑤b	
③		
④		
⑤	⑥	
⑥	⑦	
	⑧a	②
	⑧b	③
	⑨	
⑦a		
⑦b		
⑧a		
⑧b	⑩	
	⑪	
		④
		⑤
	⑫a	⑥
		⑦a
		⑦b
		⑧
⑨	⑫b	
⑩	⑬	⑨
		⑩

现以Ⅱ T0304 西壁与北壁典型地层为例介绍如下（图四七、四八）。

①层：厚 10～20 厘米。褐色土，内夹红烧土。原为桑树地，土质松软，有大量的植物根系及少量石块、砖瓦和原始瓷片等。

②层：深 0～10、厚 0～15 厘米。主要分布于探方的北半边。灰褐色土，但极杂，夹杂大量的红烧土粒、窑渣等，近似于五花土，土质极松软，可能与种植桑树有关。瓷片不多，主要是碗，还发现了砖瓦等，应为现代扰乱层。

③层：深 0～30、厚 0～20 厘米。呈红褐色，土色较②层红，土质松软且较②层纯净。原始瓷碗多为方唇，直腹略内弧，下腹斜收成小平底。发现了砖块，土质很松，应为扰乱层。

④层：深 0～50、厚约 0～40 厘米。主要分布于探方西部。黄绿色土，土质纯。几乎没有包含物，发现有砖块，土质很松，为扰乱层。

⑤层：可分成两个亚层。

⑤a层：深 15～50、厚 0～25 厘米。分布于扰乱沟的南边，南部被开垦的现代水田所破坏，仅在西偏南局部有分布。灰黑色土层夹杂有一定数量的红烧土粒与烧结块。包含物极多，主要是大小各异的盅式碗：多为子母口、直腹、小平底；釉浅黄色，部分较翠绿，釉层较薄；内底腹均有细密的旋纹；满釉，胎部分呈灰白色，质地致密；部分釉色泛黄、胎质较松、小气孔较多。除碗外，还有大量的器盖，弧背、小桥形纽上有叶脉纹、满釉。

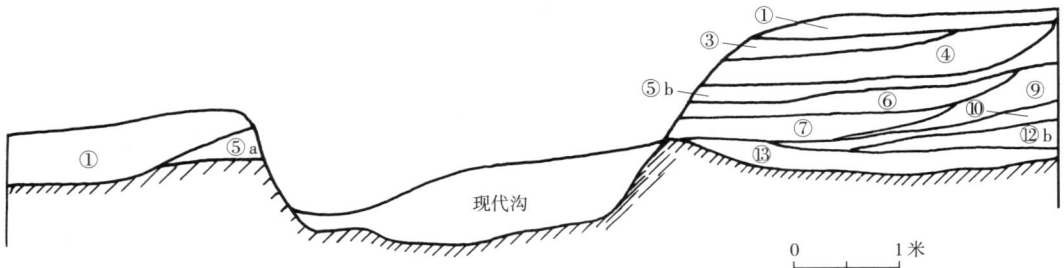

图四七　Ⅱ T0304 西壁剖面图

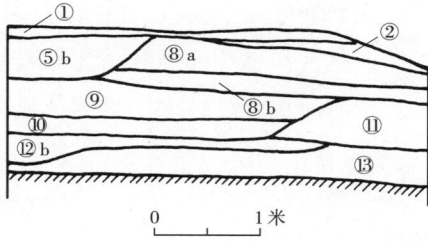

图四八　Ⅱ T0304 北壁剖面图

⑤b层：深0～60、厚约10～40厘米。分布于探方扰乱沟的北部。深黑色土，夹杂有较多红烧土粒。包含有大量原始瓷片，器形有碗、盘、钵、罐、器盖等。碗有直腹碗，有的器形较大，两件叠烧，器物之间多有托珠，釉色淡青，极薄，不见厚釉产品。出有大量托珠。

⑥层：深0～100、厚约5～25厘米。分布于探方扰乱沟以北的西半边。灰黑色土，夹杂大量大块的红烧土块，土层中有大量的瓷片与窑渣，土质因颗粒较粗而空隙较大，但仍较硬。原始瓷片往往完整但变形或粘结有大块的窑渣，器形与⑤b层基本相同，多满釉，外底部有砂性粘结物，均为薄釉产品，釉色青黄，玻璃质感较强。出有大量托珠。

⑦层：深0～125、厚约5～20厘米。主要分布于探方扰乱沟以北的西半边。棕色土，夹有大量的红烧土块、窑渣与瓷片，土质颗粒较粗而空隙较大，但土质仍较硬。原始瓷片标本与上一层相似，以碗为主。出有大量托珠。（彩版三，2）

⑧层：可分a、b两层。

⑧a层深约5～40、厚约15～35厘米，⑧b层深约40～65、厚约15～20厘米。两层土分布位置相同，土色相近，基本分布于扰乱沟以北的整个探方。灰黑色土，夹有颗粒较小的红烧土粒，土质较为致密，⑧b层较⑧a层土色略深。包含物基本相同，但瓷片较少，器形与前三层相比已发生变化：碗以窄平沿唇外凸类型占据多数，部分拍印纵向水波纹；新出土有拍印对称弧形纹的筒形卣等。出有大量托珠。

⑨层：深50～120、厚约0～35厘米。分布于扰乱沟以北东边大半个探方。浅灰黑色土，夹杂有大量的红烧土粒及少量的红烧土块，红烧土颗粒较粗，土质较硬。原始瓷片标本较少，主要是窄平沿尖圆唇外凸的碗、筒形卣等。出有大量托珠。

⑩层：深85～125、厚约0～15厘米。整个扰乱沟以北的探方均有分布。灰黑色土，因夹杂有大量的红烧土粒而泛红，土层颗粒、红烧土较上层细，土色较上一层深，质地较为紧密而硬。原始瓷片标本较少，托珠数量仍比较多。器类主要是窄平沿尖圆唇外凸、部分刻划纵向水波纹的碗，其次是翻折沿浅坦腹碗和筒形卣等。筒形卣的纹饰除粗放与较为细密的对称弧形纹外，还出现了少量的勾连双勾线"S"形纹。一部分筒形卣无釉，可能是剥釉，胎较粗，气孔较大，胎色灰黑，接近陶器。

⑪层：深35～90、厚约0～50厘米。主要分布于探方的东北角。灰黑色土，土质较松软、纯，颗粒较细。包含物较少，主要是原始瓷翻折沿浅坦腹碗与筒形卣，托珠较少。

⑫层：可分a、b两层。

⑫a层：深约5～40、厚约0～35厘米。分布于探方扰乱沟以北的东南角。因包含较

多的红烧土块、红烧土粒而使土色泛红。包含物极少,有少量翻折沿、腹较深的原始瓷碗。

⑫b层:深约40～65、厚约0～20厘米。分布于探方扰乱沟以北的西北角。深黑色土,包含少量的红烧土粒与炭粒,土质颗粒较细、小、松软。包含物极少,基本是翻折沿的原始瓷碗,托珠极少。

⑬层:深约5～40、厚约0～35厘米。扰乱沟以北半个探方均有分布。大块红烧土块层,夹杂大块黄色生土块,土质颗粒较粗硬。包含物极少,基本为翻折沿浅坦腹碗,少量小盂。基本不见托珠出土。少量器物釉层较厚,施釉不是很均匀,但釉色较好,与Ⅰ区早期地层器物相近。

第二节　遗　物

Ⅱ区出土的器物以原始瓷占据了绝大多数,其次是大小、形态不一的作为间隔具的窑具,极少量印纹陶器、陶网坠,偶见石器。

一　原始瓷器

本区出土的原始瓷器,器类较为丰富。胎、釉变化较大。素面为主,部分器物装饰有纹饰,少量碗的底部有刻划符号。大量使用托珠,外底普遍见有一层白色砂性烧结物。

（一）器类

以碗占据了绝大多数,少量的盂、小盂、盘、罐、小罐、钵、小钵、平底尊形器、盆、器盖、卣、小杯形器、羊形塑等。

1. 碗

A型　本区发现数量极少,不见Ⅰ式,偶见Ⅱ式,主要为Ⅲ式。

Ⅱ式　数量极少,器形与Ⅰ区相同,但胎质较粗,胎、釉色较深。

标本ⅡT0305⑨:7,外底略内凹。口沿上有"S"形纹堆贴。青釉色较深,玻璃质感较强,但施釉不均匀,积釉明显。内底旋纹较为粗疏,并粘结有大块的窑渣;外底呈棕褐色,外圈有较薄的砂性烧结物。口径17、底径10.2、高5.4厘米。(图四九,1;彩版三三,1)

Ⅲ式　数量较少,器物形态与Ⅰ区基本近似,但在胎、釉上差别极大。除少量灰白色胎外,许多胎色较深,近似于土黄色,胎质较粗,常夹有较多的小砂粒。釉极差,玻璃质感不强,施釉不均匀,缩釉、流釉现象极严重,积釉处釉色呈青灰色,其余部分多呈土灰黄色。

标本ⅡT0304⑬:10,翻折沿上残存一个"S"形纹堆贴,外腹中部有折棱一道。灰黄色胎,釉完全剥落。内底旋纹不清,外底线割痕迹明显、细密。口径10.8、底径5.6、

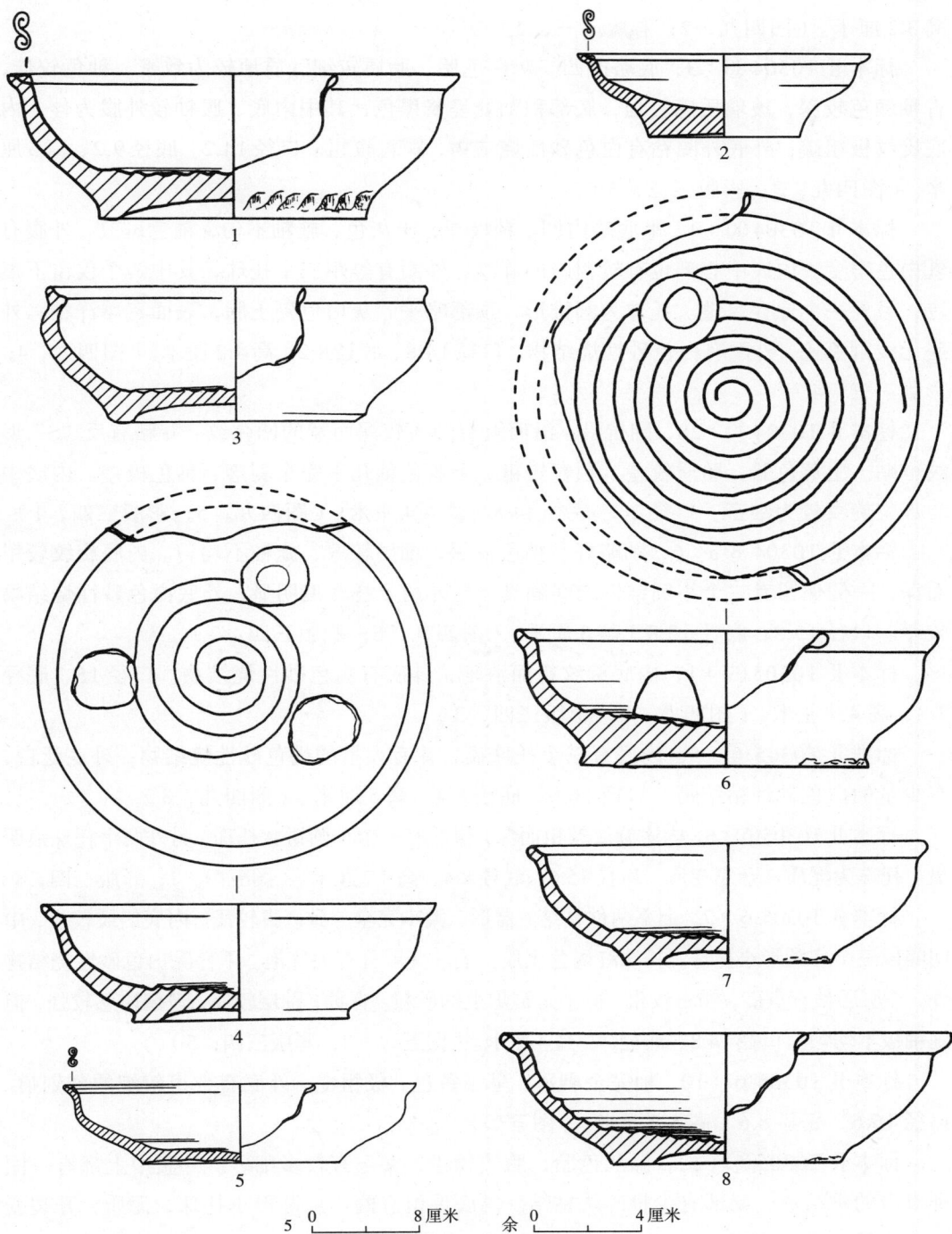

5　0　　　　　8厘米　　余　0　　　　　4厘米

图四九　Ⅱ区出土原始瓷A型碗

1. Ⅱ式Ⅱ T0305 ⑨：7　2. Ⅲ式Ⅱ T0304 ⑬：10　3. Ⅲ式Ⅱ T0304 ⑩：3　4. Ⅲ式Ⅱ T0304 ⑩：4　5. Ⅲ式Ⅱ T0304 ⑩：28
6. Ⅲ式Ⅱ T0304 ⑧a：6　7. Ⅲ式Ⅱ T0305 ⑥：1　8. Ⅲ式Ⅱ T0305 ⑥：5

高 3.2 厘米。（图四九，2；彩版三三，2）

标本Ⅱ T0304⑩：3，底略内凹。灰白色胎，胎质较细，质地较为致密。釉色较佳，青釉颜色较深，玻璃质感较强，底部积釉处呈酱黑色，其中内底、腹釉较外腹为佳。内底旋纹极粗疏；外底外圈粘有白色砂性烧结物，颗粒较粗。口径 14.2、底径 9.2、高 5 厘米。（图四九，3；彩版三三，3）

标本Ⅱ T0304⑩：4，平底略内凹。釉极差，土灰色，施釉不匀，釉色斑驳，外腹有乳白色窑变。内底中心部位有较粗疏的旋纹，外圈有等距三个托珠，其中两个仅留下痕迹，另外一个保存完整。托珠为圆锥形，顶部略平，灰白色瓷土胎，表面有爆汗釉；外底无线割痕迹，外圈有白色砂性烧结物。口径 14.8、底径 8.2、高 4.2 厘米。（图四九，4；彩版三三，4）

标本Ⅱ T0304⑩：28，翻折沿。沿面上有两道较深而宽的凹弦纹，并粘有反"S"形纹堆贴。土黄色胎，胎质较差，颗粒较粗。土黄色釉几乎完全剥落，釉色极差。内底中心部位旋纹较为细密。口径 26、底径 14.8、高 6.4 厘米。（图四九，5；彩版三四，1）

标本Ⅱ T0304⑧a：6，釉略好，釉色较深，釉层较厚，施釉不均匀。内底旋纹较粗而深，一侧保留有一个小圆锥形的间隔具，另外两个托珠痕明显；外底白色砂性烧结物较厚。口径 15.8、底径 10.8、高 5 厘米。（图四九，6；彩版三四，2）

标本Ⅱ T0305⑥：1，内底旋纹粗而清晰，外底有白色砂性烧结物。口径 15、底径 7.8、高 4.4 厘米。（图四九，7；彩版三四，3）

标本Ⅱ T0305⑥：5，内底有三个托珠痕，并有大量的褐色砂性烧结物；外底泛白，有少量的白色砂性粘结物。口径 16.6、底径 8.4、高 5 厘米。（图四九，8）

标本Ⅱ T0305⑥：6，内底旋纹较粗而深，保留有一个小圆饼状托珠，另外两个托珠痕明显。托珠为泥质，开裂变形。口径 15.6、底径 8.4、高 4.2 厘米。（图五〇，1；彩版三四，4）

标本Ⅱ T0305⑥：7，上下两件粘结，器形、大小完全一致。腹较浅。内底旋纹较粗，中间隔以三个扁圆形小托珠，托珠红褐色土质。上件变形且有大气泡。下件除白色砂性烧结物外，外层还粘有黄砂，颗粒较粗，似乎是窑炉上的砂粒。青釉，釉层较厚，玻璃质感较强，但施釉极不均匀。口径 14.8、底径 7、高 4 厘米。（图五〇，2；彩版三四，5）

标本Ⅱ T0305⑥：10，釉完全剥落，呈土黄色，极粗糙。外底有数道较细的刻划痕。口径 16.6、底径 8.6、高 5.2 厘米。（图五〇，3）

标本Ⅱ T0305⑥：12，深灰色胎，胎质较粗，夹杂有较多细砂。外腹中上部有一圈碗口沿的粘结痕，局部有少量碎块粘结。内底保留有两个扁圆形小托珠，泥质，开裂变形。口径 16.8、底径 9.4、高 5.6 厘米。（图五〇，4；彩版三五，1）

标本Ⅱ T0305⑥：13，内底旋纹较粗，近中心部分粘结有一圆饼状托珠。此类托珠目前仅此一例。口径 15.2、底径 7、高 5 厘米。（图五〇，5；彩版三四，6）

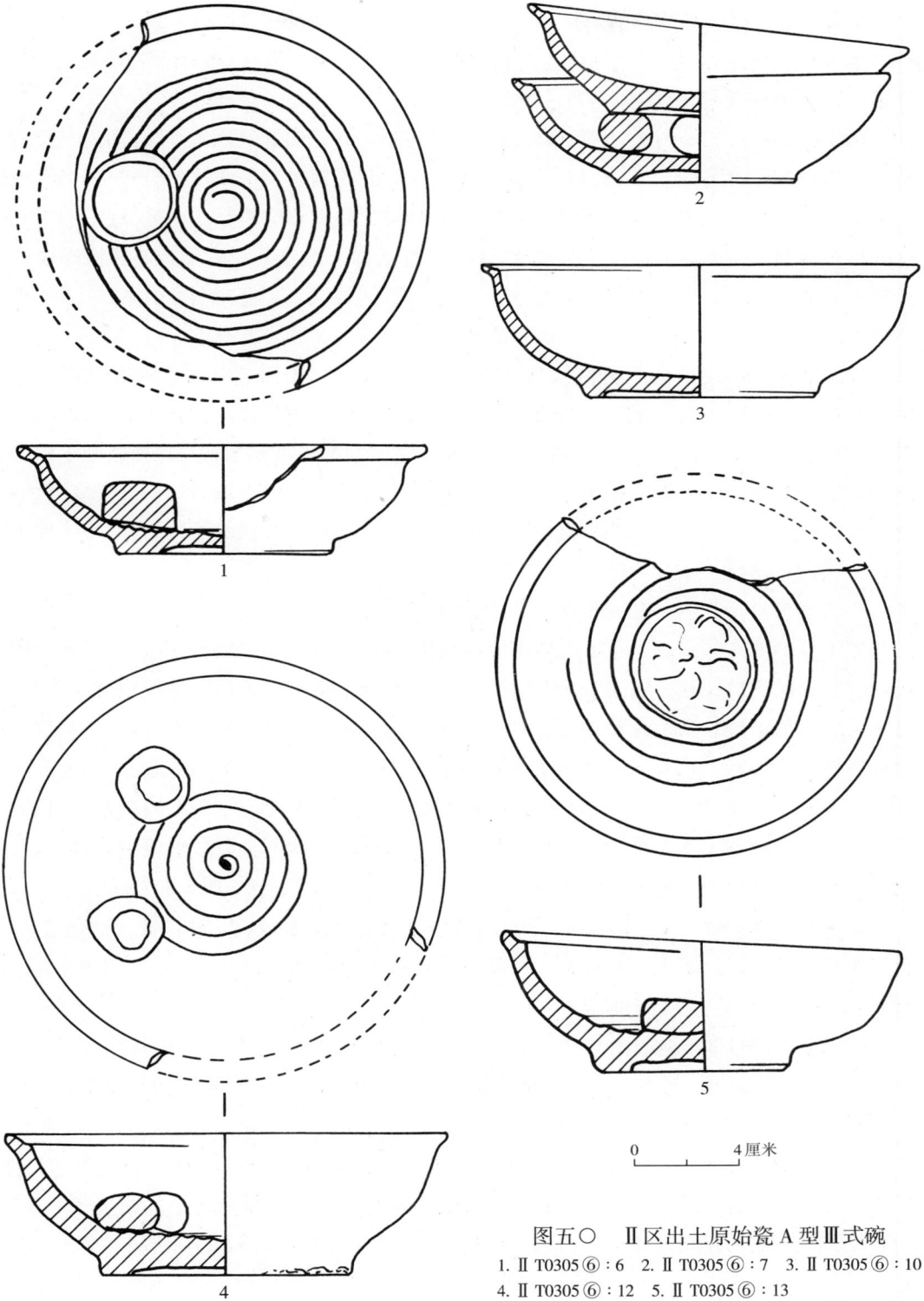

图五〇 Ⅱ区出土原始瓷 A 型Ⅲ式碗

1. Ⅱ T0305⑥：6　2. Ⅱ T0305⑥：7　3. Ⅱ T0305⑥：10
4. Ⅱ T0305⑥：12　5. Ⅱ T0305⑥：13

B型　本区Ⅰ～Ⅶ式均有。

Ⅰ式　仅见于本区，数量极少。土黄色胎，胎质较粗，夹杂有较多细砂。胎、釉结合不佳，釉玻璃质感不强。

标本ⅡT0304⑫b：17，尖唇略外凸，沿面较平，上有凹旋纹两道。腹部有水波纹两层，分组排列，上下两层相错，每组纵向水波纹三道或四道。水波纹的长短、间距、排列不甚规则。青灰色釉极薄，釉色差，施釉不均匀，玻璃质感不强，内底、腹、口沿旋纹处积釉明显，外腹釉呈棕褐色斑块状。内底、腹旋纹较粗疏，并粘有其他器物的残片；外底中心略内凹，呈火石红色，并残留有一短直线，外圈有白色砂性烧结物。口径15、底径10.2、高6.4厘米。（图五一，1；彩版三五，2）

标本ⅡT0304⑫b：6，尖圆唇，翻折沿，沿面略内弧，沿面上有两道较宽凹旋纹。腹中部有粗放对称弧形纹一圈。从残存部分看，纹饰仅在扉棱附近有重叠现象，推测是滚轮样印模滚印而成。腹近上部有纵向扉棱一道，先印纹饰再堆贴扉棱。青釉施釉不均匀。内底旋纹较为粗疏，并粘有较大块的窑渣及拍印对称弧形纹的小块瓷片；外平底略内凹弧，中心部位呈火石红色，外圈有白色砂性烧结物。口径13.6、底径10.2、高5.8厘米。（图五一，2；彩版三五，3）

Ⅱ式　仅见于本区，数量极少。土黄色胎为主，胎质较为疏松，少量灰白色胎。

标本ⅡT0303⑧a：1，外腹刻划水波纹两圈，纹饰较整齐、紧密，阴线较深而清晰。灰白色胎，胎质较疏松，有多处大气泡。内底中心旋纹粗疏，并粘有大块的烧结块。外底白色砂性烧结物较薄。釉极薄而色淡，呈青灰色，玻璃质感很差，釉色不匀净，内外均呈棕褐色斑块状。口径11.6、底径8.6、高6厘米。（图五一，3；彩版三六，1）

标本ⅡT0304⑪：2，口沿下上腹部有反向"S"形纹一圈，"S"形纹折角明显，大小、排列不甚规则，当为刻划而成。釉层较薄，施釉较为均匀，但玻璃质感不强，淡青色釉较为匀净。内底有棕黄色的窑汗。口径13、底径8.6、高5.6厘米。（图五一，4）

标本ⅡT0304⑩：14，上腹部有较粗深的纵向水波纹。釉层薄，釉色较浅而斑驳。内底旋纹较粗而深；外底无线割痕迹，并粘有白色砂性烧结物。口径13.6、底径9、高5.6厘米。（图五一，5；彩版三六，2）

标本ⅡT0304⑩：16，外腹部纵向水波纹较粗，排列整齐有序。内腹粘结有大量的窑渣块；外底略内凹，外圈有白色砂性烧结物。口径14.4、底径9.4、高4.8厘米。（图五一，6；彩版三六，3）

标本ⅡT0304⑩：18，上腹部有纵向较粗疏的水波纹，排列不整齐。灰色胎，胎质较为疏松，底部有一较大的气泡。釉色极差，土黄色不均匀，呈棕褐色的斑块状。外底弧形线割痕迹较为粗疏，并粘有白色砂性烧结物。口径12.4、底径8.4、高6.2厘米。（图五一，7）

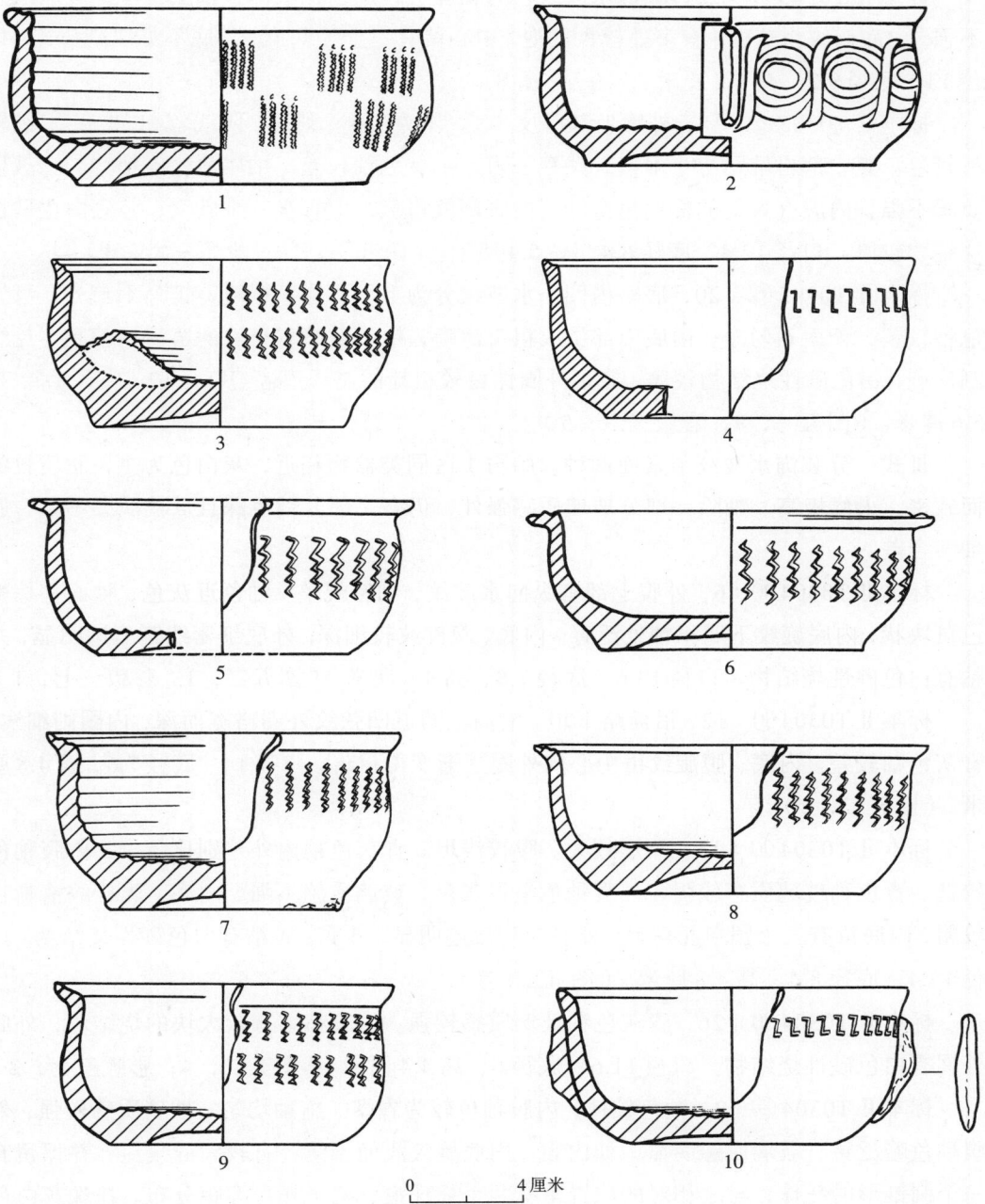

图五一　Ⅱ区出土原始瓷 B 型碗

1. Ⅰ式Ⅱ T0304⑫b：17　2. Ⅰ式Ⅱ T0304⑫b：6　3. Ⅱ式Ⅱ T0303⑧a：1　4. Ⅱ式Ⅱ T0304⑪：2　5. Ⅱ式Ⅱ T0304⑩：14
6. Ⅱ式Ⅱ T0304⑩：16　7. Ⅱ式Ⅱ T0304⑩：18　8. Ⅱ式Ⅱ T0305⑥：15　9. Ⅱ式Ⅱ T0305⑥：20　10. Ⅱ式Ⅱ T0305⑥：18

标本ⅡT0305⑥：15，腹部水波纹较为粗疏。青灰色釉较深，釉层略厚，玻璃质感不强。内底旋纹粗疏，并有多处较大气泡，中心留有三个托珠痕；外底不见线割痕迹。口径14、底径9.2、高5.2厘米。（图五一，8）

标本ⅡT0305⑥：18，外腹上部有反"S"形纹一圈，刻划，阴线较细，"S"形纹转折较急。腹中部再堆贴有小扉棱，残存一道。土黄色釉较差，釉层薄，施釉均匀，玻璃质感不强，内腹有大量的棕褐色窑汗。内底旋纹粗疏，中心有一小乳突；外底白色砂性烧结物较厚。口径12.4、底径6.4、高5.4厘米。（图五一，10；彩版三六，4）

标本ⅡT0305⑥：20，底略内凹。水波纹分为上下两层，粗疏，排列不整齐。豆青色釉较差，釉面不匀净。内底中部旋纹粗疏清晰，中心粘结有小块的窑渣；外底不见线割痕迹，白色砂性烧结物较薄，底足外圈保留较粗糙的制作痕迹。口径12、底径8.2、高5.6厘米。（图五一，9；彩版三六，5）

Ⅲ式　分装饰水波纹与素面两种。胎与Ⅰ区同类器物相近，灰白色为主，胎质较细而致密，火候极高。釉除一部分玻璃质感强外，仍有一部分釉色深且玻璃质感不强，胎釉结合差。

标本ⅡT0304⑩：6，外腹上部有纵向水波纹，细密规整。釉色近灰色，釉面呈棕褐色斑块状，内底旋纹下凹积釉处泛青。内底、腹旋纹较细深；外底细密线割痕迹明显，并粘有白色砂性烧结物。口径13.6、底径7.8、高4.6厘米。（图五二，1；彩版三七，1）

标本ⅡT0304⑩：12，沿面略下坦。沿面上两道凹弦纹外圈略宽而深，内圈则细浅。青灰色釉较差。内底、腹旋纹由中心向外圈逐渐变得粗疏。口径14、底径7.6、高4.8厘米。（图五二，2）

标本ⅡT0304⑩：13，器形较大。腹较浅坦。青灰色釉内外差别比较大，内腹釉色较佳、青色釉玻璃质感较强，外腹釉色呈青灰色、玻璃质感不强。内底、腹旋纹清晰且较粗，内底留有三个圆形托珠痕；外底线割痕迹明显，外底、腹粘有白色砂性烧结物。口径18.4、底径8.4、高4.8厘米。（图五二，3）

标本ⅡT0304⑩：26，青灰色釉玻璃质感较强。内腹粘结有较大块的烧结块，外底外圈有白色砂性烧结物。口径11.6、底径6、高4.4厘米。（图五二，4；彩版三七，2）

标本ⅡT0304⑨：2，釉色较佳，内腹釉色较为青翠、施釉均匀、玻璃质感较强，外腹釉色略泛黄、玻璃质感明显不如内腹。内底旋纹浅而不清，有较大的气泡，并保留有一个圆锥形的托珠，与之相对的位置留有两个托珠痕，三个托珠等距分布。托珠灰白色瓷土质，质地细密，表面有爆汗釉。外底线割痕迹细密明显，并粘有白色砂性烧结物。口径14.4、底径8.6、高5厘米。（图五二，5；彩版三七，4）

标本ⅡT0304⑨：3，腹较浅。灰黄色胎，胎质较为致密，釉完全剥落。内底、腹旋纹清晰而较粗，外底线割痕迹细密而明显。口径12、底径6.6、高2.8厘米。（图五二，6；

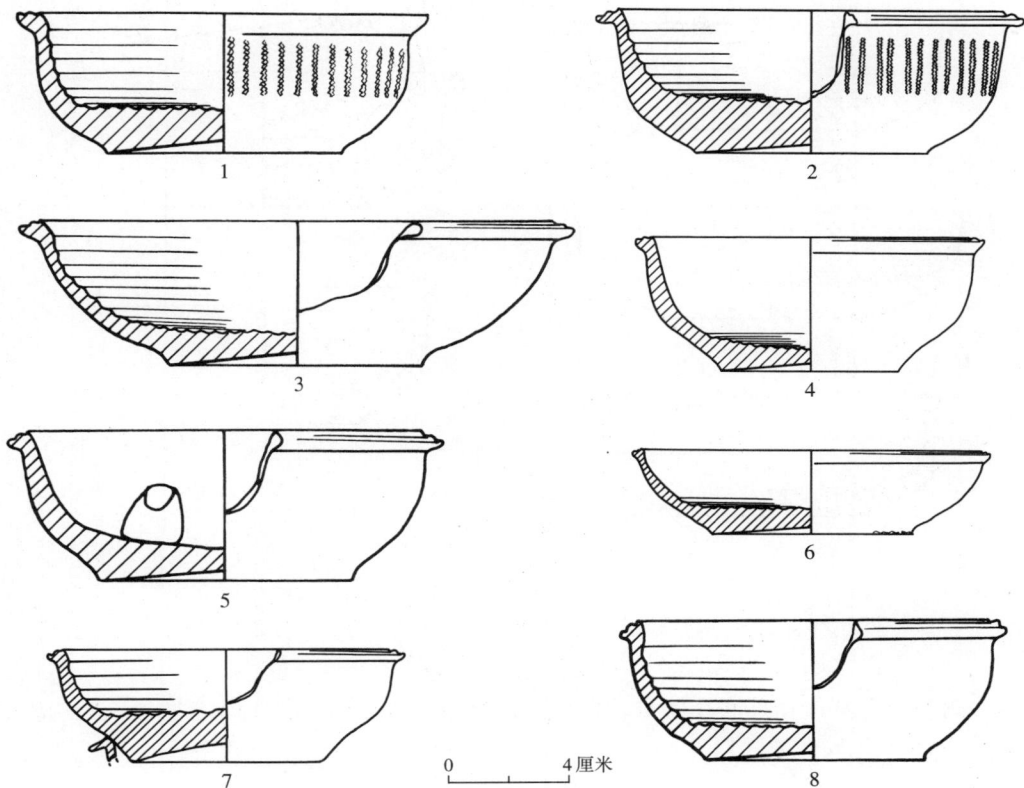

图五二　Ⅱ区出土原始瓷 B 型Ⅲ式碗

1. ⅡT0304⑩：6　2. ⅡT0304⑩：12　3. ⅡT0304⑩：13　4. ⅡT0304⑩：26　5. ⅡT0304⑨：2　6. ⅡT0304⑨：3
7. ⅡT0304⑨：6　8. ⅡT0304⑧a：1

彩版三七，3）

　　标本ⅡT0304⑨：6，底略内凹。青黄色釉极薄，玻璃质感不强。内底旋纹较粗深而清晰，底部有较大的气泡；外底不见线割痕迹，下腹一侧粘结有一小片同类器物的口沿。口径11.8、底径6.4、高3.8厘米。（图五二，7）。

　　标本ⅡT0304⑧a：1，釉几乎完全剥落。内底旋纹较为粗疏，外底线割痕迹明显。口径12.8、底径7.4、高4.6厘米。（图五二，8）

　　Ⅳ式　仅见于本区，数量极多。

　　标本ⅡT0303⑤：2，窄沿略外斜，尖唇略外凸，上腹内弧，小平底略内凹。青黄色釉较均匀。内底旋纹细密，一侧粘有小块窑汗。口径12.4、底径7.8、高4厘米。（图五三，1；彩版三八，1）

　　标本ⅡT0303④：2，窄平沿近似于方唇，沿面有两道凹弦纹，口略敞，直腹较浅。青灰色釉，施釉较均匀，因胎体处理不光洁，釉表面呈麻点状凹凸。内底较大，旋纹细

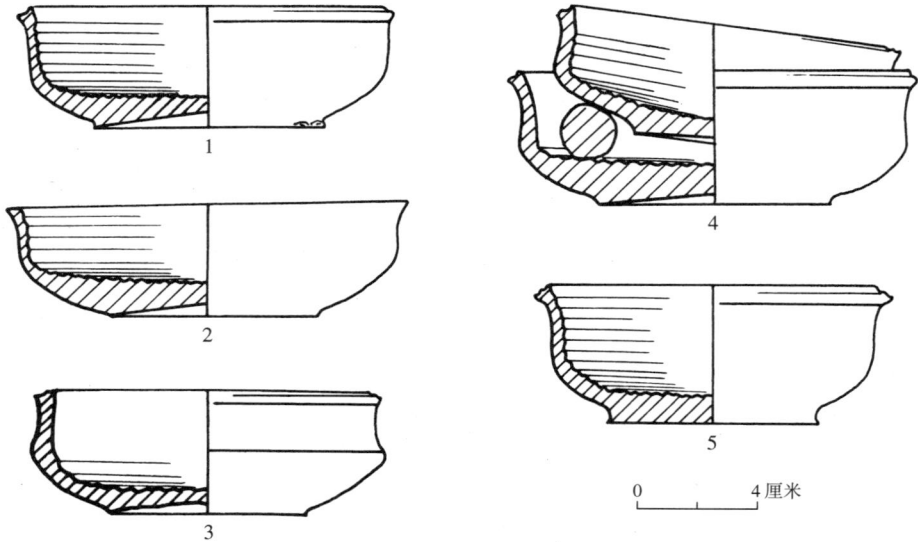

图五三　Ⅱ区出土原始瓷 B 型Ⅳ式碗

1. ⅡT0303⑤：2　2. ⅡT0303④：2　3. ⅡT0303③：1　4. ⅡT0303③：4　5. ⅡT0303②c：6

密，一侧粘结有窑汗；外底小而平，白色砂性烧结物较厚。口径 13.2、底径 6.8、高 3.8 厘米。（图五三，2）

标本ⅡT0303③：1，窄平沿，沿面上有两道凹弦纹，尖唇略外凸，直腹，下腹斜收成小平底，内底较大。胎气孔较多。青黄色釉，玻璃质感不强。内底旋纹较粗，粘结有小块的窑渣；外底有大量白色砂性烧结物。口径 11.4、底径 6.4、高 4.2 厘米。（图五三，3）

标本ⅡT0303③：4，两件叠烧粘结，上小下大，形态基本一致。窄沿略外斜，上面一件沿面有两道凹弦纹，下面一件有一道凹弧，上腹较直而略凹弧，下腹斜收，小平底。釉色青黄。内底、腹旋纹较细密。上下两件器物之间有托珠间隔，上面一件内底粘有较大块的窑渣，下件器物外底部可看到白色砂性烧结物粘结。口径 13.6、底径 7.6、高 4.6 厘米。（图五三，4）

标本ⅡT0303②c：6，方唇，平底。口径 12、底径 7、高 4.6 厘米。（图五三，5）

标本ⅡT0304⑧a：2，器形较大。方唇上斜，唇面上有两道凹弦纹，上腹直而略内束，下腹斜收，平底略内凹。灰色胎，胎质较致密。青黄釉较薄，施釉均匀，玻璃质感较强。内底、腹粘有较多的棕褐色窑汗，内底、下腹旋纹细浅且较密；外底有细密的弧形线割痕迹，并粘有白色砂性烧结物。口径 18.2、底径 10、高 6.8 厘米。（图五四，1）

标本ⅡT0304⑦：1，窄平沿近似于方唇，上腹略内弧，下腹斜收成小平底。青黄色釉。内底旋纹略粗并粘结有小块的窑渣。口径 11.8、底径 6.8、高 4.8 厘米。（图五四，2；彩版三八，2）

标本Ⅱ T0304⑦：4，器形较小。方唇中间有宽凹弦纹一道，直腹较浅，平底内凹。内腹青灰色釉略佳，釉层较厚而均匀，玻璃质感略强；外腹釉层较薄，釉色极不均匀，多呈棕褐色。内底旋纹较粗，底中心、口沿上粘有小块窑渣粒；外底、下腹白色砂性烧结物较厚。口径8.8、底径3.8、高2.9厘米。（图五四，3）

标本Ⅱ T0304⑦：8，器形较大。窄沿略外斜，尖唇略外凸，沿面上有两道凹弦纹，上腹内弧，下腹斜收，小平底略内凹。青黄釉常见有乳白色窑变。内底旋纹略粗，保留两个托珠，托珠侧翻粘结于器物的底部，另一个托珠痕明显。口径16.8、底径9、高7.2厘米。（图五四，4；彩版三八，3）

标本Ⅱ T0304⑦：10，窄平沿略外斜，尖唇外凸，沿面釉层极厚，从釉剥落处可看出有两道细凹弦纹，敛口，垂腹，下腹斜收成低矮的假圈足，平底略内凹。釉层较厚，内外均有乳白色窑变，窑变主要产生于釉层较厚处，特别是因积釉、流釉而形成的厚釉处，局部釉层薄处仍泛青黄色，并存在因土蚀而剥釉的情况。内底旋纹细密，外底白色砂性

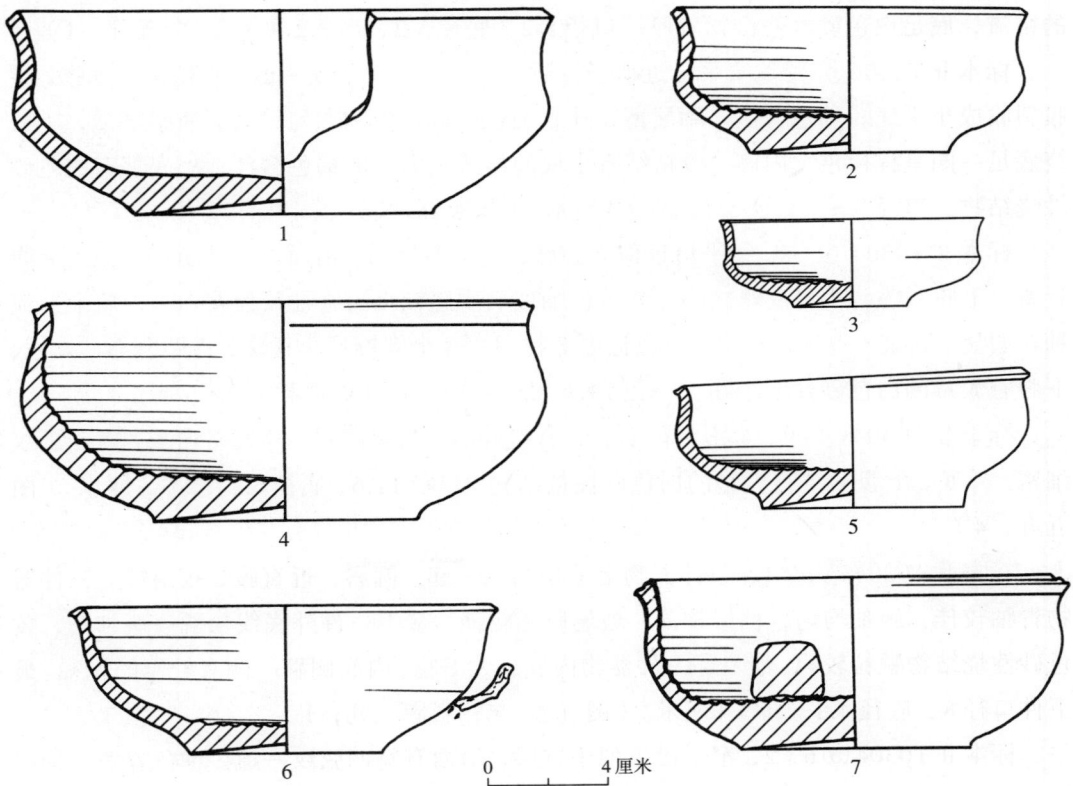

图五四　Ⅱ区出土原始瓷 B 型Ⅳ式碗

1. Ⅱ T0304⑧a：2　2. Ⅱ T0304⑦：1　3. Ⅱ T0304⑦：4　4. Ⅱ T0304⑦：8　5. Ⅱ T0304⑦：10　6. Ⅱ T0304⑦：14　7. Ⅱ T0304⑥：1

烧结物较厚、颗粒较粗。口径11.8、底径6.8、高4.4厘米。（图五四，5；彩版三八，4）

标本ⅡT0304⑦：14，方唇略下斜，上腹直而略内束，下腹斜收。青釉有大面积乳白色窑变，窑变处更易剥落。内底中心旋纹细密清晰，外圈及内腹则较浅；外底线割痕迹明显，一侧腹部有白色细砂性烧结物。外腹一侧粘结有一小片同类器物的口沿，口沿片的外侧有旋纹，当为该件器物的内壁——此两件器物非上下叠烧，而是相邻器物粘结在一块。口径14.4、底径6.4、高5厘米。（图五四，6；彩版三八，5）

标本ⅡT0304⑥：1，窄平沿略外斜，尖唇略外凸，沿面上有两道凹弦纹，口较敞，上腹近斜直，下腹斜收。釉色青黄，有大面积的褐色斑块。内底旋纹略粗，底部近中间有明显的三个托珠痕，其中一个托珠保留完好：圆锥形顶部已被压平，瓷土质，表面有一层薄爆汗釉。外底有大量的白色砂性烧结物。口径14.4、底径7.8、高5.6厘米。（图五四，7；彩版三八，6）

标本ⅡT0304⑥：3，窄平沿近似于方唇，沿面上有两道凹弦纹，直腹，下腹斜收成小平底。釉色青灰，施釉均匀，釉玻璃质感较强。内底旋纹较粗而深，一侧粘结有大块的窑渣，底足白色砂性烧结物较厚。口径8.2、底径5.2、高3.2厘米。（图五五，1）

标本ⅡT0304⑥：5，窄平沿近似于方唇，沿面上有凹弦纹一道，口微敛，垂腹，下腹斜收成小平底。釉色青黄，釉层薄，外腹釉色较佳、施釉均匀、玻璃质感略强，下腹绕底足一圈呈棕褐色。内底、腹粘结有小块的窑渣及大量的褐色窑汗，外底部有白色砂性烧结物。口径8.8、底径5.4、高3.4厘米。（图五五，2）

标本ⅡT0304⑥：7，窄平沿近似于方唇，基本不外凸，沿面上有两道凹弦纹，上腹近直，下腹斜收，小平底略内凹。青黄色釉玻璃质感较强，施釉较为均匀，外腹上部流釉较明显。内底、腹旋纹略粗，内底近中部粘结有三个圆锥形小托珠，等距分布；外底、下腹有大量的白色砂性烧结物。口径14.4、底径8.8、高4.4厘米。（图五五，3）

标本ⅡT0304⑥：9，窄沿略外斜，尖唇略外凸，上腹内弧，外底略内弧。内底旋纹细密。外底、下腹粘结有大量的白色砂性粘结物。口径11.6、底径6.2、高3.6厘米。（图五五，4）

标本ⅡT0304⑤b：1，三件器物上下粘结在一起。圆唇，近直腹，较扁矮。三件器物青釉较佳，施釉均匀，釉层较薄，玻璃质感较强。最下一件外底线切割痕迹细密，黄色砂性烧结物颗粒较粗。最上部一件器物内底旋纹略粗，内底侧翻一侧有较厚的积釉。最下件口径8、底径4.8、高3.4厘米。（图五五，6；彩版三九，1）

标本ⅡT0304⑤b：2，窄平沿近似于方唇，沿面有宽凹弦纹一道。釉色青黄，釉层极薄，施釉均匀，其中外腹较内腹釉层更薄而釉色近乎泛白。内底有不明显的旋纹，较为细密，一侧粘结有较大块的窑渣；外底线割痕迹明显，白色砂性烧结物较薄。口径12、底径8、高4.8厘米。（图五五，7）

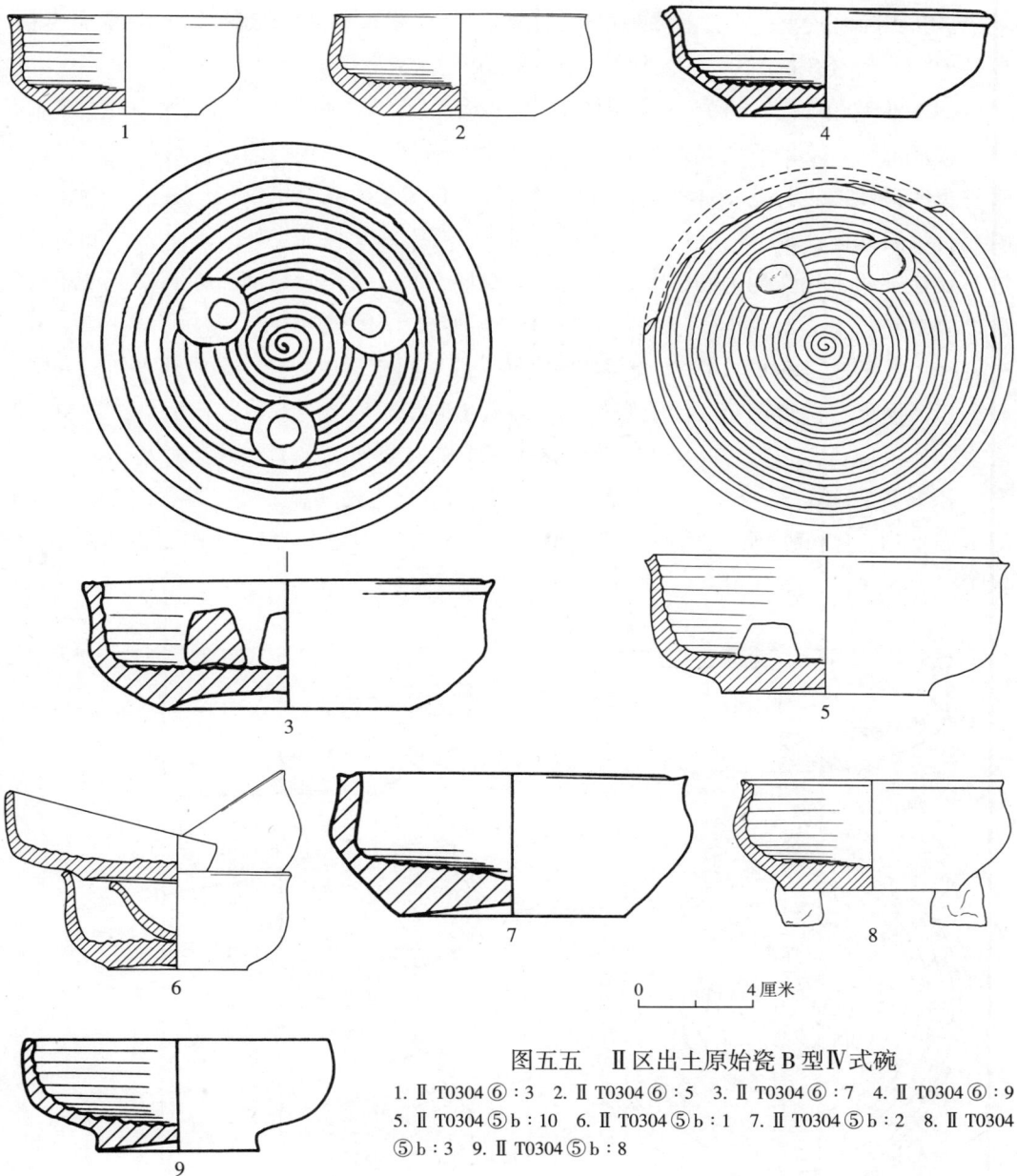

图五五　Ⅱ区出土原始瓷 B 型Ⅳ式碗

1. ⅡT0304⑥:3　2. ⅡT0304⑥:5　3. ⅡT0304⑥:7　4. ⅡT0304⑥:9
5. ⅡT0304⑤b:10　6. ⅡT0304⑤b:1　7. ⅡT0304⑤b:2　8. ⅡT0304
⑤b:3　9. ⅡT0304⑤b:8

　　标本ⅡT0304⑤b:3，窄沿略内斜，尖唇略外凸，沿面上有两道凹弦纹，上腹较直而略凹弧，下腹斜收，平底。釉色青黄。内底旋纹略粗；外底除有白色砂性烧结物粘结外，还粘连有两个陶土质托珠。托珠开裂变形。口径9、底径6.2、高3.8厘米。（图五五，8）

　　标本ⅡT0304⑤b:8，圆唇，上腹较直，下腹斜收成假圈足，平底。釉色不匀，呈黑褐色斑块，内腹釉色较外腹略佳，内底积釉略厚，积釉处呈乳白色窑变并见有土蚀的现象。内底旋纹较粗;外底上线割痕迹清晰细密、一侧有少量的细砂,外腹一侧有窑粘。口径10.8、底径5.6、高3.8厘米。(图五五,9)

标本ⅡT0304⑤b:10,窄平沿略外斜,沿面上有两道凹弦纹,口微敞,近直腹,下腹斜收成低而矮小的假圈足,平底。内腹青黄色釉匀净,施釉均匀,玻璃质感较强;外腹釉色明显较内腹为差,青黄色釉有大块的棕褐色斑。内底有极细密的旋纹,内腹旋纹略粗,纹路深而清晰。内底近中心有三个托珠,其中两个保存完好,一个仅留下圆形痕迹,残存的两个托珠均为圆锥形,因挤压而变形,形成一个圆台面。外底、下腹部白色砂性烧结物较厚。口径12.6、底径7.2、高4.8厘米。(图五五,5;彩版三九,2)

标本ⅡT0304⑤b:14,生烧。基本完整,近中间有裂纹一道。窄沿略外斜,尖唇略外凸,沿面上有两道凹弦纹,上腹较直。砖黄色胎,质地较为细腻。内底旋纹较粗,外底线割痕迹明显。口径12、底径6.8、高4.4厘米。(图五六,1)

标本ⅡT0304⑤b:17,方唇略外斜,口微敞,直腹略凹弧。釉极差,呈土黄色,釉层薄而不匀,有剥釉现象。内底旋纹较为细密;外底线割痕迹明显,线割后不加修整。口径13、底径6.8、高5.4厘米。(图五六,2)

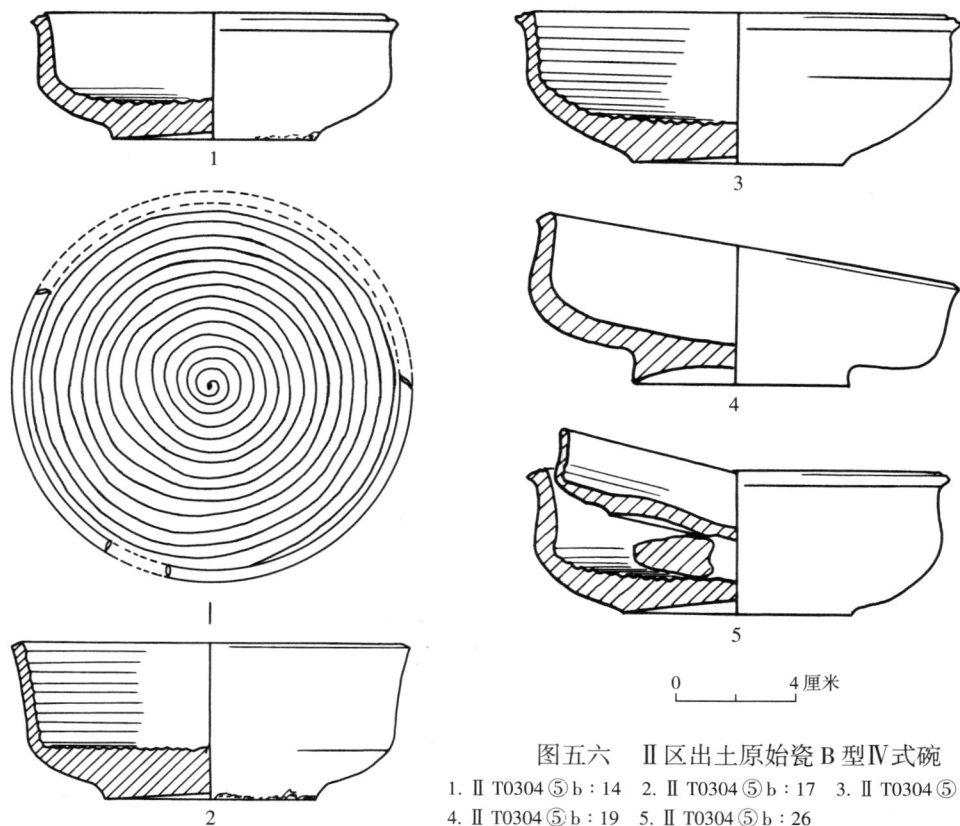

图五六　Ⅱ区出土原始瓷B型Ⅳ式碗
1. ⅡT0304⑤b:14　2. ⅡT0304⑤b:17　3. ⅡT0304⑤b:27
4. ⅡT0304⑤b:19　5. ⅡT0304⑤b:26

标本ⅡT0304⑤b：19，窄平沿近似于方唇，沿面有凹旋纹两道，直腹较浅。釉色较差，内底、腹呈青灰色，釉层略厚，外腹多泛棕褐色，因胎处理不光洁表面呈麻点状。器物完整但变形较甚，底部有大气泡。外腹一侧粘结有大块的窑渣，外底白色砂性烧结物较厚。口径13.8、底径7.2、高4.8厘米。（图五六，4）

标本ⅡT0304⑤b：26，两件粘结，大小差别较大。上面一件形体较小，近似于方唇，直腹，下腹斜收，小平底。下面一件窄沿略外斜，尖唇略外凸，沿面上有两道凹弦纹，上腹略内弧，下腹斜收，平底略内凹。釉色青黄，玻璃质感不强，常见有大面积的褐色斑块。上件内底施纹较为细密，并粘有较多的棕褐色窑汗；下件外底面有大面积的白色砂性烧结物。两件器物间有三个托珠痕迹，保留一个，瓷土胎，圆锥形，保存完整，底略内凹，表面有爆汗釉。口径14、底径7.6、高5厘米。（图五六，5）

标本ⅡT0304⑤b：27，窄平沿，尖唇略外凸，上腹较浅直而略凹弧，下腹斜收。青黄色釉。内底旋纹不明显，有较薄的砂性烧结物及窑汗；外底白色砂性烧结物较厚。口径14.6、底径7、高5.2厘米。（图五六，3）

标本ⅡT0304⑤b：30，上下两件粘结，两件器物形态基本一致，大小略有差别。窄平沿，尖唇略外凸，沿面上有两道凹弦纹，直腹，下腹斜收，小平底，内底旋纹较细密。青黄釉施釉较为均匀，釉层极薄，玻璃质感不强，表面有较多的黑芝麻点状小斑点。上下两件器物之间有托珠间隔，托珠为圆锥形状，瓷土胎质，保存完整，变形不明显，表面有爆汗釉。下件器物的外腹部一侧有一小块窑粘，不似与下一件粘结，而更似与旁边的器物粘结形成。下件器物外底及一侧下腹部有较厚的白色砂性烧结物，下腹部有较多的棕褐色窑汗；上件器物从可观察到的情况来看，下腹部亦有较多的棕褐色窑汗。口径13、底径6.4、高5.2厘米。（彩版三九，3）

Ⅴ式　仅见于本区，数量不多。

标本ⅡT0303②b：4，尖圆唇。青黄色釉较佳，施釉均匀，玻璃质感较强。内底、腹均有细密的旋纹，内底粘结有小块的窑渣，外底白色砂性烧结物较厚。口径7.8、底径4.2、高3.8厘米。（图五七，1）

标本ⅡT0303②b：5，变形。青黄色釉较佳，玻璃质感较强，施釉均匀。内底旋纹较粗。外腹近底处有白色砂性烧结物。外腹一侧粘结有小块的瓷片，估计为同类器物。口径6.4、底径3.4、高3.2厘米。（图五七，2）

标本ⅡT0303②b：6，近似于三角形唇。上腹部刻划水波纹一圈，纹饰较粗放。外腹釉基本剥落。内底粘结少量的粗砂粒。口径12、底径7、高4厘米。（图五七，3；彩版四〇，1）

标本ⅡT0303②b：7，三角形唇，外底较小，近似于假圈足。青黄色釉较佳，釉层较薄，施釉均匀，玻璃质感较强，其中内腹釉较外腹略佳，外腹呈均匀的点状积釉。内底有极细密的旋纹，内腹旋纹略粗，纹路深而清晰；外底白色砂性烧结物较厚。口径12.2、底径5.4、高5厘米。（图五七，4）

标本Ⅱ T0303②b：8，近似于三角形唇。青黄色釉较薄，玻璃质感较差。内底有大量的粗砂粒。口径11.8、底径7、高3.8厘米。（图五七，5）

标本Ⅱ T0303②b：9，圆唇。青黄色釉局部积釉，釉色较佳，玻璃质感较强。内底粘结有小块的窑渣，外底白色砂性烧结物较厚。口径11.2、底径4.6、高4.2厘米。（图五七，6；彩版四〇，2）

标本Ⅱ T0303②b：11，圆唇，腹略内束，内底中心略内凹。青黄色釉极佳。外底白色砂性烧结物较厚。口径8.2、底径4.6、高3.2厘米。（图五七，7；彩版四〇，3）

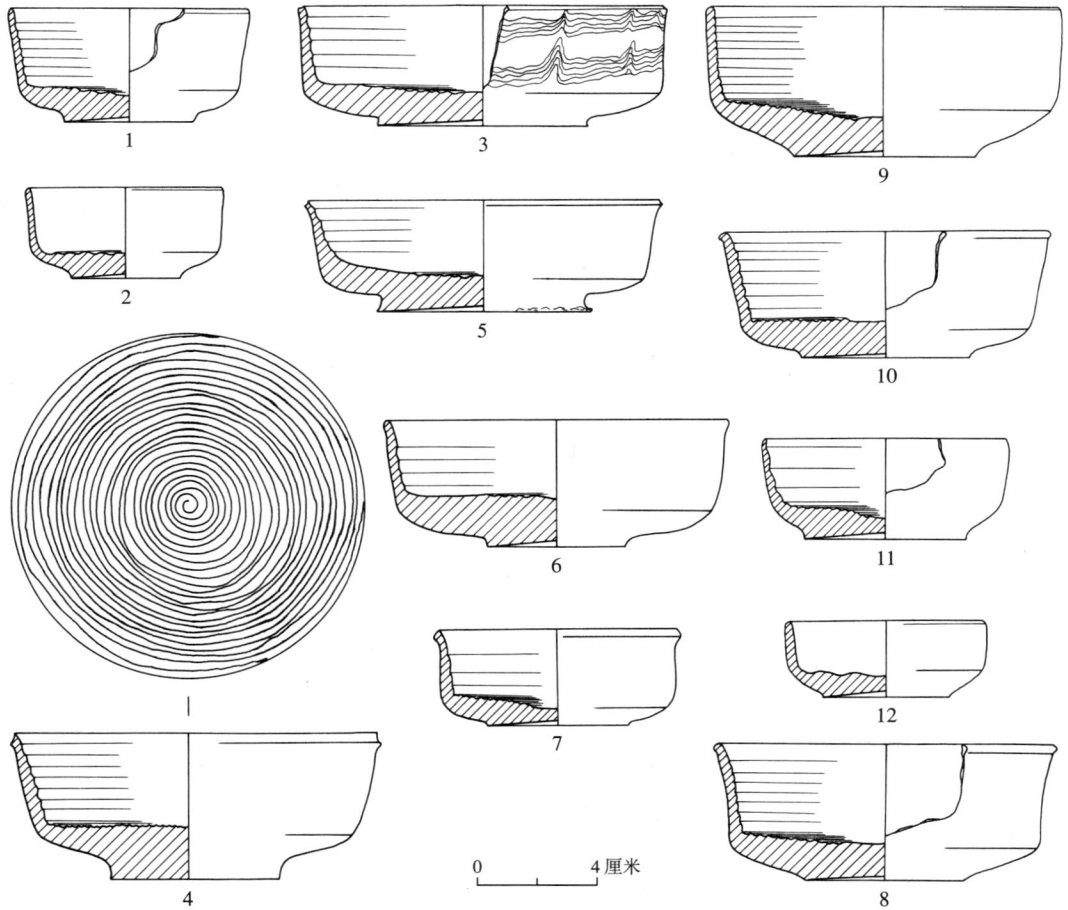

图五七　Ⅱ区出土原始瓷B型V式碗

1. Ⅱ T0303②b：4　2. Ⅱ T0303②b：5　3. Ⅱ T0303②b：6　4. Ⅱ T0303②b：7　5. Ⅱ T0303②b：8　6. Ⅱ T0303②b：9
7. Ⅱ T0303②b：11　8. Ⅱ T0303②b：12　9. Ⅱ T0303②b：13　10. Ⅱ T0303②b：18　11. Ⅱ T0303②b：19　12. Ⅱ T0303
②b：21

标本Ⅱ T0303②b：12，腹略内束，内底中心略下凹。青黄色釉较佳。内底旋纹细浅，内腹旋纹略粗；外底部线切割痕迹细密，白色砂性烧结物较薄。口径11.4、底径5.2、高4.6厘米。（图五七，8）

标本Ⅱ T0303②b：13，釉色略深。器内满填窑渣，内底、腹旋纹细密。口径11.8、底径6、高5厘米。（图五七，9；彩版四〇，4）

标本Ⅱ T0303②b：18，近似于三角形唇。青黄色釉。外底线割痕迹明显，白色砂性烧结物较薄。口径10.8、底径5.4、高4.4厘米。（图五七，10）

标本Ⅱ T0303②b：19，尖圆唇，内底中心略内凹。青黄色釉。外底白色砂性烧结物较厚。口径8、底径5.4、高3.4厘米。（图五七，11）

标本Ⅱ T0303②b：21，积釉严重，釉厚处有乳白色窑变，并有剥釉现象。口径6.6、底径4、高2.6厘米。（图五七，12）

Ⅵ式　仅见于本区，数量多。

标本Ⅱ T0303②b：1，灰白色胎，胎质较疏松，并粘有小块窑渣。口径10.4、底径5、高5厘米。（图五八，1；彩版四一，1）

标本Ⅱ T0303②b：10，灰黄色胎，胎质较疏松，气孔较多，腹部有较大的气泡。青

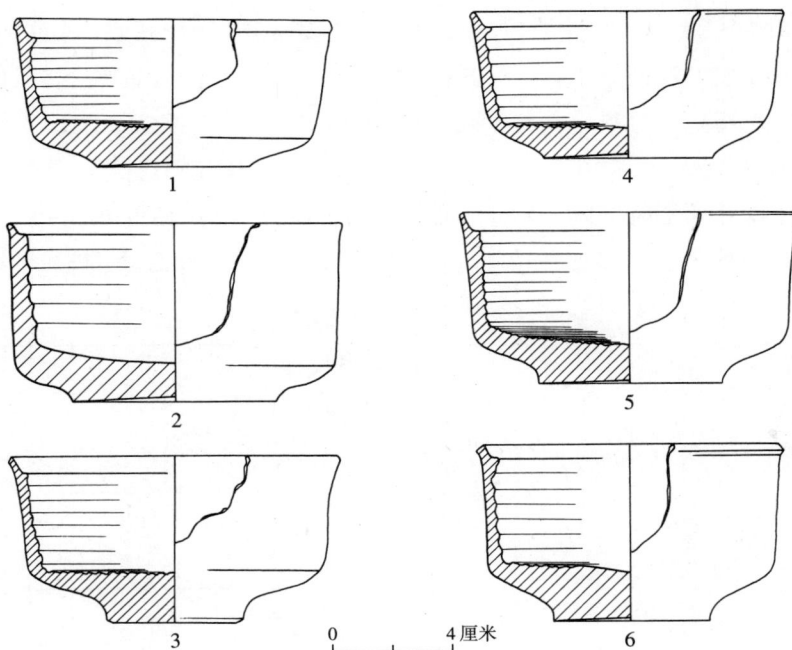

图五八　Ⅱ区出土原始瓷B型Ⅵ式碗

1. Ⅱ T0303②b：1　2. Ⅱ T0303②b：10　3. Ⅱ T0303②b：17　4. Ⅱ T0303②b：20
5. Ⅱ T0304⑤a：8　6. Ⅱ T0304⑤a：9

黄色釉，内底有积釉现象。内底施纹不明显，内腹旋纹粗而清晰，并粘有小块的窑汗；外底白色砂性烧结物较薄。口径11、底径6.8、高6厘米。（图五八，2；彩版四一，2）

标本ⅡT0303②b：17，胎呈砖红色，火候较低。釉几乎完全剥落。口径11、底径4.5、高5.5厘米。（图五八，3）

标本ⅡT0303②b：20，内底旋纹细密并粘有小块窑渣。口径10.2、底径5.6、高5厘米。（图五八，4）

标本ⅡT0304⑤a：8，灰黄色胎，胎质较为疏松，火候较低，内底中部略内凹，中心有一个小乳突。釉几乎完全剥落。内底旋纹细密，内腹旋纹粗深；外底切割痕迹细密而浅。口径10.2、底径6、高5.8厘米。（图五八，5）

标本ⅡT0304⑤a：9，灰黄色胎，胎质较为疏松。青黄色釉层较薄，玻璃质感较强，施釉均匀。内底旋纹细密而浅，内腹旋纹粗而清晰；外底弧形线割痕迹清晰明显，并粘有较薄的砂性烧结物。口径10.2、底径5.2、高6厘米。（图五八，6；彩版四一，3）

C型　侈口碗。偶见。

标本ⅡT0304⑩：17，侈口，尖唇略外撇，近直腹。土黄色釉极差，釉色斑驳，并有大片的乳白色窑变。内底旋纹较粗深，外底有线割痕迹并粘有白色砂性烧结物。口径12.4、底径7、高7.2厘米。（图五九，1；彩版四一，4）

标本ⅡT0305⑥：4，尖圆唇，侈口，卷沿，上腹略鼓，下腹弧收，平底。灰白色胎，胎质较为坚致细密。釉极差，呈土灰黄色，施釉极不均匀，仅积釉处呈青灰色。内底顺时针方向旋纹略粗疏，并有一个大气泡，底部粘结有少量较细的窑渣粒。外腹一侧粘有小块窑汗，相对的另一侧粘有同类器物的口沿。外底切割痕迹不明显，外圈保留较为自然的泥痕而不加任何修整。口径12.4、底径7、高4.8厘米。（图五九，2）

标本ⅡT0305⑤：5，腹较深而略鼓，中腹有小扉棱。土黄色胎，釉完全剥落。平底

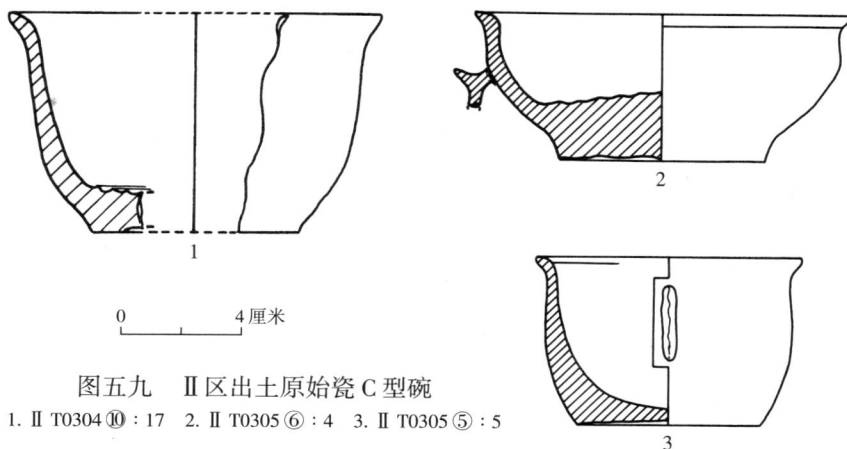

0　　　　4厘米

图五九　Ⅱ区出土原始瓷C型碗
1. ⅡT0304⑩：17　2. ⅡT0305⑥：4　3. ⅡT0305⑤：5

不见线割痕迹。口径8.8、底径6.2、高5.6厘米。（图五九，3；彩版四一，5）

D型　翻折沿直腹碗。偶见。

标本ⅡT0303⑥：18，青灰色釉较差，釉层薄，有流釉、积釉现象，玻璃质感不强。器内满填窑渣。外底砂性烧结物较厚，颗粒较粗。口径9.2、底径5.8、高4.4厘米。（图六〇，1）

标本ⅡT0304⑩：15，器形略大。青灰色釉施釉不均匀，呈色略佳。内底旋纹较粗而深，有多个较大的气泡，粘结有小块的窑渣；外底弧形线割痕迹清晰细密，外圈有白色砂性烧结物。口径13.8、底径9.6、高4.2厘米。（图六〇，3；彩版四二，1）

标本ⅡT0304⑩：20，灰白色胎，胎质较为致密。釉色极差，土黄色，釉面斑驳。内底、腹粘结有大块的烧结块及大量的棕褐色窑汗，外底无线割痕迹。口径8.6、底径5.8、高3.6厘米。（图六〇，2；彩版四二，2）

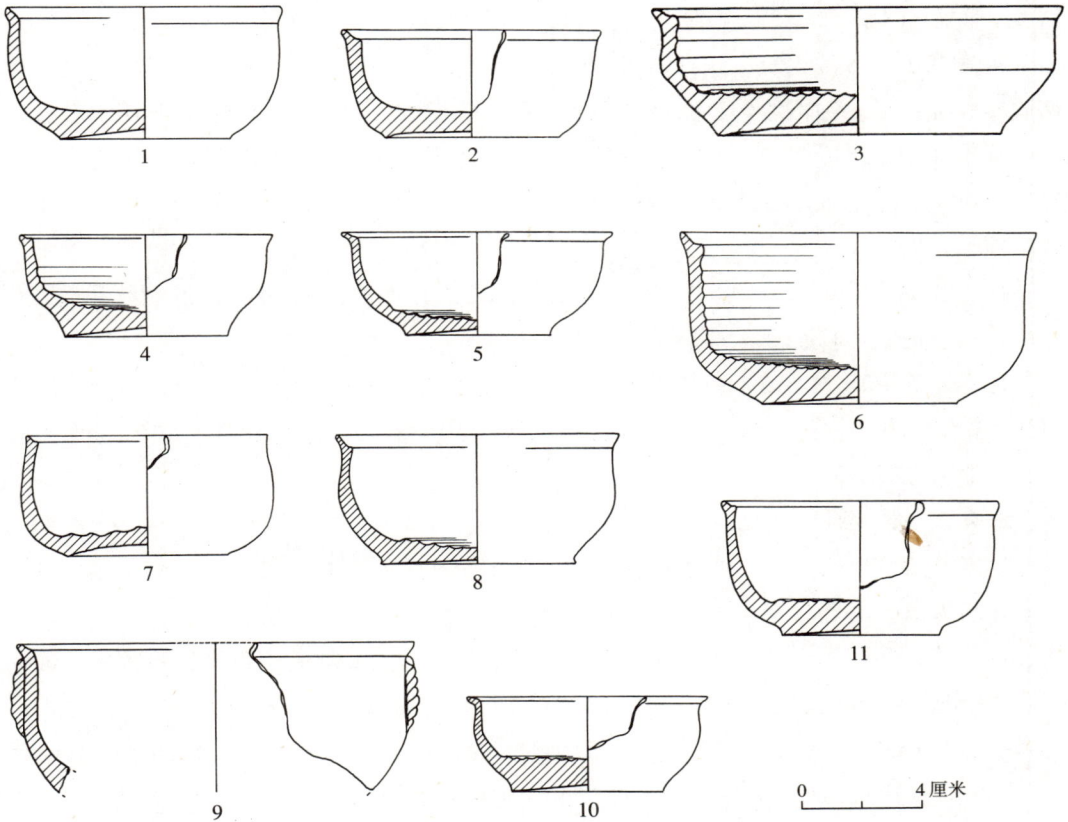

图六〇　Ⅱ区出土原始瓷D型碗

1. ⅡT0303⑥：18　2. ⅡT0304⑩：20　3. ⅡT0304⑩：15　4. ⅡT0304⑨：7　5. ⅡT0304⑨：8　6. ⅡT0304⑥：15　7. ⅡT0305⑥：16　8. ⅡT0305⑥：35　9. ⅡT0305⑥：21　10. ⅡT0305③：15　11. ⅡT0305⑥：23

标本Ⅱ T0304⑨：7，灰色胎，胎质较为致密。釉色较佳，青釉玻璃质感较强，施釉均匀。内底中心下凹，旋纹清晰，粘结有小块的窑渣及大量的褐色窑汗；外底线割痕迹细密清晰，底部砂性烧结物较厚。口径8.6、底径5.6、高3.2厘米。（图六〇，4；彩版四二，3）

标本Ⅱ T0304⑨：8，灰色胎，胎质较为致密。釉色较佳，青釉玻璃质感较强，施釉均匀。内底中心下凹，旋纹清晰；外底线割痕迹浅而不清，底部有砂性烧结物。口径9、底径4.8、高3.4厘米。（图六〇，5；彩版四二，4）

标本Ⅱ T0304⑥：15，青黄色釉，玻璃质感较强，釉层极薄，施釉均匀，但釉面不匀净，有较多的棕褐色小点。内腹有大量的窑渣块，外腹粘结有小块的窑渣粒。外底有线割痕迹并粘有白色砂性烧结物。口径11.8、底径6.6、高5.6厘米。（图六〇，6）

标本Ⅱ T0305⑥：16，酱黑色釉较为斑驳，施釉不均匀。内底旋纹粗疏，中心有一小乳突；外底呈火石红色，有线割痕迹，白色砂性烧结物颗粒较粗。口径8.2、底径5.4、高3.8厘米。（图六〇，7；彩版四三，1）

标本Ⅱ T0305⑥：21，残存口沿一片。上腹部有鸡冠状扉棱一道。青釉色较佳，玻璃质感较强，但施釉不均匀，流釉、积釉严重。口径13.2、残高4.8厘米。（图六〇，9）

标本Ⅱ T0305⑥：23，青釉色较佳，有玻璃质感，内腹较外腹略佳，外腹有少量的棕褐色斑块。外底白色砂性烧结物较厚。口径9.4、底径5.4、高4.4厘米。（图六〇，11；彩版四二，5）

标本Ⅱ T0305⑥：35，生烧。内底中心呈乳突状上鼓。土黄色胎。内底旋纹粗疏，外底旋纹细密清晰。口径9.6、底径6.6、高4.2厘米。（图六〇，8）

标本Ⅱ T0305③：15，青黄色釉玻璃质感较强，施釉均匀，釉层较薄。内底旋纹较细浅，并粘结有小块的窑渣；外底旋纹细密清晰，白色砂性烧结物较厚。口径8、底径5、高3厘米。（图六〇，10）

E型　方唇大碗。偶见。

标本Ⅱ T0304⑤b：5，器形极大。方唇，敞口，近斜直腹，底腹间折棱明显，内底较大并略弧凸，外底较小。青釉较佳，釉层薄，施釉均匀，玻璃质感较强，内底、腹较外腹釉略佳，外腹呈棕褐色斑块状。内底旋纹细密；外底线割痕迹明显，并粘有棕黄色砂性烧结物及窑汗。口径19.2、底径9、高5厘米。（图六一，1）

标本Ⅱ T0304②：2，内腹釉色较外腹略佳。内底有三个托珠痕，已偏向一侧，其中器中心有一个；外底、下腹有白色砂性烧结物，口径19.8、底径9、高6厘米。（图六一，2）

F型　子母口钵形碗。数量极少。

标本Ⅱ T0303②c：5，方唇，小平底、内底、腹粘结有大量棕褐色窑汗，旋纹不明显；外底线割痕迹明显，清晰细密，线割后不加任何修整，四围有切割时所形成的不规则泥痕。上

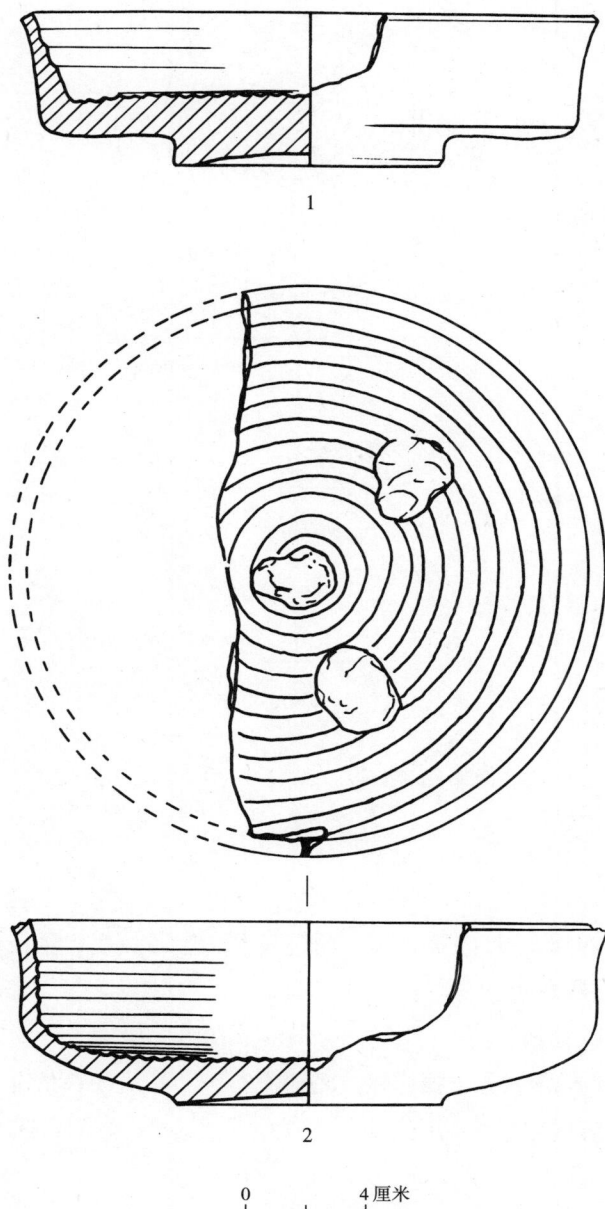

图六一　Ⅱ区出土原始瓷 E 型碗
1. Ⅱ T0304⑤b：5　2. Ⅱ T0304②：2

下腹转折处有窑粘，从粘结的小片分析当为同类器物，应为器物叠烧形成。口径14、底径9、高5.6厘米。（图六二，1；彩版四三，2）

标本Ⅱ T0304⑫b：10，形体极小。圆唇外凸，沿面较宽，沿面上凹旋纹较宽，弧腹较深，内底中间呈乳突状。土黄色胎质。土黄色釉，釉色极差，釉层极薄，内底、口沿局部泛乳白色窑变。内底旋纹较疏，并粘有棕黄色的窑汗；外底制作不平整。口径8.4、底径4.4、高3.2厘米。（图六二，2）

标本Ⅱ T0304⑤b：33，尖圆唇略外撇，腹较浅，上腹略内束。灰黄色胎较致密，下腹及底足胎骨厚重。青黄色釉，玻璃质感较强，施釉均匀。内底旋纹细密而浅，内腹略粗；外底弧形线割痕迹清晰明显，并留有三个托珠痕，不见白色砂性烧结物，有较多棕褐色窑汗。口径14.4、底径7.8、高6.4厘米。（图六二，5，彩版四三，3）

标本Ⅱ T0304⑤b：34，尖圆唇外撇。青黄色釉，玻璃质感较强，釉层薄，施釉均匀。内底、腹旋纹清晰，外底、下腹过烧起泡。口径8.6、底径5.4、高3.8厘米。（图六二，4）

标本Ⅱ T0304⑤b：37，方唇，近直口直腹。内底旋纹细密明显，外底下腹有白色砂性烧结物和棕褐色窑汗。口径12.6、底径6.8、高5厘米。（图六二，3）

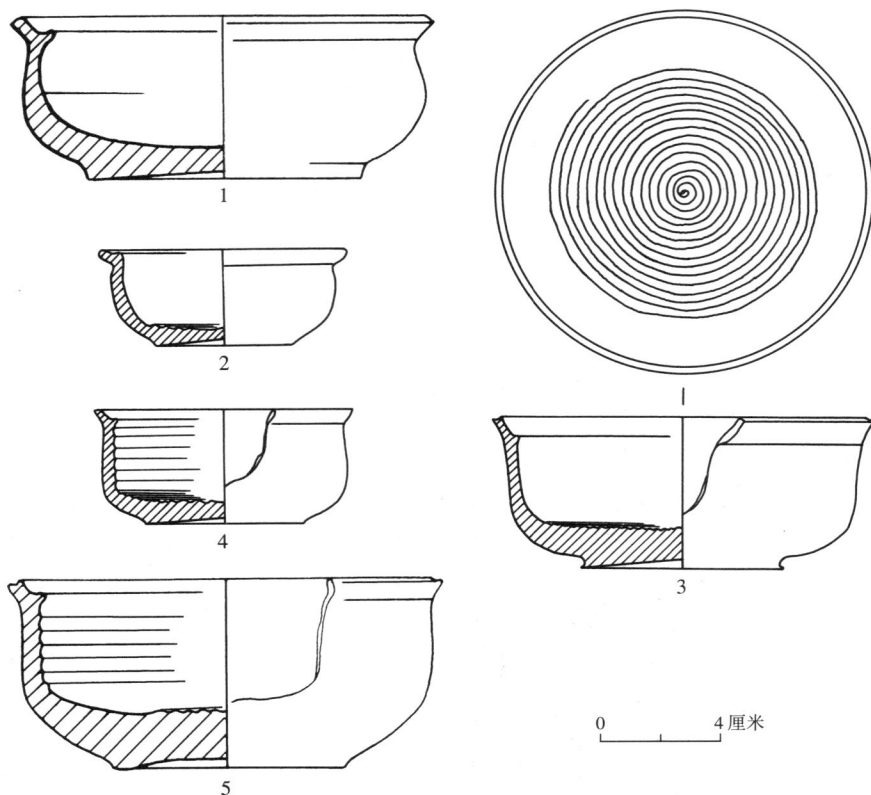

图六二　Ⅱ区出土原始瓷 F 型碗
1. Ⅱ T0303②c：5　2. Ⅱ T0304⑫b：10　3. Ⅱ T0304⑤b：37　4. Ⅱ T0304⑤b：34　5. Ⅱ T0304⑤b：33

2. 盂

偶有几件出土。器形与Ⅰ区相同，但胎、釉差别较大。胎色较深，胎质较粗，釉极差，玻璃质感不强，施釉不均匀，多呈灰黄色。

Ⅰ式

标本Ⅱ T0305⑨：2，釉色较差，釉层较薄，积釉明显。底部保存较小，从残存情况来看，不见线割痕迹，并呈火石红色。内腹因过烧而起泡。口径13.4、底径9、高6厘米。（图六三，1；彩版四四，1）

标本Ⅱ T0305⑨：8，假圈足平底略内凹。青黄色釉，内腹及底保存较佳，玻璃质感较强，外腹剥落较为厉害，局部呈棕褐色斑块状。外底部保留粗糙的制作痕迹，不见线割痕迹。口径11.2、底径6.2、高4厘米。（图六三，2）

标本Ⅱ T0305⑥：3，折肩处有双泥条小系一对。口径18、底径8.6、高5.4厘米。（图六三，3；彩版四四，2）

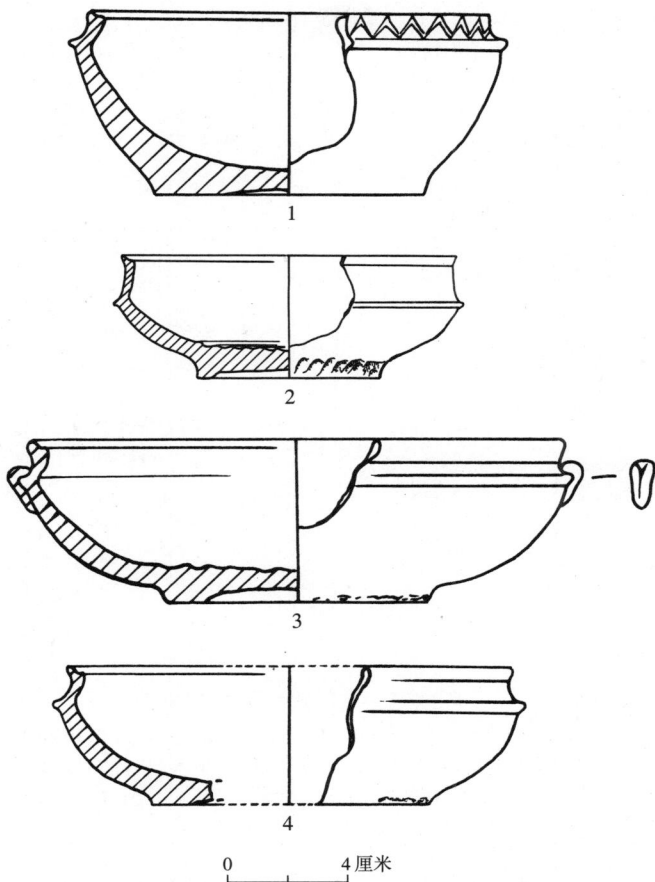

图六三　Ⅱ区出土原始瓷盂

1. Ⅰ式Ⅱ T0305⑨：2　2. Ⅰ式Ⅱ T0305⑨：8　3. Ⅰ式Ⅱ T0305⑥：3　4.
Ⅱ式Ⅱ T0305⑧：5

Ⅱ式

标本Ⅱ T0305⑧：5，釉完全剥落。外底线割痕迹清晰细密，线割后未经修整，保留外卷泥痕。口径14.8、底径9.2、高4.6厘米。（图六三，4；彩版四四，3）

3. 小盂

本区数量极少。

标本Ⅱ T0303⑩：4，内底中心呈乳突状上鼓。青釉较佳，玻璃质感较强，施釉均匀。内底旋纹较粗疏，一侧粘有大块的烧结块；外底及一侧腹的白色细砂性烧结物较厚。口径8.2、底径5.8、高4.4厘米。（图六四，1；彩版四五，1）

标本Ⅱ T0303⑩：5，灰白色胎。内底、腹青釉色较佳，在旋纹下凹处积釉而呈酱黑色，釉层较厚，玻璃质感较强；外腹釉层薄，釉色差，呈棕褐色斑块状。内腹粘结大块窑渣；外底、腹白色砂性烧结物较薄，并有"×"刻符。口径8.4、底径5、高4厘米。（图六四，2；彩版四五，2）

标本Ⅱ T0304⑬：4，灰白色胎，胎质较为致密，但内底有较大的气泡。内腹釉色较佳，釉色较深，积釉处呈酱黑色；外腹釉较薄，釉色斑驳，呈棕褐色的斑块状。外底弧形线割痕迹较为明显，并粘结有白色砂性烧结物。口径7.8、底径5.8、高4.6厘米。（图六四，3；彩版四五，3）

标本Ⅱ T0304⑬：5，灰白色胎。釉色较深，施釉不均匀，釉色呈棕褐色的斑块状，仅积釉处呈酱黑色。腹内粘结有大块的烧结块，外底、外腹下部白色砂性烧结物较厚。口径8.4、底径5、高4.2厘米。（图六四，4；彩版四五，4）

标本Ⅱ T0304⑬：6，灰白色胎，胎质较为致密。青灰色釉，釉色较差，玻璃质感略

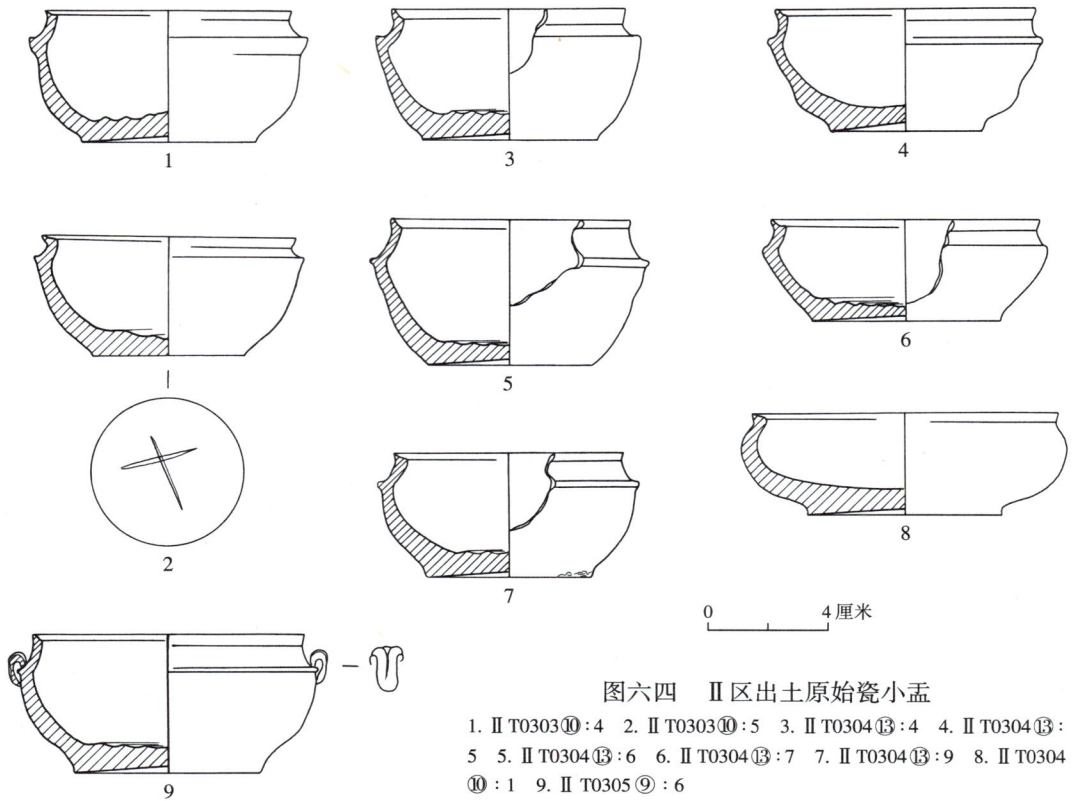

图六四　Ⅱ区出土原始瓷小盂

1. Ⅱ T0303⑩：4　2. Ⅱ T0303⑩：5　3. Ⅱ T0304⑬：4　4. Ⅱ T0304⑬：
5　5. Ⅱ T0304⑬：6　6. Ⅱ T0304⑬：7　7. Ⅱ T0304⑬：9　8. Ⅱ T0304
⑩：1　9. Ⅱ T0305⑨：6

强，釉层较厚，施釉不甚均匀，内底积釉极厚处呈酱黑色。外底白色砂性烧结物较薄。口径7.8、底径5.4、高4.8厘米。（图六四，5；彩版四五，5）

标本Ⅱ T0304　　：7，腹较扁。釉近黑色，釉层极薄，无玻璃质感，且剥落严重。内底旋纹较粗疏清晰。口径8.8、底径6、高3.4厘米。（图六四，6；彩版四六，1）

标本Ⅱ T0304　　：9，青釉色较佳，玻璃质感较强，施釉较为均匀。内底中部粘有小块窑渣，外底部白色砂性烧结物较厚。口径7.6、底径5.4、高4.2厘米。（图六四，7）

标本Ⅱ T0304⑩：1，窄平沿略内斜，圆唇略外凸，沿面上有两道凹弦纹，垂腹较扁，平底。内底、腹青釉色较佳，釉色较深，积釉处呈酱黑色；外腹釉色较差，玻璃质感不如内腹，呈大块的棕褐色斑状，釉层较薄。内底中心部位旋纹较细密，外圈则较为稀疏；外底、下腹局部白色砂性烧结物较厚，看不出是否有线割痕迹。口径10、底径6.4、高3.4厘米。（图六四，8；彩版四六，2）

标本Ⅱ T0305⑨：6，近肩部有对称双泥条小系。釉色较深，呈酱色，施釉极不均匀，但玻璃质感较强。内底、口沿部位粘结有较多的小块窑渣，内底施纹粗疏；外底白色砂性烧结物较厚。口径8.8、底径6.2、高4.8厘米。（图六四，9）

4. 盘

本区 A、B 两型均有，数量不多。

A 型 胎呈灰白色，坚致细密。青黄色釉，釉色均净，施釉均匀，釉层较薄，玻璃质感较强。

标本Ⅱ T0303⑥：23，内腹釉较外腹略佳。内底旋纹细密，内腹则略为粗疏；外底白色砂性烧结物几乎完全覆盖细密的线割痕迹。口径21.2、底径8.8、高4.8厘米。（图六五，1；彩版四六，3）

标本Ⅱ T0304⑦：2，浅坦腹，平底内凹。内底在近中心部位粘结有一个反向"S"形堆纹，可能是他处脱落粘结于此处。灰白色胎，胎质较为细腻致密。青黄色釉较佳，釉色匀净，施釉均匀，釉层较薄，玻璃质感较强，其中内腹釉色、玻璃质感较外腹略佳，在内底有少量积釉而釉层较厚处有土蚀的现象。成型规整，旋纹整齐规则：内底、腹有极细密的旋纹，顺时针方向旋转，旋纹密度以中心部位最高，由中心向外圈直到腹部的近口沿处逐渐变疏、阳线纹变粗。内底还有两个使用托珠后留下的明显痕迹。外底部线切割痕迹细密，底部除有白色砂性烧结物外，还与外腹部一样有大量的棕褐色窑汗。口径28、底径10.2、高4.8厘米。（图六五，7；彩版四六，4）

标本Ⅱ T0304⑥：12，浅坦腹，外底略内凹。胎呈灰白色，坚致细密。青黄色釉，釉色匀净，施釉均匀，釉层较薄，玻璃质感较强，内腹釉色、玻璃质感均较外腹为佳。内底近中心部位旋纹较粗深，纹路清晰，外圈及腹部旋纹不明显，似经过修抹而较光洁，近中心处还保留三个明显的托珠使用后留下的痕迹。外腹下部、底满布棕褐色的窑汗，外底线割痕迹细密清晰，并有白色砂性烧结物。口径22.8、底径11.2、高6厘米。（图六五，2）

B 型 青黄色釉较佳。

标本Ⅱ T0303⑤：7，平底略内凹。灰白色胎，胎质细腻致密。青黄釉较薄，施釉均匀，玻璃质感强。内底中心部位旋纹细密，外底白色砂性烧结物几近完全覆盖细密的线割痕迹。口径21.6、底径9.6、高5.6厘米。（图六五，3）

标本Ⅱ T0303⑤：13，两件器物叠烧。上件器物釉色较佳，内底旋纹细密，并粘结有一块较大的窑渣；下件器物平底略内凹，釉不佳，积釉明显，外腹有大量棕褐色窑汗，外底线割痕迹细密清晰，并粘有白色砂性烧结物。上下两件器物以托珠间隔，托珠为圆锥形，瓷土质，两件器物之间粘结有较多可能是从上件器物碎裂下来的瓷片。口径21.6、底径8.8、高5.6厘米。（图六五，4；彩版四七，1）

标本Ⅱ T0304⑥：4，内底一侧粘结有小托珠一个，近中心有两个使用托珠后留下的明显痕迹；外腹、底有大量棕褐色窑汗。口径20、底径8.8、高6.4厘米。（图六五，5；彩版四七，2）

标本Ⅱ T0304⑥：13，窄平沿近似于方唇，沿面上有两道凹弦纹，小平底。灰白色

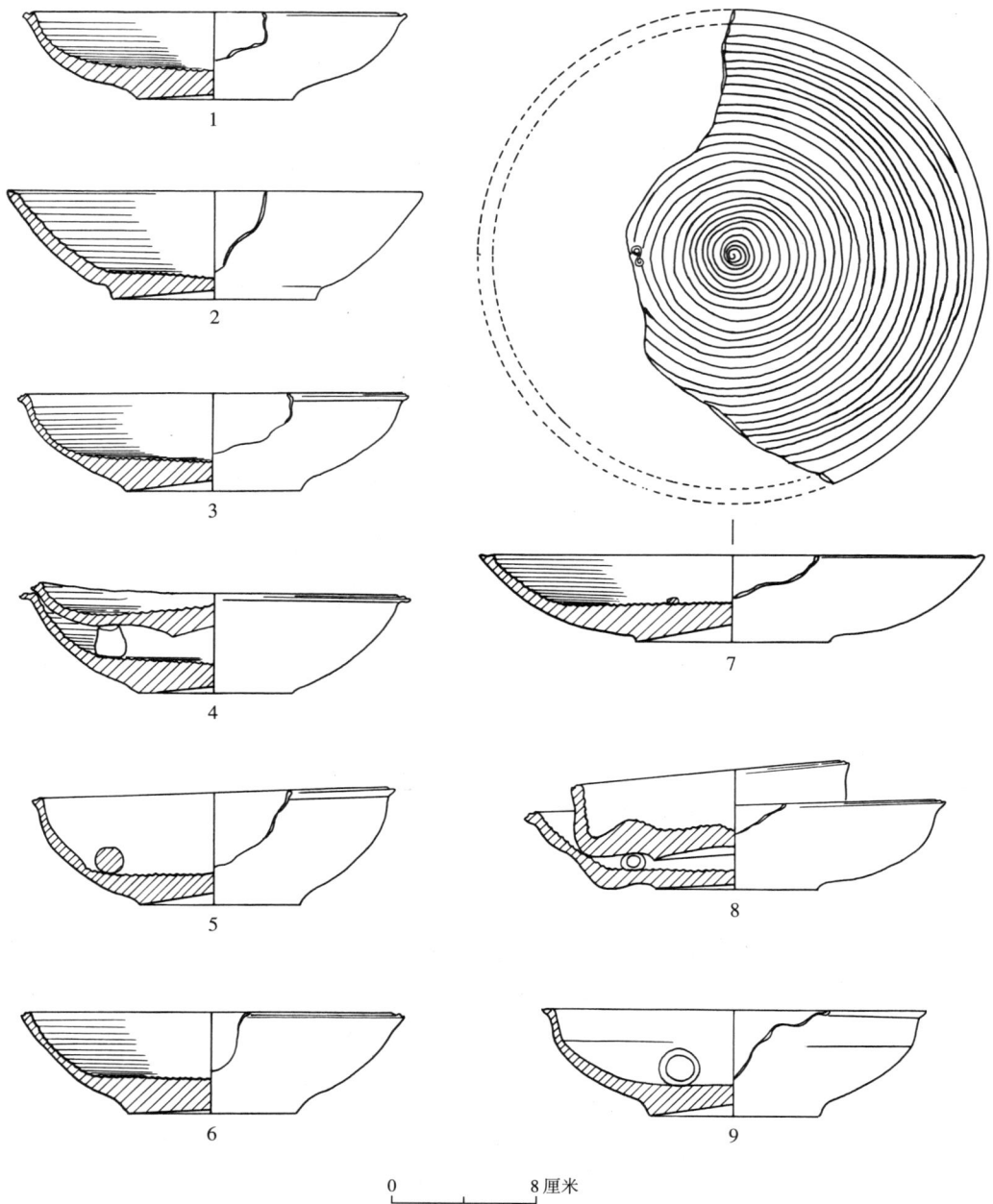

图六五　Ⅱ区出土原始瓷盘

1. A 型 Ⅱ T0303 ⑥：23　2. A 型 Ⅱ T0304 ⑥：12　3. B 型 Ⅱ T0303 ⑤：7　4. A 型 Ⅱ T0303 ⑤：13　5.
B 型 Ⅱ T0304 ⑥：4　6. B 型 Ⅱ T0304 ⑥：13　7. A 型 Ⅱ T0304 ⑦：2　8. B 型 Ⅱ T0304 ⑤b：7　9. B 型
Ⅱ T0304 ⑤b：22

胎，胎质较为细腻致密，青黄色釉较佳，釉色匀净，施釉均匀，釉层较薄，玻璃质感较强。成型规整，旋纹整齐规则：内底、腹有极细密的旋纹，顺时针方向旋转，旋纹密度以中心部位最高，由中心向外圈直到腹部的近口沿部位逐渐变疏，阳线纹变粗。内底粘结有大量的细碎瓷块。外底部除有白色砂性烧结物外，还与外腹部一样有大量的棕褐色窑汗。口径21.2、底径11.2、高5.6厘米。（图六五，6）

标本ⅡT0304⑤b：7，盘上叠烧一件B型Ⅴ式碗，两件器物均严重变形，且均为灰白胎，质地较细，但疏松不够致密，有较多的小气孔，并有较大的气泡。青灰色釉较灰暗，施釉较为均匀，釉层较薄，但釉色不够匀净，外腹呈大片的棕褐色斑块状，碗内底积釉处有乳白色窑变，玻璃质感不强。碗、盘内底、腹釉较外底、腹略佳。盘窄平沿上两道凹弦纹较粗而清晰，尖圆唇外凸，小平底略内凹。内底、腹施纹清晰规则，阳纹较粗，纹路密度从中心到外圈由密到疏；外底白色砂性烧结物较厚，并延至外腹近底足一圈。碗方唇，唇面也有两道细凹弦纹，直口直腹，下腹斜收成小平底。内底中心有较为细密的旋纹。两件器物之间用托珠间隔，圆锥形，灰白色瓷土胎，表面有爆汗釉，基本不见变形。口径23.2、底径9.2、高4.8厘米。（图六五，8）

标本ⅡT0304⑤b：22，青黄色釉，釉色匀净，釉层较薄，施釉较为均匀，但仍有流釉、积釉现象。内底近中心有极浅、不明显的旋纹，中心部位光洁，应该经过修抹。在腹中部一侧粘结有托珠一个，保存完整，圆锥形，底略内凹，表面有爆汗釉，近底部中心部位还有一个明显的托珠痕迹。外底及一侧下腹部有较厚的白色砂性烧结物，上腹部局部有少量的棕褐色窑汗。口径21.2、底径9.6、高6厘米。（图六五，9；彩版四七，3）

5. 罐

数量较少。本区有A、B、C型。

A型 弧敛口罐。

标本ⅡT0303⑤：19，腹较扁鼓。釉极佳，釉层薄，施釉均匀，玻璃质感较强。内底、腹有旋纹及较大的气泡，并粘有棕褐色窑汗；外腹匀净。口径18.4、底径17.2、高8.8厘米。（图六六，1）

标本ⅡT0304⑦：3，与ⅡT0303⑤：19基本相同，外底有白色砂性烧结物。口径13.4、底径11.8、高9.6厘米。（图六六，2）

标本ⅡT0304⑥：14，下腹及底已残。肩部有双泥条小系，系面有凹弦纹一道。灰白色胎，胎质致密。青黄色釉，玻璃质感较强，釉色较佳，从残存的情况来看，肩部釉略厚，并呈点状积釉，下腹釉较薄。内腹旋纹清晰而较细密。口径10.4、残高6.2厘米。（图六六，3；彩版四八，1）

标本ⅡT0304⑤b：20，沿面上有凹弦纹两道，肩部有对称的双泥条横系一对。内底与腹釉色较青而佳，施釉均匀，玻璃质感较强，外腹有大面积的褐色斑块。内底旋纹较

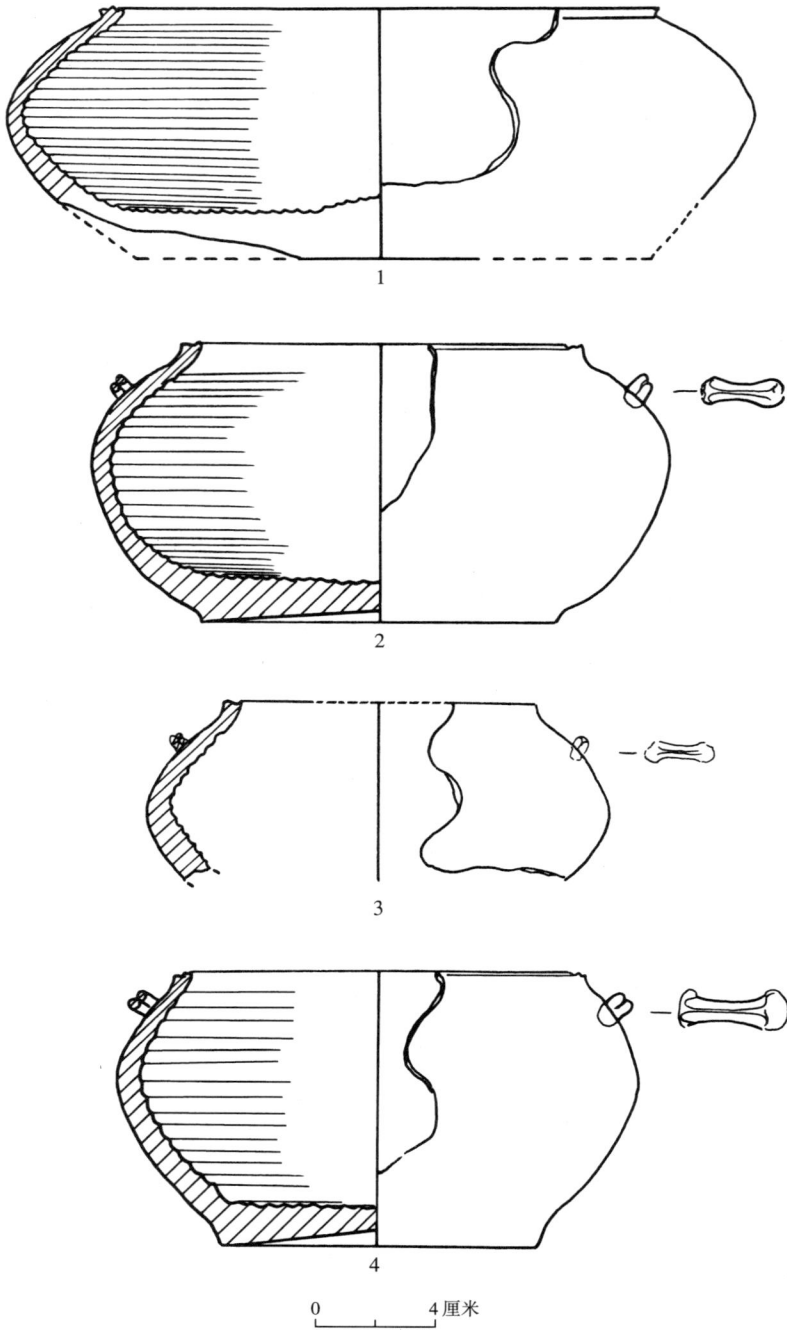

0 　　　　 4厘米

图六六　Ⅱ区出土原始瓷 A 型罐

1. Ⅱ T0303⑤：19　2. Ⅱ T0304⑦：3　3. Ⅱ T0304⑥：14　4. Ⅱ T0304⑤b：20

细密。口径 13.6、底径 10.4、高 9.4 厘米。（图六六，4；彩版四八，2）

　　B 型　折敛口罐。

　　标本 Ⅱ T0303 ⑥：22，仅残存口沿与上腹部。腹较深，略弧近筒形。腹部拍印对称弧形纹，纹饰细密，排列较为整齐规则。青黄色釉剥落较甚。口径 16.4、残高 7.6 厘米。（图六七，1）

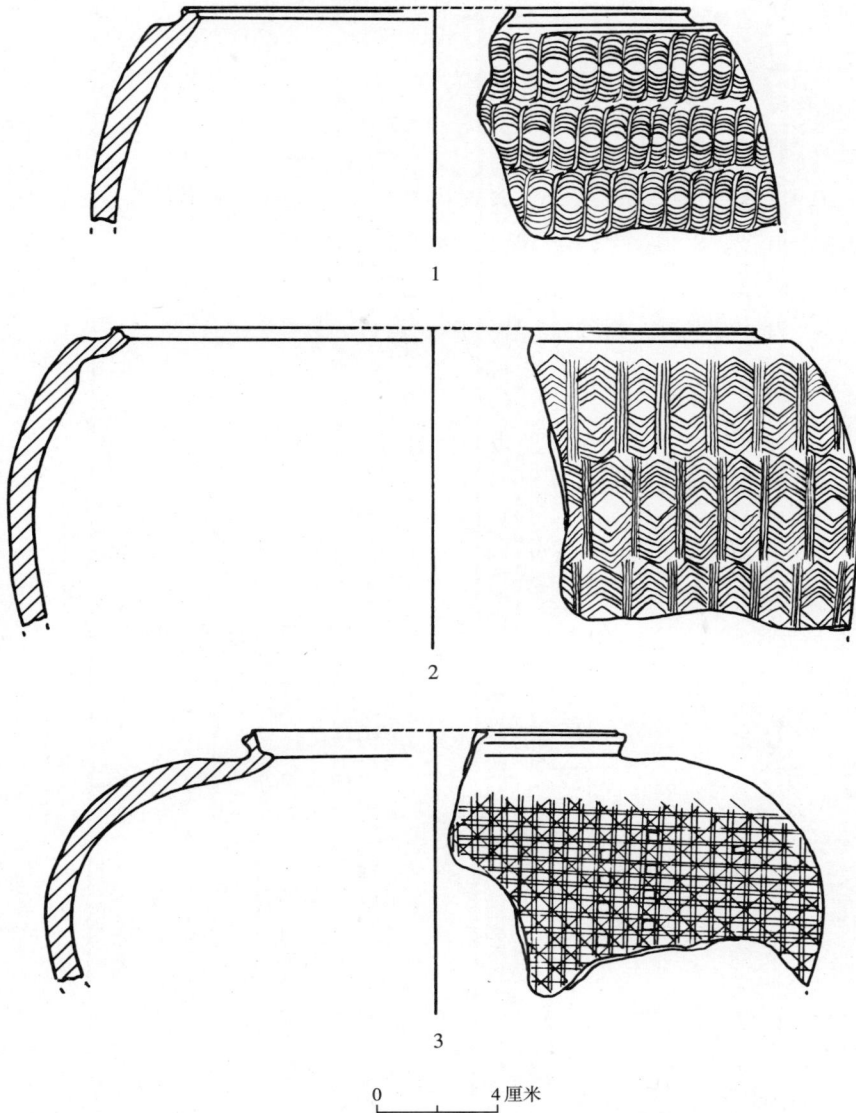

0　　　　　4厘米

图六七　Ⅱ区出土原始瓷罐
1. B 型 Ⅱ T0303 ⑥：22　2. B 型 Ⅱ T0303 ⑤：22　3. C 型 Ⅱ T0303 ⑥：21

Ⅱ T0303⑤：22，尖圆唇外撇，深腹较鼓。腹部拍印对称弧形纹，纹饰细密，排列整齐。青黄色釉较佳。外腹粘结有大量的棕褐色窑汗。口径 10.8、残高 5.4 厘米。（图六七，2）

C 型　子母口罐。

标本 Ⅱ T0303⑥：21，方唇，短直颈，子母口，隆肩，腹部弧收。肩、腹部拍印米筛纹。灰白色胎，胎质较为致密细腻。淡黄色釉极佳，釉层薄，旋釉均匀，玻璃质感极强。口径 12.5、残高 9 厘米。（图六七，3）

6. 小罐

本区 A、B、C 三型都有。

A 型　敛口小罐。

标本 Ⅱ T0303⑤：12，器形极小。青釉较为斑驳。内底有棕褐色窑汗，外底白色砂性烧结物较厚。口径 3.8、底径 3.6、高 2.8 厘米。（图六八，1）

标本 Ⅱ T0304⑫b：13，方唇上有凹弦纹一道，垂腹，平底较大。淡青色釉较薄，施釉均匀，玻璃质感略强。内底旋纹较粗疏，外底白色砂性烧结物较薄。口径 5.2、底径 5、

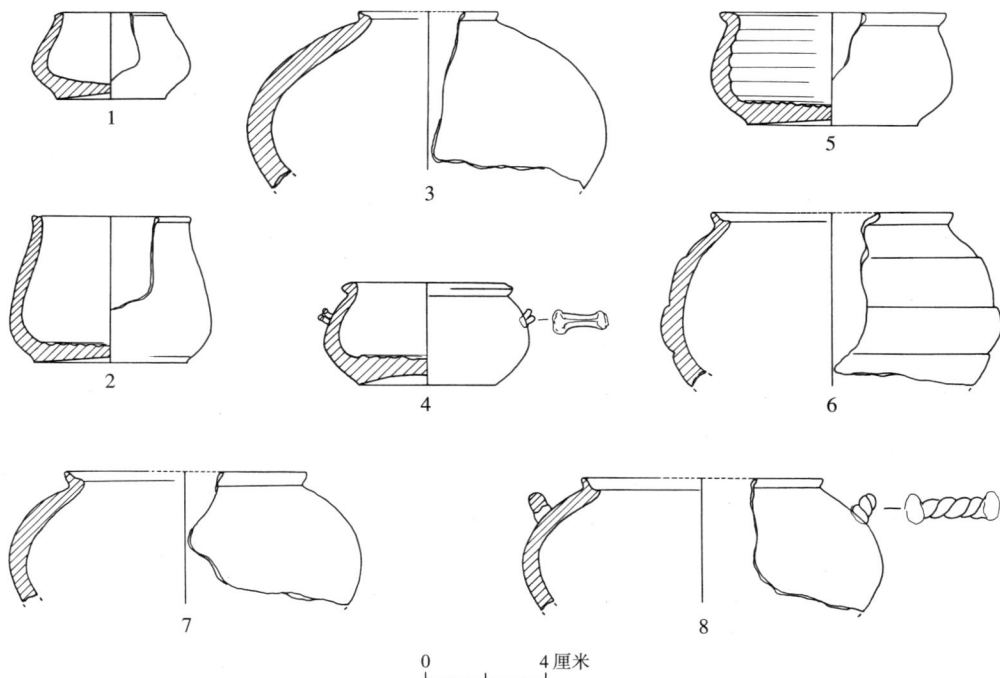

图六八　Ⅱ区出土原始瓷小罐

1. A 型 Ⅱ T0303⑤：12　2. A 型 Ⅱ T0304⑫b：13　3. B 型 Ⅱ T0304⑫b：11　4. B 型 Ⅱ T0304⑨：1　5. B 型 Ⅱ T0304⑨：4
6. C 型 Ⅱ T0304⑬：11　7. C 型 Ⅱ T0304⑩：8　8. C 型 Ⅱ T0304⑩：11

高4.8厘米。（图六八，2；彩版四九，1）

B型 侈口卷沿小罐。

标本ⅡT0304⑫b：11，底残。尖唇，窄沿略外翻，沿面略内弧，垂鼓腹。内腹仅口沿下施釉；外腹釉色青灰，玻璃质感较差，施釉较均匀。高5.8厘米。（图六八，3）

标本ⅡT0304⑨：1，尖唇略外凸，窄平沿，沿面上有两道凹弦纹，垂腹较扁，平底略内凹，肩部有双泥条小系，系面有凹槽一道。青釉色较深，釉面不够匀净，积釉明显。内底粘结有棕黄色窑汗。外腹呈棕褐色斑块状，但有玻璃质感。内底有较粗旋纹；外底线割痕迹细密，外圈有白色砂性烧结物。口径5.2、底径4.5、高3.4厘米。（图六八，4；彩版四九，2）

标本ⅡT0304⑨：4，尖圆唇，侈口，卷沿，垂腹，平底。浅灰色胎，胎质较为致密。青黄色釉，玻璃质感较强，施釉均匀，釉层较薄。内底、腹顺时针方向旋纹粗疏。口沿上粘结有小块的窑渣。外底白色砂性烧结物较厚，看不清是否有线割痕迹。口径7.6、底径5.8、高3.8厘米。（图六八，5）

C型 侈口卷沿小罐。

标本ⅡT0304⑬：11，尖唇，窄沿略外翻，沿面略内弧，近垂腹，底残，腹部有折棱三道。内外均有釉，釉色呈青灰色，施釉较均匀，玻璃质感不甚强。口径8、残高5.8厘米。（图六八，6）

标本ⅡT0304⑩：8，翻折沿略内弧，圆肩，底残。浅灰色胎，胎质较为疏松。青釉，施釉不匀，积釉明显。口径8、残高4.2厘米。（图六八，7）

标本ⅡT0304⑩：11，翻折沿略内弧，圆肩，肩部有横向绳索状系。浅灰色胎，胎质较为疏松。青釉，施釉不匀，积釉明显。口径8、残高4.4厘米。（图六八，8）

7.钵

本区包括A、B两型，数量极少。

A型 深腹钵。本区两式均有。

Ⅰ式 青釉较深，釉层较厚，施釉不均匀。

标本ⅡT0304⑫b：3，肩部刻划"S"形纹一圈，"S"形纹为细阴线，两头略尖，转角较为圆润，排列不甚严密，间距、高低略有参差。上腹部近折肩处堆贴有倒"U"形绳索状系，残存半个，系的下端两直线交粘在一起，与系相对的短颈处未见刻划"S"形纹。腹中部有对称弧形纹，上下两层，阳线极浅，大小、形状基本一致，当为拍印而成，从组合上看，四道对称弧形纹构成完整的一组，即一印模，在拍印时左右、上下组之间常见重叠现象。灰白色胎，胎质较致密，底部有两个较大气泡。青釉色较深，釉层厚，玻璃质感较强，施釉不均匀，流釉、积釉明显，内腹釉色略深、流釉更加明显，外腹局部呈棕褐色斑块状。内底旋纹较粗疏；外底平而略内凹，呈火石红色并粘有白色细砂性烧

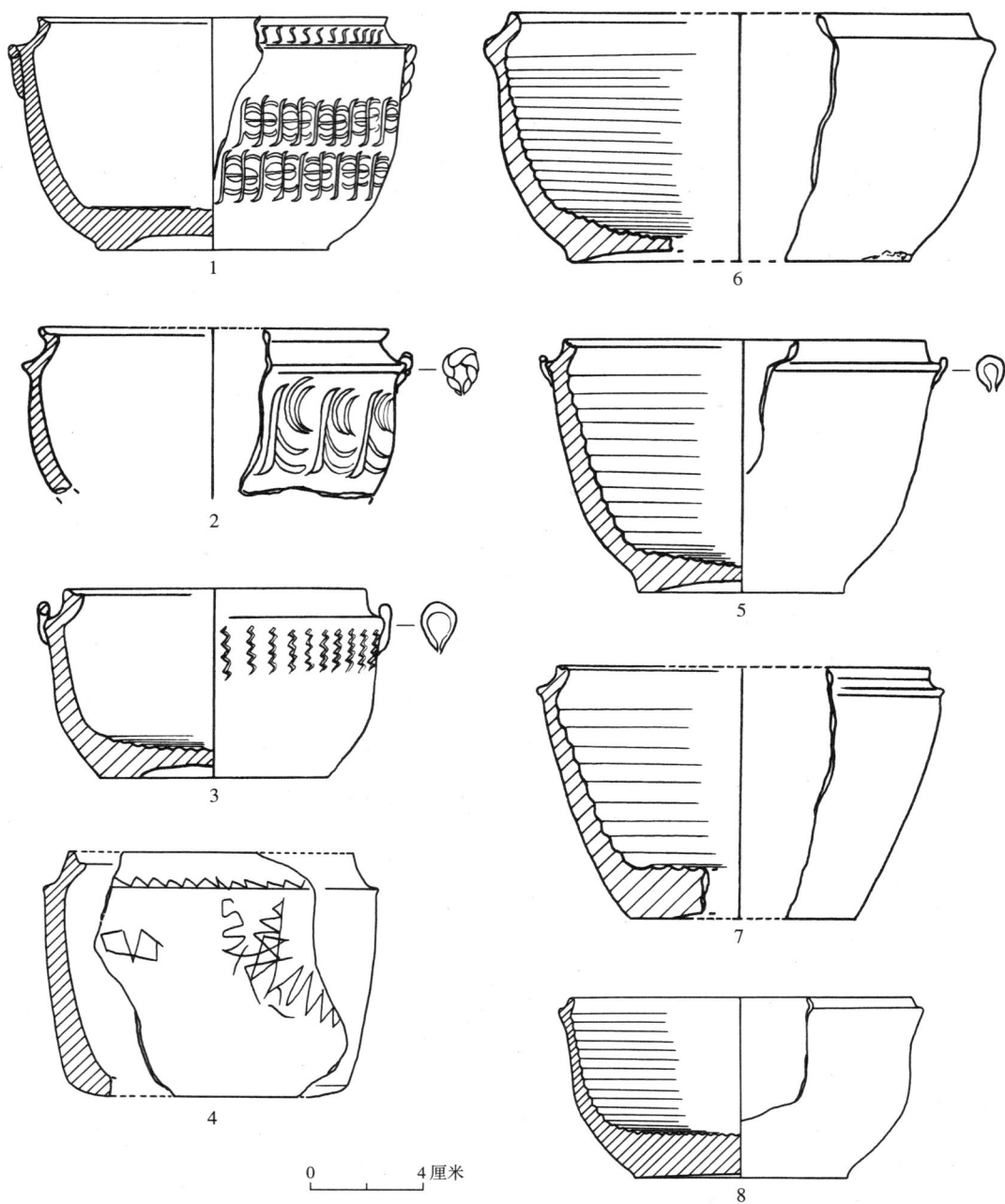

0 —— 4厘米

图六九 Ⅱ区出土原始瓷 A 型钵

1. Ⅰ式Ⅱ T0304⑫b：3 2. Ⅰ式Ⅱ T0304⑫b：5 3. Ⅰ式Ⅱ T0304⑩：21 4. Ⅰ式Ⅱ T0305⑥：22 5. Ⅱ式Ⅱ T0304⑩：
19 6. Ⅱ式Ⅱ T0304⑧a：4 7. Ⅱ式Ⅱ T0304⑦：12 8. Ⅱ式Ⅱ T0304⑤b：35

结物。口径 12.2、底径 8、高 8.6 厘米。（图六九，1；彩版四九，3）

标本Ⅱ T0304⑫b：5，底残。上腹部近肩处有绳索状倒"U"形系，下方两直线交粘在一起。腹部有弧形纹。胎、釉颜色深且不佳。口径 12.2、残高 6.2 厘米。（图六九，2）

标本Ⅱ T0304⑩：21，近肩部有细泥条系。上腹部有纵向较粗疏的水波纹。灰白色胎，胎质较为致密。青灰色釉斑驳，呈棕褐色的斑块状，釉色深，玻璃质感不强。内底有较大的气泡与大块窑渣，外底白色砂性烧结物较厚。釉色、纹饰与B型Ⅱ式碗接近。口径 10.4、底径 8、高 7 厘米。（图六九，3；彩版五〇，1）

标本Ⅱ T0305⑥：22，腹部刻划条形纹饰。灰白色胎，胎质较为疏松。釉极佳，玻璃质感强。口径 10、底径 7、高 8.8 厘米。（图六九，4；彩版五〇，2）

Ⅱ式　釉层较薄，釉色较浅。

标本Ⅱ T0304⑩：19，窄平沿，沿面内斜，上有两道细凹弦纹。青黄色釉，釉层较薄，釉色斑驳，施釉不匀，呈大块的棕褐色斑状，旋纹积釉处泛青色。底部有一较大的气泡，内底、腹旋纹清晰而较粗；外底线割痕迹明显，并粘结有白色砂性烧结物。口径 12.8、底径 7.4、高 9.2 厘米。（图六九，5；彩版五一，1）

标本Ⅱ T0304⑧a：4，灰白色胎，胎质较为细腻致密。釉色佳，釉层薄，施釉均匀，玻璃质感较强，内腹、底釉明显较外腹为佳，外腹釉色略浅，局部呈棕褐色的斑块状。内底、腹有旋纹；外底有弧形线割痕迹，白色砂性烧结物较厚。口径 16.2、底径 12.2、高 9 厘米。（图六九，6；彩版五一，2）

标本Ⅱ T0304⑦：12，青黄色釉，玻璃质感不强，釉层极薄，仅旋纹下凹处釉较厚而呈青色。底部有较大的气泡。内底旋纹细密，内腹旋纹较浅而粗；外底有白色砂性烧结物。口径 13.2、底径 8、高 9.2 厘米。（图六九，7；彩版五一，3）

标本Ⅱ T0304⑤b：35，下底、腹胎较为厚重。青釉，玻璃质感较强，旋纹积釉处泛乳白色窑变。内底、腹有旋纹，内底粘结有小块的窑渣；外腹有大面积的棕褐色窑汗，外底白色砂性烧结物较厚。口径 12.2、底径 7.4、高 6.6 厘米。（图六九，8；彩版五一，4）

B型　扁矮腹钵。

标本Ⅱ T0303③：5，尖圆唇内敛，近子母口，弧腹斜收。青黄色釉较佳，釉层薄，施釉均匀。内底、腹旋纹细密清晰，底心有乳突状凸起，内腹粘少量窑渣；外底及外腹下部白色砂性烧结物较厚。口径 12.6、底径 7.6、高 6 厘米。（图七〇，1；彩版五二，1）

标本Ⅱ T0304⑦：13，折敛口，弧腹斜收，平底略内凹。青灰色釉较为匀净，施釉均匀，玻璃质感较强，其中内腹较外腹釉略佳，外腹釉层更薄，釉色更浅，近底足处泛棕褐色。内底旋纹细密清晰且略粗，并粘有大块烧结成玻璃相的窑渣；外底白色砂性烧结物较厚，看不清是否有线割痕迹，外腹有较多棕黄色窑汗。口径 11.4、底径 6、高 4 厘米。（图七〇，2；彩版五二，3）

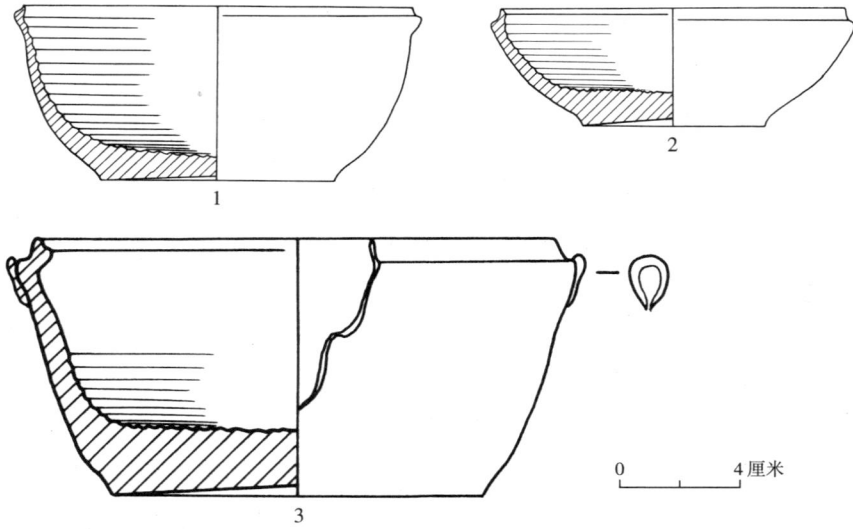

图七〇　Ⅱ区出土原始瓷B型钵

1. Ⅱ T0303③：5　2. Ⅱ T0304⑦：13　3. Ⅱ T0304⑤b：9

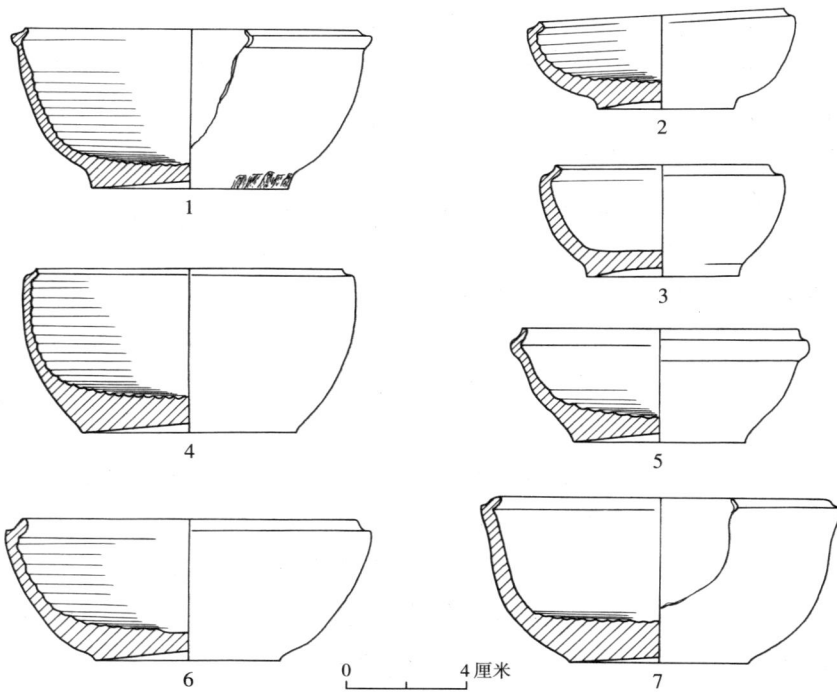

图七一　Ⅱ区出土原始瓷小钵

1. Ⅱ T0303④：1　2. Ⅱ T0303②c：7　3. Ⅱ T0304⑤b：23　4. Ⅱ T0303③：3　5. Ⅱ T0304③：16
6. Ⅱ T0304②：1　7. Ⅱ T0304②：3

标本ⅡT0304⑤b：9，近子母口，上腹近肩处有细泥条系。青黄色釉，施釉较为均匀，釉色较佳，玻璃质感较强。内底旋纹较细密，内腹填满窑渣；外底有白色砂性烧结物。口径17.2、底径12.4、高8.8厘米。（图七〇，3；彩版五二，2）

8. 小钵

标本ⅡT0303④：1，腹较深。釉色不佳。内底与内腹旋纹细密，并粘有较多的窑汗。口径11、底径6.4、高5.6厘米。（图七一，1）

标本ⅡT0303③：3，内底、腹旋纹细密，内底粘结有较大块的窑渣；外底弧形线割痕迹明显，并粘有白色砂性烧结物。口径10、底径7、高5.6厘米。（图七一，4；彩版五一，5）

标本ⅡT0303②c：7，腹较浅扁。内底粘有较大块的窑渣，外底白色砂性烧结物较厚。口径8、底径4.6、高3.2厘米。（图七一，2）

标本ⅡT0304⑤b：23，器形较小。内腹填满窑渣；外腹局部有乳白色窑变，外底白色砂性烧结物较厚。口径7、底径5、高3.8厘米。（图七一，3；彩版五一，6）

标本ⅡT0304③：16，腹较斜直而浅。内腹旋纹较粗，中心粘结有小块的窑渣；外底白色砂性烧结物较厚，颗粒较粗。口径9、底径5.6、高3.8厘米。（图七一，5）

标本ⅡT0304②：1，釉色较深，呈酱色，施釉极不均匀，积釉处颜色更深。内底、腹有细密的旋纹，并粘有较多的窑渣与粗砂粒；外底白色砂性烧结物较厚，颗粒较粗。口径11、底径6、高4.8厘米。（图七一，6）

标本ⅡT0304②：3，腹较深。施釉均匀，青黄色釉较佳。内底施纹细密并粘有较多的窑渣；外腹粘结有小块的窑渣，外底有白色砂性烧结物。口径11、底径5.8、高5.8厘米。（图七一，7）

9. 平底尊形器

与Ⅰ区基本相同，数量极少。

标本ⅡT0303⑩：3，釉近酱色，积釉处泛黑，施釉不均匀，釉层厚，玻璃质感较强。内底旋纹粗疏；外底除白色砂性烧结物外还粘结有颗粒较粗的近黄色砂粒，可能是窑底的砂层。口径9.6、底径5.6、高3.2厘米。（图七二，1；彩版五三，1）

标本ⅡT0303⑦a：5，青灰色釉极差。内底粘有细碎的瓷渣，外底线割痕迹明显。口径10.8、底径6.6、高4.2厘米。（图七二，2）

标本ⅡT0304⑩：10，灰白色胎，胎质较为致密。釉色较佳，青釉，玻璃质感较强，施釉均匀。内底旋纹较粗而深；外底白色砂性烧结物较厚，中部线切割痕迹细密而浅。口径7.5、底径5.6、高3.4厘米。（图七二，3；彩版五三，2）

标本ⅡT0305⑨：4，口较小。釉完全剥落。外底线割痕迹明显。口径5.6、底径5.4、高4.2厘米。（图七二，4；彩版五三，3）

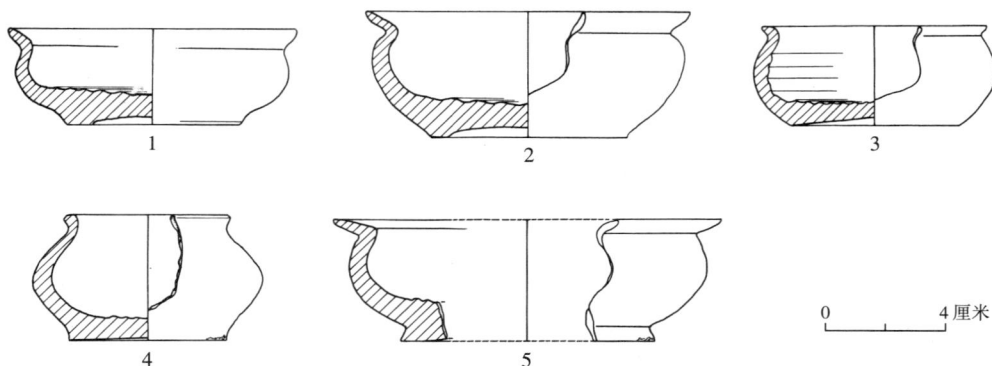

图七二　Ⅱ区出土原始瓷平底尊形器
1. Ⅱ T0303⑩：3　2. Ⅱ T0303⑦a：5　3. Ⅱ T0304⑩：10　4. Ⅱ T0305⑨：4　5. Ⅱ T0305⑨：9

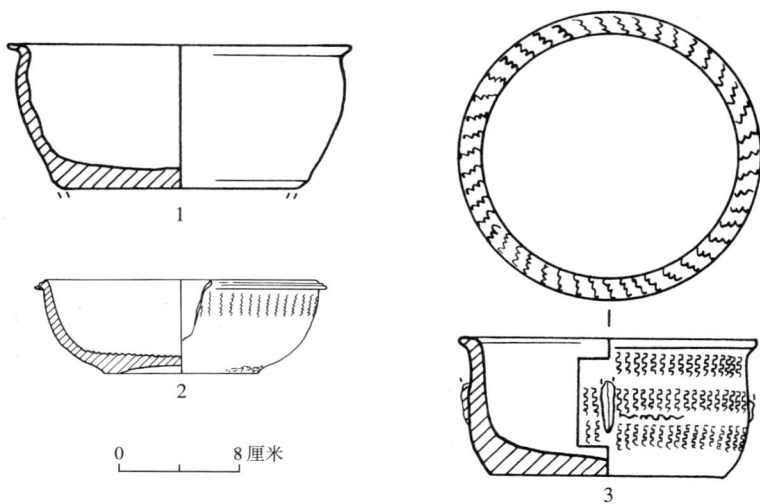

图七三　Ⅱ区出土原始瓷盆
1. Ⅱ T0304⑩：23　2. Ⅱ T0304⑤b：36　3. Ⅱ T0304⑨：9

　　标本 Ⅱ T0305⑨：9，釉极差，青釉近土黄色，施釉极不均匀，积釉处略泛青。口径12.8、底径8.6、高4厘米。（图七二，5）

10. 盆

仅见于本区，偶见。

　　标本 Ⅱ T0304⑩：23，圆唇外凸，平沿较宽，近直腹略斜收，底平，从残存情况看似乎有圈足。紫红色胎，胎质较粗，夹杂有大量的细砂。青褐色釉较佳、施釉均匀，玻璃质感较强。口径22.4、底径16.8、高10厘米。（图七三，1；彩版五四，1）

标本ⅡT0304⑨：9，圆唇，翻折沿，沿面斜平，近直腹，大平底。沿面除有细凹弦纹多道外，还刻划斜向水波纹；腹部满饰水波纹，分上中下三层，阴线刻划略粗；腹中部再堆贴有鸡冠状扉棱，残存两个，应该有等距四个。灰色胎，胎质较为致密，但仍夹杂有较多的细小砂粒，腹部有多处较大的气泡。青釉较佳，施釉均匀，玻璃质感较强。口径20、底径15.6、高9.2厘米。（图七三，3；彩版五四，2）

标本ⅡT0304⑤b：36，器形略近于B型Ⅲ式碗。窄沿下斜，沿面上有两道凹弦纹，小平底。胎色灰白，胎质致密，火候极高。青黄色釉玻璃质感较强，施釉均匀，釉层薄。内底旋纹细密；外底未经线割，保留手制的凹凸不平痕迹，并有白色砂性烧结物。口径19.2、底径10、高6.5厘米。（图七三，2）

11. 器盖

主要为桥形纽器盖，也见有少量其他类型器盖。

桥形纽器盖　Ⅰ、Ⅱ两式均有。

Ⅰ式　数量极少。

标本ⅡT0304⑬：12，弧背，盖缘有凹弧一道，盖顶中心有纽一个，绳索状堆贴，两头再堆贴反"S"形纹。盖面青釉色较佳，玻璃质感较强；盖内面釉层极薄，呈浅棕色。盖制作较为粗放，盖面留有制作时留下的凹旋纹；盖内面外缘局部有白色细砂性烧结物。口径8、通高2.2厘米。（图七四，1；彩版五五，1）

标本ⅡT0304⑦：7，桥形纽上压印凹槽两道，两侧堆贴"S"形纹。青釉极佳，盖面点状积釉。盖内面粘结大量的棕褐色窑汗。口径11.4、通高2.4厘米。（图七四，2）

标本ⅡT0305⑨：1，盖面较平，中心纽仅存一个"S"形堆贴。釉完全剥落。口径7.4、通高0.8厘米。（图七四，3）

标本ⅡT0305⑥：24，盖面釉几近完全剥落；内面平滑，不见旋纹，不施釉。口径7.8、通高2.4厘米。（图七四，4）

标本ⅡT0305⑤：9，盖面较平，中心残存一个"S"形堆贴。盖面刻划两层细密水波纹，水波纹朝向盖心侧略粗。盖面釉略佳；内面呈火石红色，盖缘有白色砂性烧结物。口径14、高3厘米。（图七四，5；彩版五五，2）

标本ⅡT0305⑤：20，盖面较弧高，中间绳索状桥形纽两侧压扁，并修成规则的方形，上堆贴反"S"形纹。青黄色釉较佳，施釉均匀，釉层薄，玻璃质感较强。盖面粘结有小块的窑渣粒；内面粘结有白色砂性烧结物及黑色窑渣粒。口径13、通高4厘米。（图七四，7；彩版五五，3）

标本ⅡT0305③：14，盖面较平，中心有绳索状纽，两侧有"S"形堆贴。盖面刻划两层较为细密的水波纹，每一层朝向中心处较细、越往盖缘则略粗。内面中心有较粗的旋纹。釉几近完全剥落。口径9.6、高2.6厘米。（图七四，6；彩版五五，4）

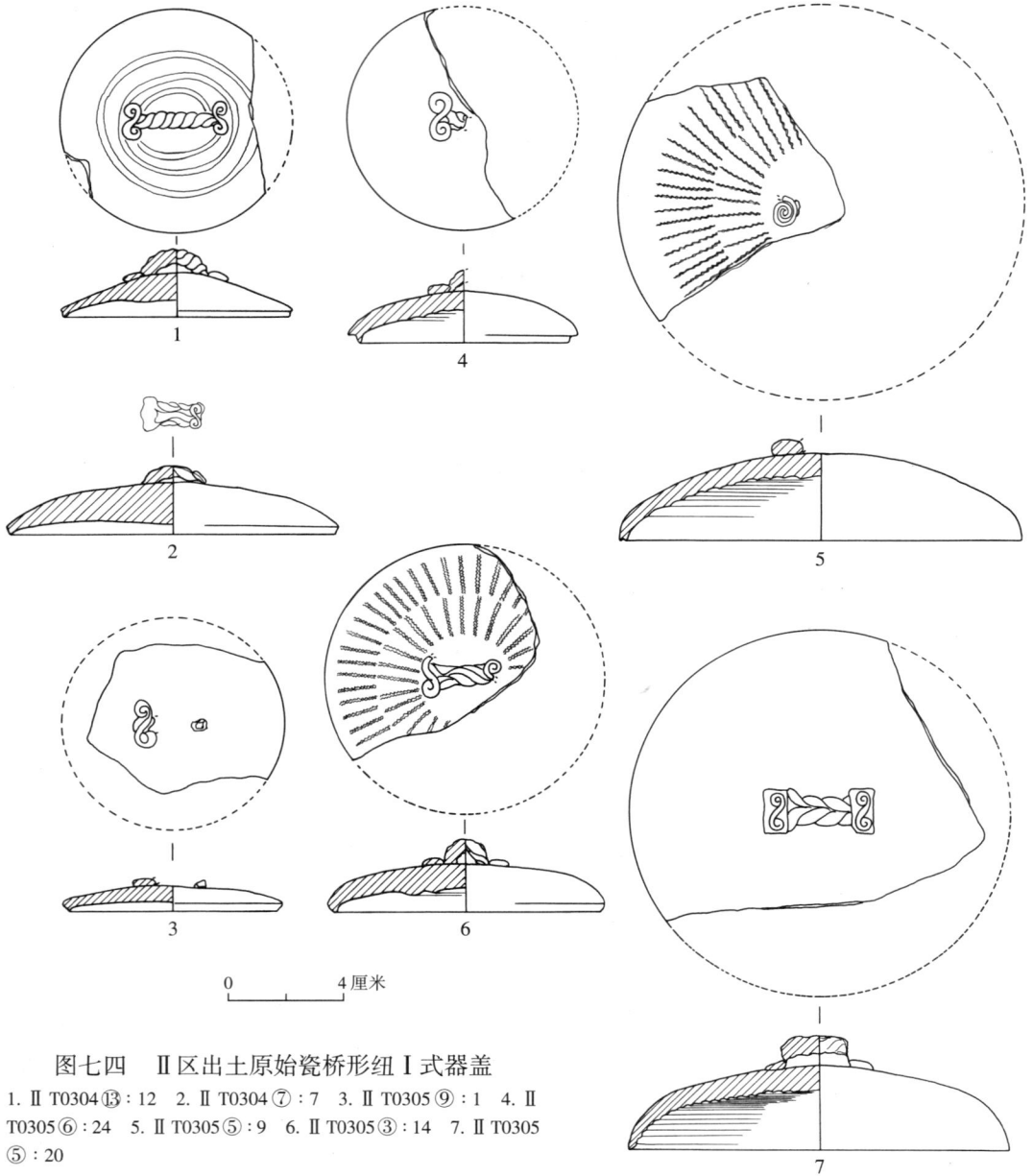

图七四　Ⅱ区出土原始瓷桥形纽Ⅰ式器盖
1. ⅡT0304⑬：12　2. ⅡT0304⑦：7　3. ⅡT0305⑨：1　4. Ⅱ
T0305⑥：24　5. ⅡT0305⑤：9　6. ⅡT0305③：14　7. ⅡT0305
⑤：20

　　Ⅱ式　数量较多。

　　标本ⅡT0303②a：1，盖面点状积釉；内面旋纹细密清晰，釉层薄，外圈有白色砂性烧结物。有多处大气泡。口径12、通高2.8厘米。（图七五，1；彩版五五，5）

　　标本ⅡT0303②a：2，青釉较差。盖面点状积釉并粘有小块窑渣；内面釉极薄，旋纹细密，外圈有白色砂性烧结物。口径9.6、通高2.4厘米。（图七五，2）

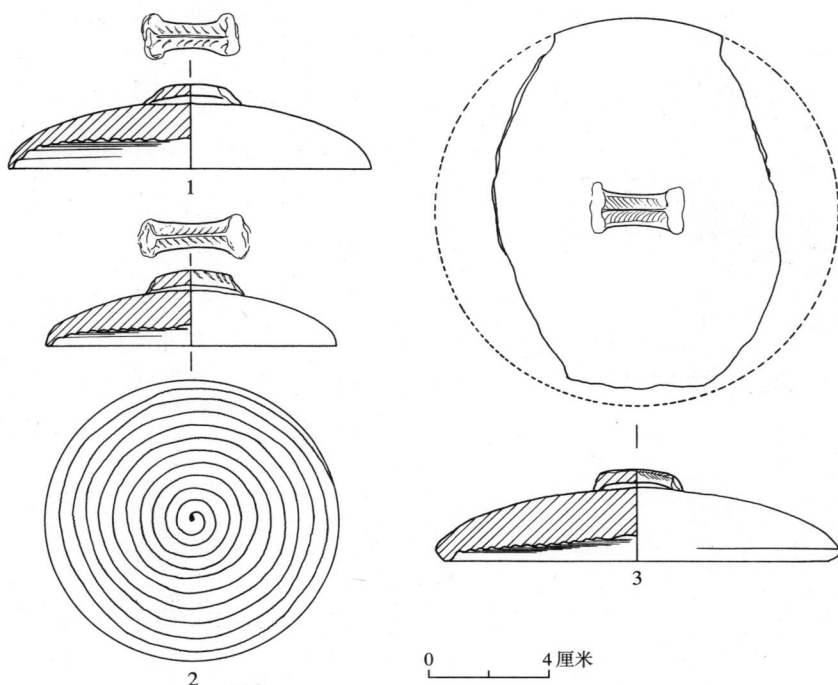

图七五　Ⅱ区出土原始瓷桥形纽Ⅱ式器盖
1. ⅡT0303②a：1　2. ⅡT0303②a：2　3. ⅡT0303②a：4

标本ⅡT0303②a：4，青黄色釉极佳。盖面呈点状积釉。中心有一大气泡；内面旋纹较粗，外圈有白色砂性烧结物。口径13.2、通高3.2厘米。（图七五，3）

标本ⅡT0303②b：2，盖面点状积釉；内面釉略薄，外圈有白色砂性烧结物。有多处大气泡。口径13、通高3厘米。（图七六，1）

标本ⅡT0303②b：3，盖面点状积釉，内面釉极薄。口径10.4、通高1.6厘米。（图七六，2）

标本ⅡT0303②b：14，桥形纽两侧不刻叶脉纹。盖面点状积釉；内面釉极薄；外圈有白色砂性烧结物。有多处气泡。口径8.2、通高2.4厘米。（图七六，3；彩版五五，6）

标本ⅡT0303②b：15，与ⅡT0303②b：14基本相同，只是纽上有叶脉纹。口径8.4、通高2.4厘米。（图七六，4；彩版五六，1）

标本ⅡT0303②b：16，釉完全剥落。口径9.2、通高2.2厘米。（图七六，5）

标本ⅡT0304⑤a：1，桥形纽上压印凹槽一道并刻划叶脉纹。盖内、外面釉色均较佳，盖面积釉明显，外圈粘结有同类器物的口沿，当为叠烧形成；内面旋纹细密清晰，粘结有大量棕褐色窑汗。口径12、通高3.4厘米。（图七六，6）

标本ⅡT0304⑤a：2，桥形纽上压印凹槽一道并刻划叶脉纹。盖面点状积釉。内面

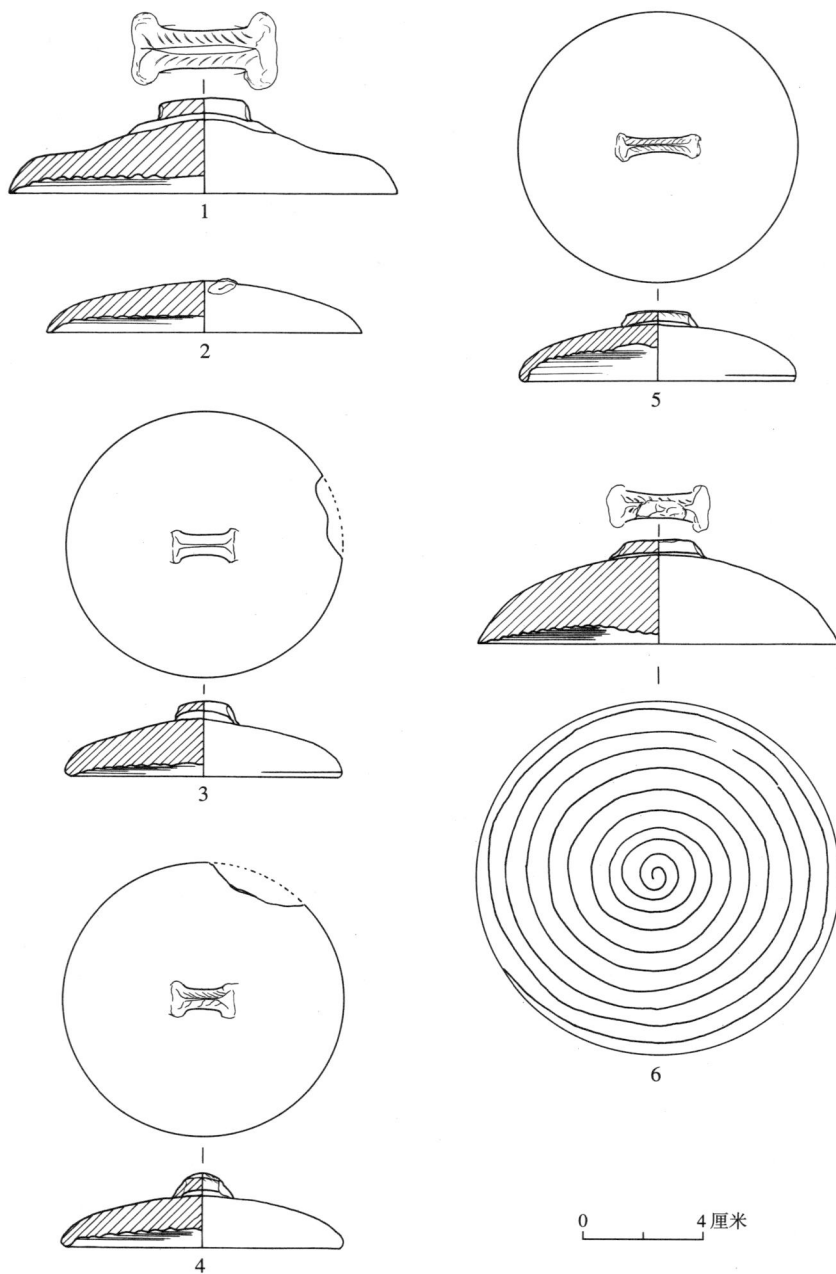

图七六　Ⅱ区出土原始瓷桥形纽Ⅱ式器盖

1. ⅡT0303②b：2　2. ⅡT0303②b：3　3. ⅡT0303②b：14　4. ⅡT0303②b：15　5. ⅡT0303
②b：16　6. ⅡT0304⑤a：1

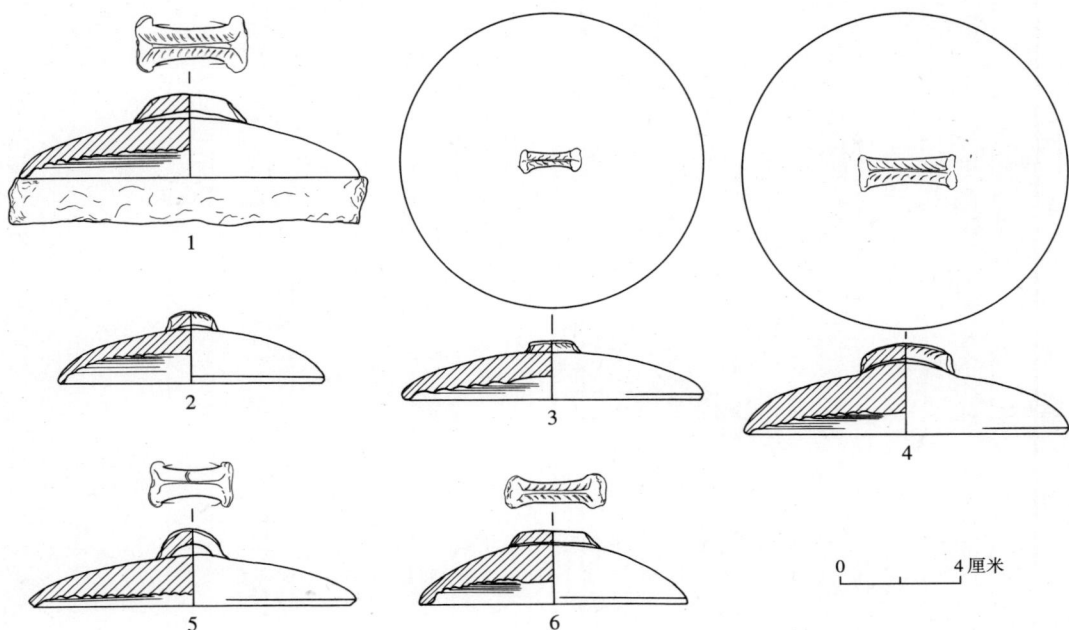

图七七　Ⅱ区出土原始瓷桥形纽Ⅱ式器盖

1. Ⅱ T0304⑤a：2　2. Ⅱ T0304⑤a：7　3. Ⅱ T0304⑤a：5　4. Ⅱ T0304⑤a：6　5. Ⅱ T0304⑤a：25　6. Ⅱ T0304⑤a：31

粘结有极厚、烧结的砂粒，可能是粘结窑底上的砂粒形成，据此推测器物直接置于窑床上烧造。口径 11.2，通高 2.6 厘米。（图七七，1；彩版五六，2）

　　标本Ⅱ T0304⑤a：5，盖面较平，桥形纽中间压印一道，并有叶脉纹。釉较厚，并呈点状积釉，玻璃质感较强，半边有乳白色窑变，釉较厚处土蚀明显；内面旋纹较粗疏，釉极薄，呈棕色爆汗釉状，外圈有较薄的砂性烧结物。口径 10、通高 1.8 厘米。（图七七，3；彩版五六，3）

　　标本Ⅱ T0304⑤a：6，盖面中心桥形纽中间压印凹槽一道并刻划叶脉纹。盖面青黄色釉呈点状积釉，釉面匀净，玻璃质感较强；内面青黄色釉玻璃质感较强，釉层较盖面薄，施釉更均匀，基本不见点状积釉，旋纹细密清晰，外圈有白色砂性烧结物。近纽处有较大气泡一个。口径 10.8、通高 3 厘米。（图七七，4）

　　标本Ⅱ T0304⑤a：7，盖面中心为刻划叶脉纹的纽。内外面釉均较薄，几近完全剥落。内面旋纹较粗，外圈有较薄的砂性烧结物。口径 8.8、通高 2.4 厘米。（图七七，2）

　　标本Ⅱ T0304⑤a：25，桥形纽上压印凹槽一道，但不刻划叶脉纹。盖内外面青黄色釉极佳，盖面呈点状积釉。内面旋纹细密、外圈有白色砂性烧结物。口径 10.8、通高 2.6 厘米。（图七七，5）

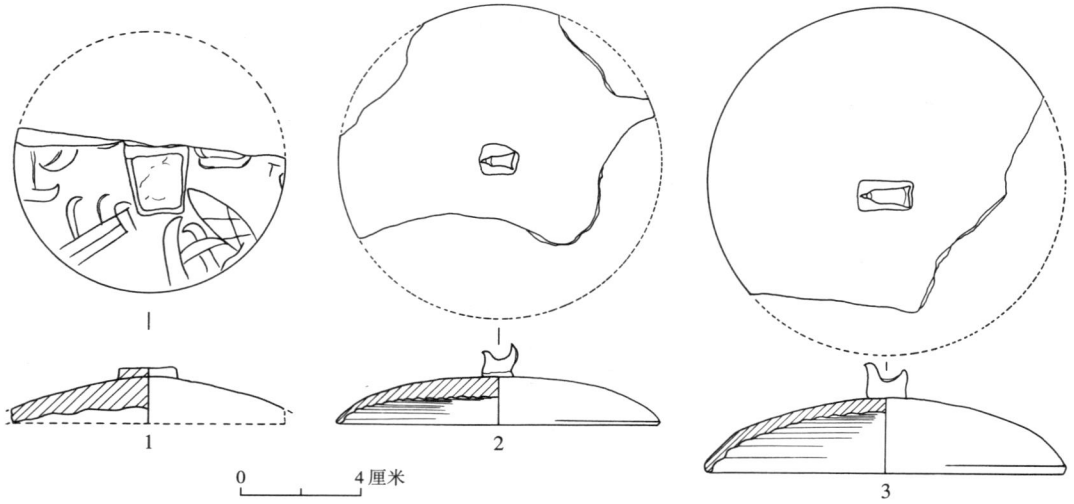

图七八　Ⅱ区出土原始瓷其他类型器盖
1. ⅡT0303⑦a：1　2. ⅡT0303⑥：20　3. ⅡT0305⑤：23

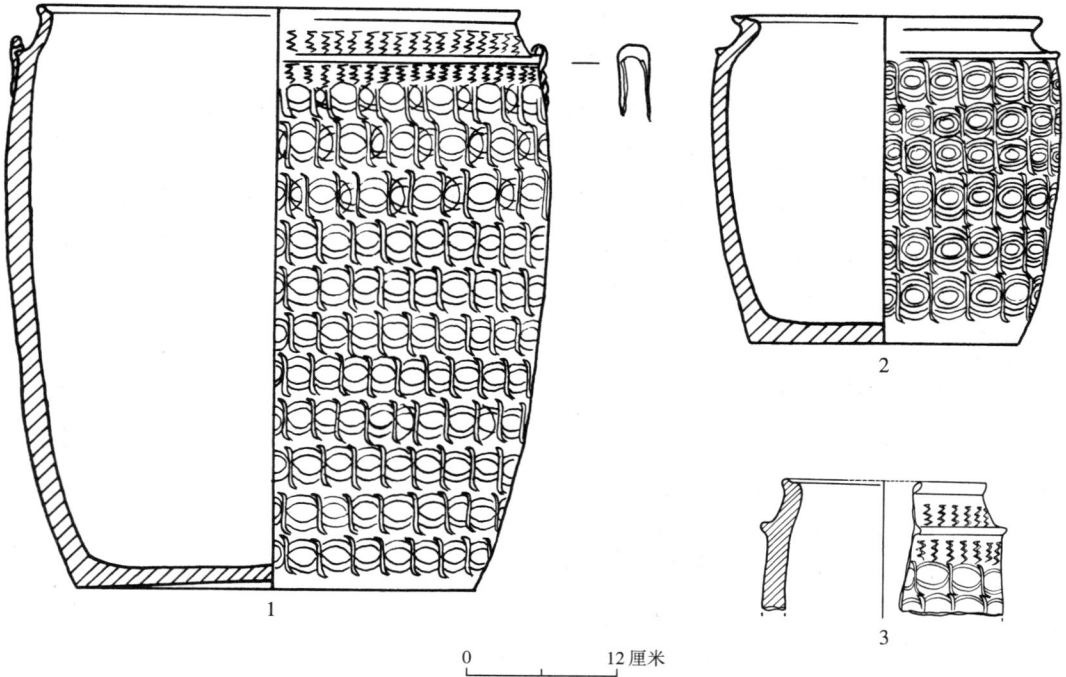

图七九　Ⅱ区出土原始瓷 A 型Ⅱ式卣
1. ⅡT0304⑩：25　2. ⅡT0304⑧a：5　3. ⅡT0304⑫b：4

标本Ⅱ T0304⑤a：31，桥形纽上压印凹槽一道并刻划叶脉纹。釉色极佳，并呈点状积釉。内面旋纹细密，釉极薄，外圈有白色砂性烧结物。口径8.8、通高2.4厘米。（图七七，6）

其他类型器盖

标本Ⅱ T0303⑦a：1，盖纽、缘已残。方柱形盖纽。盖面装饰复杂的纹饰。盖面青釉，呈色较佳，玻璃质感较强；内面泛红色，制作不平整。残高1.8厘米。（图七八，1；彩版五六，4）

标本Ⅱ T0303⑥：20，盖面中心有小立鸟一只作纽，鸟昂首、宽尾上翘。青黄色釉较佳，釉层薄，施釉均匀，玻璃质感较强。内面旋纹清晰。盖径10.8，通高2厘米。（图七八，2；彩版五六，5）

标本Ⅱ T0305⑤：23，与Ⅱ T0303⑥：20近似。盖径12、高2.4厘米。（图七八，3；彩版五六，6）

12. 卣

包括A、B两型。以A型为主，少量B型。与Ⅰ区相比，本区卣质量明显较差。胎质较粗，胎色较深，气孔较大。釉或完全剥落、或釉色极差，呈青灰色，玻璃质感不强、施釉不均匀。

A型　本区有Ⅱ、Ⅲ式，不见Ⅰ式。

Ⅱ式　数量较少。

标本Ⅱ T0304⑩：25，侈口外撇，口沿上有凹弦纹一道，肩、腹间折棱外凸，上腹部近肩处有绳索状倒"U"形系，较短。整个器物满布纹饰：上腹近肩处刻划阴线纵向水波纹，线条较粗；其余部位是对称弧形纹，上下共十一层，排列较为整齐，纹饰粗放，阳线。土黄色胎，胎质略粗。青釉，内外满釉，釉色较深，呈青褐色，玻璃质感不强，剥落较为严重。口径32.4、底径26.8、高39.6厘米。（图七九，1；彩版五七，1）

标本Ⅱ T0304⑧a：5，除近底部一圈外，整个外腹满饰对称弧形纹，阳线，上下各两道弧线构成。纹饰较为粗放，布局较为整齐，上下共有六层，局部有套叠现象，应为拍印而成。砖红色胎，胎质较粗。釉完全剥落，器表呈土灰黄色，颜色不佳。口径20.8、底径18、高22厘米。（图七九，2；彩版五七，2）

标本Ⅱ T0304⑫b：4，器形较小。圆唇外撇，沿面凹弧一道形成近似于子母口状。颈、腹间凸棱外凸较甚。颈部、上腹部各刻划水波纹一圈，阴线较粗、深、清晰，水波纹下为对称弧形纹，为上下两道弧形构成。胎、釉均较差，内腹釉较外腹略佳。口径13.6、残高8.4厘米。（图七九，3）

Ⅲ式

标本Ⅱ T0304⑫b：15，紫红色胎，胎质较粗，夹杂有较多细小砂粒。侈口卷沿，沿面上有一宽一窄两道凹弦纹，肩、腹间折棱外凸，上腹部近肩处有绳索状倒"U"形系，较短。整个器物满布纹饰：肩、腹近肩处刻划细阴线纵向水波纹，其余部位饰对称弧形纹，由上下各三道弧线构成一个弧形纹，上下共八层，排列较为整齐，纹饰细密，阳线。口径28、底径20、高31.6厘米。（图八〇，1）

标本ⅡT0304⑩：5，侈口外撇，口沿上有凹弦纹三道，肩、腹间折棱外凸，上腹部近肩处有绳索状倒"U"形短系。整个器物满布纹饰：肩、腹近肩处刻划细阴线纵向水波纹，其余部位是对称弧形纹，由上下各三道弧线构成一个弧形纹，上下共十二层，排列较为整齐，纹饰细密，阳线，腹近底部纹饰在修抹底部时局部被抹平。灰白色胎，胎质较为细腻致密。青釉，内外满釉，釉色较深，呈青褐色，施釉较为均匀，玻璃质感较强。底部有白色砂性烧结物。底、腹当为拼接而成。口径29.6、底径25.2、高36厘米。（图八〇，2；彩版五八）。

标本ⅡT0304⑩：24，橘红色胎，夹有大量细砂。釉完全剥落。器形、纹饰与ⅡT0304⑫b：15近似。口径30.4、底径28、高36厘米。（图八一，1）

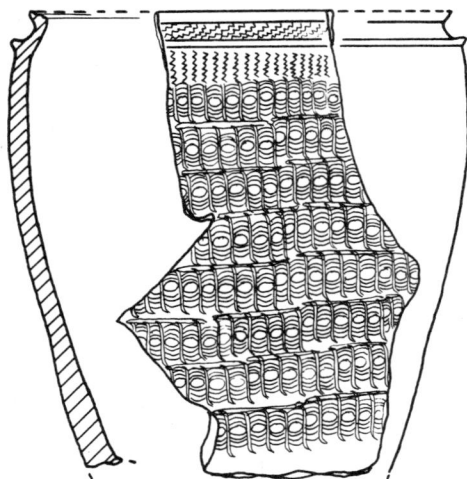

1

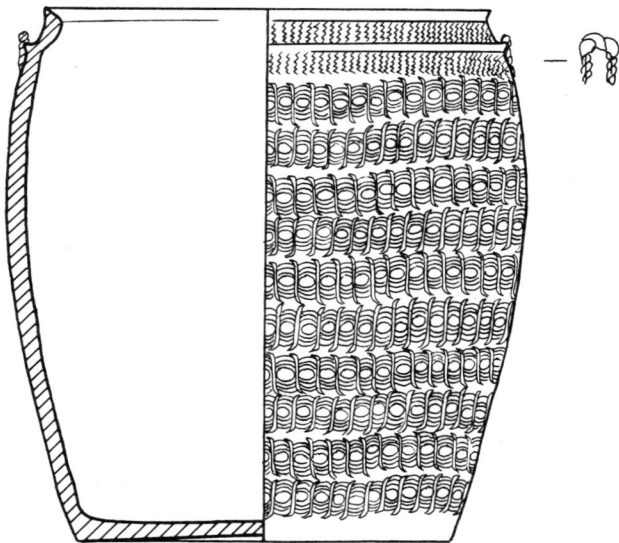

2

0 ——————— 8厘米

图八〇　Ⅱ区出土原始瓷 A 型Ⅲ式卣

1. ⅡT0304⑫b：15　2. ⅡT0304⑩：5

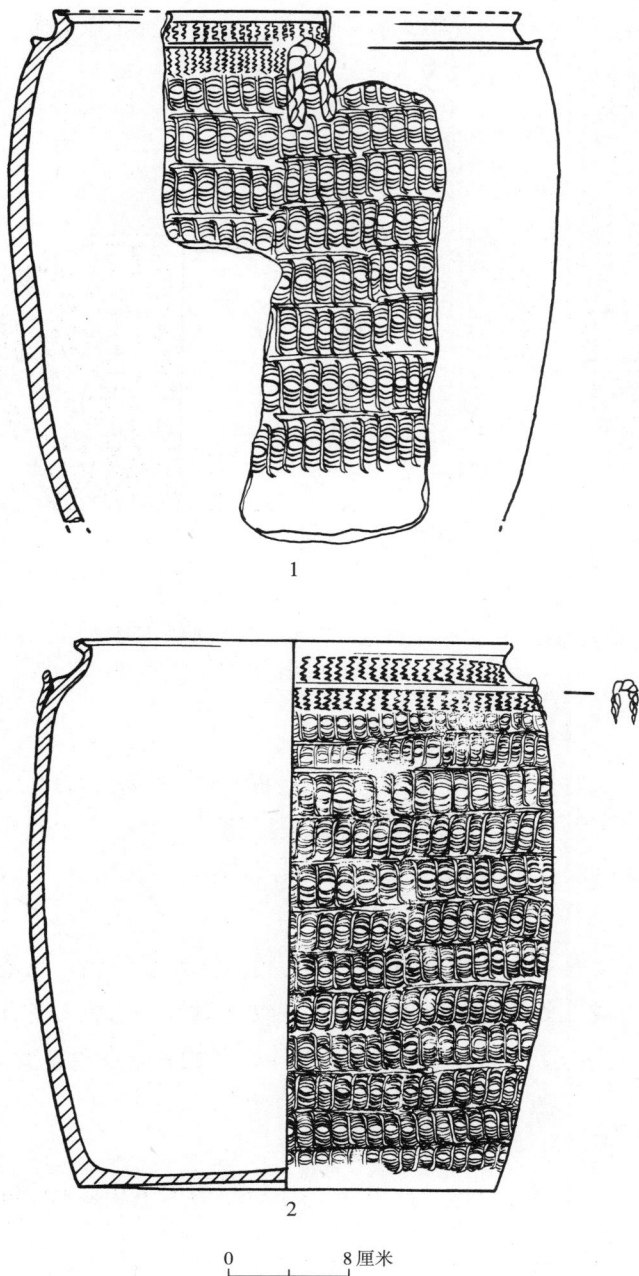

图八一　Ⅱ区出土原始瓷A型Ⅲ式卣
1. ⅡT0304⑩:24　2. ⅡT0304⑩:27

标本ⅡT0304⑩:27，器形、纹饰与ⅡT0304⑩:5近似。口径30、底径28、高37.6厘米。（图八一，2）

标本ⅡT0304⑨:5，除腹部较ⅡT0304⑩:5斜直外，其余纹饰、釉等均较为接近。腹中部有较大的气泡。口径30.4、底径20.8、高35.2厘米。（图八二；彩版五九）。

B型　本区只见Ⅰ式。

Ⅰ式　垂腹。偶见。

标本ⅡT0304⑫b:8，仅存下腹部与底部。腹部有对称弧形纹，上下两道弧线构成，形体较大，阳纹拍印。胎、釉颜色深且不佳：胎心呈灰黑色，有多处较大的孔隙；满釉，有明显的流釉现象。外底有明显的白色细砂性烧结物。底径14、残高8.4厘米。（图八三，1）

标本ⅡT0305⑥:17，翻折沿，沿面较平，上有凹弦纹三道，圆肩，上肩部略凹，肩中部有凸棱一道，腹圆鼓，最大腹径接近于腹中部，肩部有双泥条横耳。除上腹部外，满饰勾连双勾线"S"形纹，纹饰杂乱粗放，多次重复、重叠拍印，几乎无法区别单组纹饰的构成。胎近橘红色，胎质较细。土黄色釉，剥落较为严重。口径13.2、底径17.2、高18.8厘米。（图八三，2；彩版六〇）。

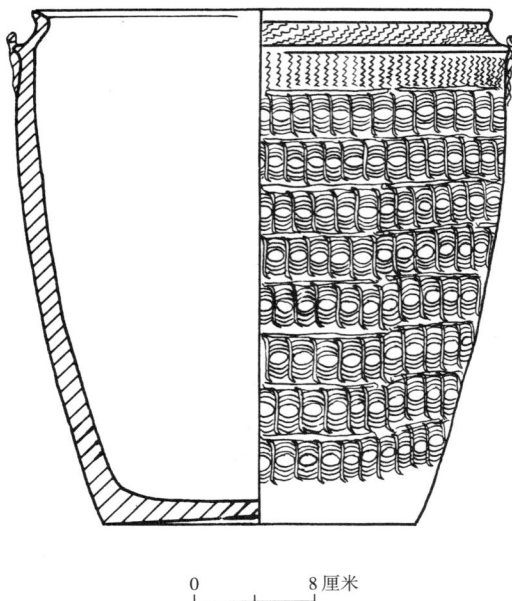

图八二　Ⅱ区出土原始瓷 A 型Ⅲ式卣Ⅱ T0304⑨：5

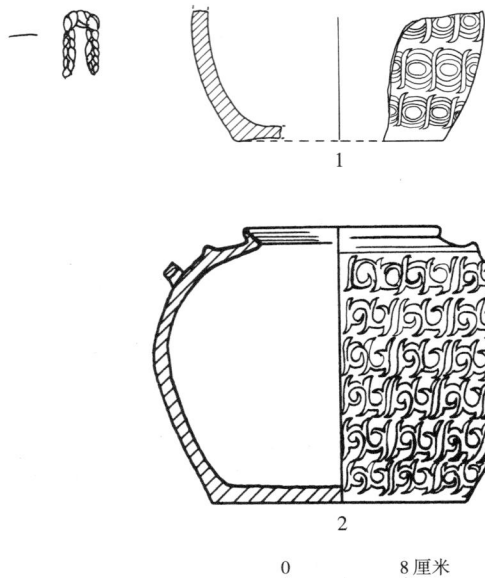

图八三　Ⅱ区出土原始瓷 B 型Ⅰ式卣
1. Ⅱ T0304⑫b：8　2. Ⅱ T0305⑥：17

13. 小杯形器

标本Ⅱ T0304⑬：15，仅此一件。尖唇，子母口，直腹，平底。灰色胎，胎质较为致密。青灰色釉，玻璃质感较强，施釉均匀，釉层略厚，内底积釉极厚，呈酱黑色。外底白色砂性烧结物较厚，颗粒较粗。口径6、底径4.8、高4厘米。（图八四，1；彩版六一，1）

14. 钵形器（？）

标本Ⅱ T0304⑩：22，仅此一件。敞口，方唇上有凹弦纹一道，深弧腹斜收，底足较小，已残。内底、腹有较细密的旋纹，外腹近底处有细密水波纹一圈。灰色胎，夹有较多的细砂粒，釉色极差。青灰色釉，斑驳，施釉极不均匀，内外腹多处有乳白色窑变。口径19、残高8.4厘米。（图八四，2；彩版六一，2）

15. 提梁

标本Ⅱ T0305⑥：25，仅此一件。背面有纹饰，釉极佳。宽2.6、残长6.9厘米。可能是提梁盉的残件。（图八四，3；彩版六一，3）

16. 羊形塑

标本Ⅱ T0305⑥：14，仅此一件。圆雕，手捏而成，四足已残，嘴微张，圆形小眼，堆贴小耳朵并钻有小耳孔，尾巴上翘。头顶部正中刻划纵向凹弦纹一道。灰白色胎。青灰色釉极薄，局部呈棕褐色斑块。长9.5、高2.4厘米。（图八四，4；彩版六一，4）

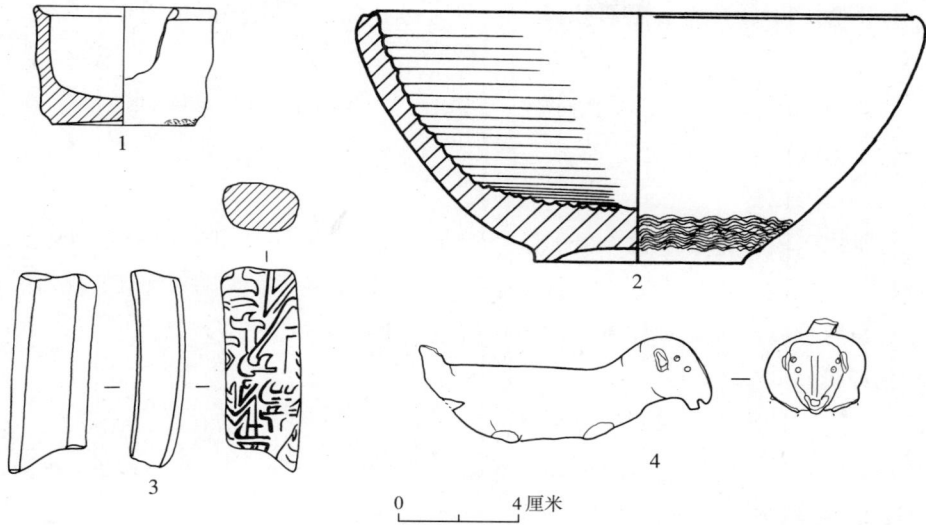

图八四　Ⅱ区出土原始瓷小杯形器、钵形器（？）、提梁、羊形塑

1. 小杯形器Ⅱ T0304⑬：15　2. 钵形器（？）Ⅱ T0304⑩：22　3. 提梁Ⅱ T0305⑥：25　4. 羊形塑Ⅱ T0305⑥：14

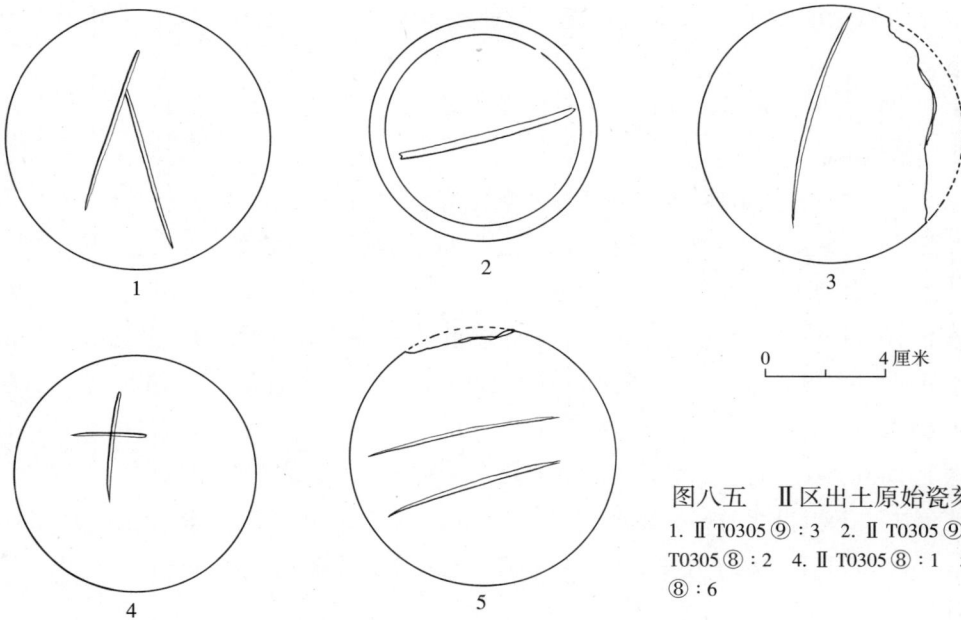

图八五　Ⅱ区出土原始瓷刻划符号

1. Ⅱ T0305⑨：3　2. Ⅱ T0305⑨：5　3. Ⅱ T0305⑧：2　4. Ⅱ T0305⑧：1　5. Ⅱ T0305⑧：6

（二）刻划符号

标本Ⅱ T0305⑨：3，刻划"人"字形符号。（图八五，1；彩版六二，1）

标本Ⅱ T0305⑨：5，刻划"一"字形符号。（图八五，2；彩版六二，2）

标本ⅡT0305⑧：2，A型Ⅲ式碗。外底刻划"一"字形符号。（图八五，3；彩版六二，4）

标本ⅡT0305⑧：1，刻划"＋"字形符号。（图八五，4；彩版六二，3）

标本ⅡT0305⑧：6，刻划"二"字形符号。（图八五，5；彩版六二，5）

（三）装饰纹样

本区器物素面占绝大多数。极少量器物有纹饰。其中主要见于卣和B型Ⅱ式、Ⅲ式碗上。纹饰主要包括勾连双勾线"S"形纹和对称弧形纹两种，偶见米筛纹、双勾线双"S"形纹及刻划的水波纹等。对称弧形纹包括粗放与细密两种，以后者为主。

1. 拍印纹样

（1）勾连双勾线"S"形纹

均位于卣的腹部，满饰，纹饰较为规则，排列整齐，通常与方格纹组合使用，上腹部为勾连双勾线"S"形纹，下腹部为方格纹。

标本ⅡT0304⑩：17，卣腹部残片。釉色不佳。（彩版六二，6）

标本ⅡT0305⑥：31，卣口沿残片。残存三层勾连双勾线"S"形纹，上下层之间间隔较宽，排列规则整齐。（图八六，1）

标本ⅡT0305⑥：32，A型Ⅱ式卣近底足处腹部残片。为勾连双勾线"S"形纹与方格纹的组合纹。（图八六，2）

标本ⅡT0305⑥：17，B型Ⅰ式卣。（参见图八三，2；彩版六〇）

（2）对称弧形纹

分为粗放式与细密式两种，以后者为主。粗放式亦存在着两种：一种是较为常见，由上下两道弧线构成；另外一种一般由上下三道或四道弧线构成，弧线弧度较大。主要位于卣的腹部，偶见位于B型Ⅰ式碗与A型Ⅰ式钵腹部。

标本ⅡT0304⑩：25，A型Ⅱ式卣。纹样较粗大。（参见图七九，1；彩版五七，1）

标本ⅡT0304⑧a：5，A型Ⅱ式卣。纹样较粗大。（参见图七九，2；图八七，1；彩版五七，2）

标本ⅡT0305⑥：33，A型Ⅱ式卣口沿残片。肩与上腹近肩处刻划纵向水波纹，阴线较粗；水波纹下为粗放的对称弧形纹，残存五层，排列规则整齐。（图八七，3）

标本ⅡT0304⑫b：16，B型Ⅰ式卣口沿残片。短颈及上腹部一圈较窄的范围内刻划"S"形纹，阴线较细；对称弧形纹由上下各四道弧线构成，弧线弧度较大。（图八七，2）

标本ⅡT0304⑫b：15，A型Ⅲ式卣。纹样较细密。（参见图八〇，1；图八八）。

标本ⅡT0304⑩：5，A型Ⅲ式卣。纹样较细密。（参见图八〇，2；彩版五八）

标本ⅡT0304⑩：24，A型Ⅲ式卣。纹样较细密。（参见图八一，1）

标本ⅡT0304⑨：5，A型Ⅲ式卣。纹样较细密（参见图八二；彩版五九）。

1

2

0 ＿＿＿＿ 4厘米

图八六　Ⅱ区出土原始瓷卣拍印勾连双勾线"S"形纹拓片
1. Ⅱ T0305⑥：31　2. Ⅱ T0305⑥：32

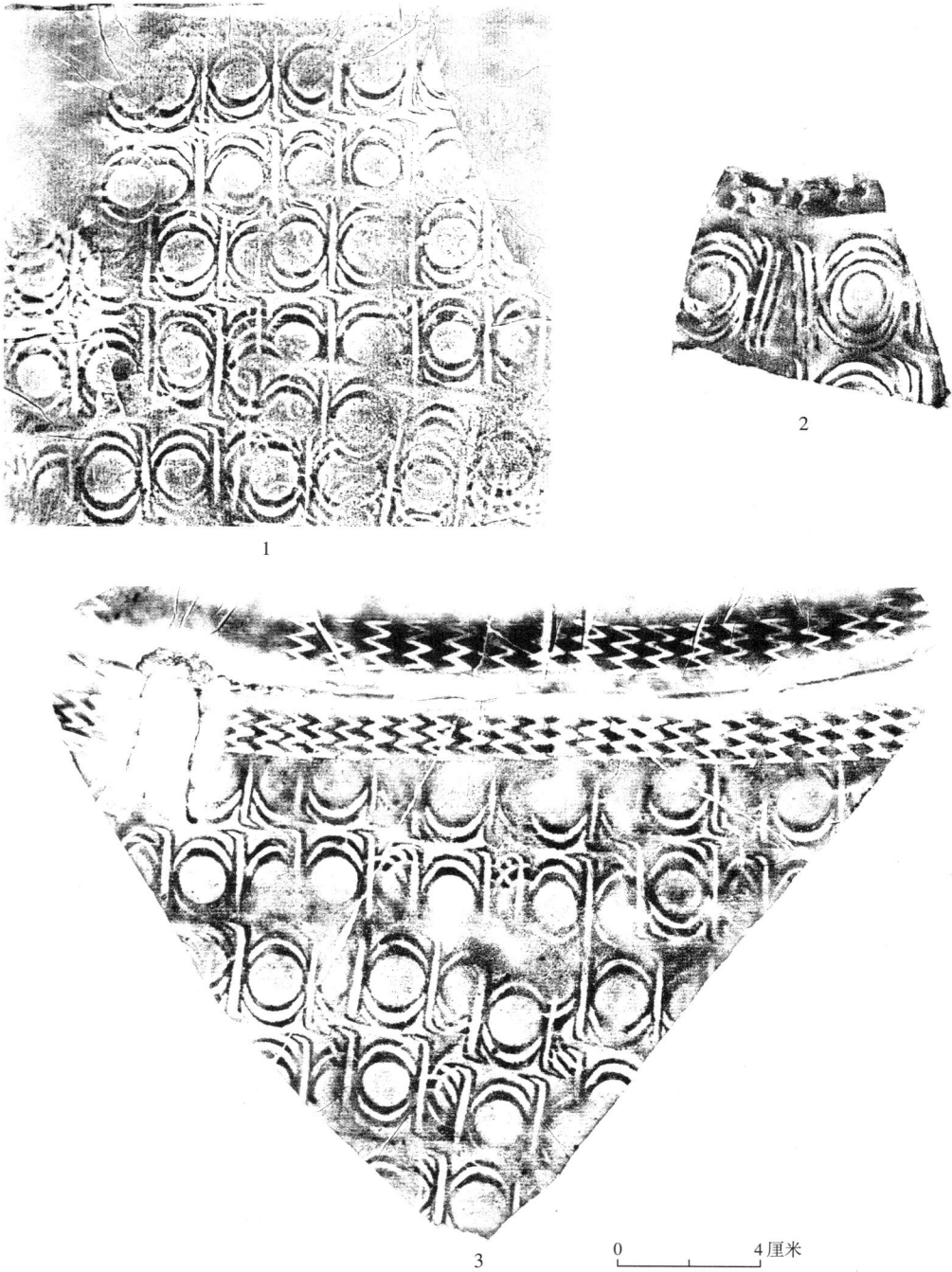

图八七　Ⅱ区出土原始瓷卣拍印粗放对称弧形纹拓片

1. Ⅱ T0304 ⑧ a：5　　2. Ⅱ T0304 ⑫ b：16　　3. Ⅱ T0305 ⑥：33

0 _____ 4厘米

图八八　Ⅱ区出土原始瓷卣Ⅱ T0304⑫b：15拍印细密对称弧形纹拓片

标本Ⅱ T0304⑫b：6，B型Ⅰ式碗。仅此一件。（参见图五一，2）

标本Ⅱ T0304⑫b：3，A型钵。上下两层，纹饰较浅。（参见图六九，1）

（3）米筛纹

标本Ⅱ T0303⑥：21，C型罐。纹样位于腹部。（参见图六七，3）

（4）弧形纹

仅发现一件。Ⅱ T0304⑫b：5，A型Ⅰ式钵。纹样位于腹部。（参见图六九，2）

2. 刻划纹饰

主要是"S"形纹与水波纹两种。"S"形纹阴线较细，一般位于钵的短颈处与上腹部（参见图六九，1；彩版四九，3）。水波纹以纵向为主，主要位于B型Ⅱ式、Ⅲ式碗腹部，B型Ⅱ式碗上纹饰线条较粗（参见图五一，3、5、6、7、8、9），B型Ⅲ式碗上则较为细密（参见图五二，1、2），少量器盖盖面（参见图七四，5、6）及盆的腹部也有刻划（参见图七三，2、3；图八九，1；彩版五四，2），此外在盂的短颈处（图八九，2）、B型Ⅴ式碗的腹部偶见横向水波纹（参见图五七，3）。

3. 堆贴纹样

主要包括"S"形堆贴、绳索状或泥条状系、绳索状与叶脉纹纽等。绳索状纽与"S"形堆贴往往组合使用，在绳索状纽的两侧附加"S"形或反向"S"形堆贴。

4. 圆雕

极少量的盖纽（参见图七八，2、3；彩版五六，5、6）上有小立鸟。发现圆雕羊形塑一件（参见图八四，4；彩版六一，4）。

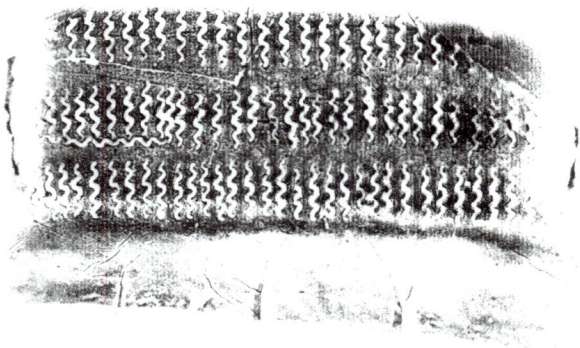

1

0　　　　　　4厘米

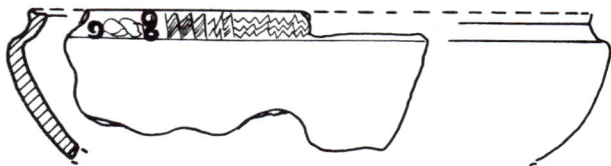

2

0　　　　　　4厘米

图八九　Ⅱ区出土原始瓷刻划水波纹
1. 盆Ⅱ T0304⑨：9　2. Ⅰ式盂Ⅱ T0304⑬：8

二　窑具

目前发现的仅有间隔具——托珠一种。从部分器物底部粘结有较粗的砂粒及较厚的砂层来看，当时支具尚未出现，器物直接放置于窑床上烧造。托珠数量、形状早晚变化比较大：早期地层中出土的托珠为陶土质，较粗糙，形状一般较为扁圆，周缘有多道裂纹。中期地层出土的托珠，大量为质地较为致密的瓷土质，极少陶土质的；形态基本一致，多呈圆锥形，少量因挤压而顶部略平，底部多数有浅的凹窝，大小不一。晚期地层基本不见托珠。

标本ⅡT0304⑬：13，形体略大。顶部略平，底部有凹窝。灰白色瓷土胎，有爆汗釉。高2.9厘米。（图九〇，1；彩版六三，1）

标本ⅡT0304⑩：9，圆锥形，内底凹窝较深。表面捏制痕迹明显。灰白色瓷土胎，胎质较为致密，有爆汗釉。高2.8厘米。（图九〇，2；彩版六三，3）

标本ⅡT0305⑧：8，较尖。瓷土质，有爆汗釉。高1.8厘米。（图九〇，6；彩版六三，4）

标本ⅡT0305⑥：31，较尖。瓷土质，有爆汗釉。高2.4厘米。（图九〇，3；彩版六三，3）

标本ⅡT0305⑥：32，较扁。陶土质。高2.1厘米。（图九〇，4；彩版六三，4）

标本ⅡT0305⑥：33，较扁。陶土质。高1.4厘米。（图九〇，5；彩版六三，4）

标本ⅡT0305③：8，瓷土质，有爆汗釉。高1.5厘米。（图九〇，7；彩版六三，8）

标本ⅡT0305③：9，瓷土质，有爆汗釉。高2.5厘米。（图九〇，8；彩版六三，1）

标本ⅡT0305③：10，瓷土质。高2.3厘米。（图九〇，9；彩版六三，3）

标本ⅡT0305③：11，瓷土质。高1.8厘米。（图九〇，10；彩版六三，4）

标本ⅡT0305③：12，陶土质。高3厘米。（图九〇，11）

标本ⅡT0305③：17，陶土质。高3厘米。（图九〇，12；彩版六三，3）

标本ⅡT0305③：16，陶土质。高3厘米。（图九〇，13；彩版六三，1）

标本ⅡT0305②：1，较尖。瓷土质，有爆汗釉。高2.4厘米。（图九〇，14；彩版六三，3）

标本ⅡT0305②：2，较扁。陶土质。高2.2厘米。（图九〇，15；彩版六三，4）

标本ⅡT0305②：3，较尖。瓷土质，有爆汗釉。高2.1厘米。（图九〇，16；彩版六三，3）

标本ⅡT0304⑥：10，夹砂陶质，质地较粗。捏制痕明显，形态接近于圆锥形托珠，但形体较大，并向一侧略弧斜，底凹窝较深。外径2.5、内径1.3、高7.5厘米。（图九〇，17；彩版六三，2）

0   2厘米

图九〇　Ⅱ区出土托珠

1. Ⅱ T0304⑬：13　2. Ⅱ T0304⑩：9　3. Ⅱ T0305⑥：31　4. Ⅱ T0305⑥：32　5. Ⅱ T0305⑥：33　6. Ⅱ T0305⑧：8
7. Ⅱ T0305③：8　8. Ⅱ T0305③：9　9. Ⅱ T0305③：10　10. Ⅱ T0305③：11　11. Ⅱ T0305③：12　12. Ⅱ T0305③：17
13. Ⅱ T0305③：16　14. Ⅱ T0305②：1　15. Ⅱ T0305②：2　16. Ⅱ T0305②：3　17. Ⅱ T0304⑥：10

三　印纹陶器

印纹陶发现数量极少，多者每层出土数片，少者则无一片。胎质包括硬陶、软陶两种，印纹硬陶为主，偶见软陶。无复原器，从残存的陶片来看，器形主要是罐，有少量鼎类器。罐分高领、短颈与翻折沿束颈等几种，底则平而较大。纹饰主要有席纹、云雷纹、重菱形纹、曲折纹、"回"字纹、方格纹、凸方格纹、曲折纹与方格纹组合纹、曲折纹与"回"字纹组合纹、曲折纹与凸方格纹组合纹，有的器物肩部还刻划水波纹。席纹、云雷纹、重菱形纹一般较为细密、杂乱，拍印较浅，"回"字纹则内框较为外凸。从较大片上的纹饰看，除席纹与云雷纹、重菱形纹外，一般为曲折纹与方格纹、曲折纹与"回"字纹或曲折纹与凸方格纹的组合纹，而非单纯的曲折纹、方格纹或"回"字纹。

高领罐

标本ⅡT0303⑥：15，硬陶质，紫红色胎。沿面较宽，上有凹弦纹三道，高领上有凹弦纹数道。肩部拍印云雷纹，纹饰细密杂乱。口径18.4、残高8.8厘米。（图九一，1）

标本ⅡT0304⑬：14，硬陶质，灰白色胎。圆唇外凸较甚，近似于宽平沿。沿面、高领上有弦纹数圈，残存的肩部拍印复线菱形纹，纹饰细密、杂乱，菱形排列凌乱而不规则。内腹留下明显的手捏形成的凹坑。口径18.4、残高9.2厘米。（图九一，2）

侈口罐

标本ⅡT0304⑧a：3，硬陶质，紫褐色胎。侈口，折沿，束颈。肩部有细凸棱一道，凸棱上为细水波纹，凸棱下为较粗的曲折纹。口径20.4、残高9.2厘米。（图九一，3）

标本ⅡT0305⑧：3，泥质灰陶，软陶质。卷沿。肩部有细凹弦纹，腹部拍印席纹，席纹近直角方形，内填三道细短直线。口径23.2、残高5.2厘米。（图九一，4）

标本ⅡT0305⑧：27，硬陶质。大翻折沿。肩部以下拍印曲折纹，纹饰较为粗放。内腹颈下有制作时留下的指纹。口径17.2、残高5.6厘米。（图九一，5）

标本ⅡT0305⑥：34，硬陶质。卷沿。腹部刻划细菱形纹。口径12.4、残高5.6厘米。（图九一，6）

标本ⅡT0305③：13，硬陶质，内外皮紫红色。大翻折沿，沿面略内弧。肩部有折棱一道，折棱上素面，下为较粗放的曲折纹。口径15.6、残高9.6厘米。（图九一，7）

敛口罐

标本ⅡT0304⑦：11，硬陶质，灰白色胎，胎质较为致密。子母口。肩部素面，肩以下有米筛纹。口径13.2、残高5.6厘米。（图九一，8）

鼎类器

标本ⅡT0305⑥：26，夹砂红陶，软陶质。侈口，卷沿，腹略鼓。腹部拍印纵向绳纹。口径24、残高7.2厘米。（图九一，9）

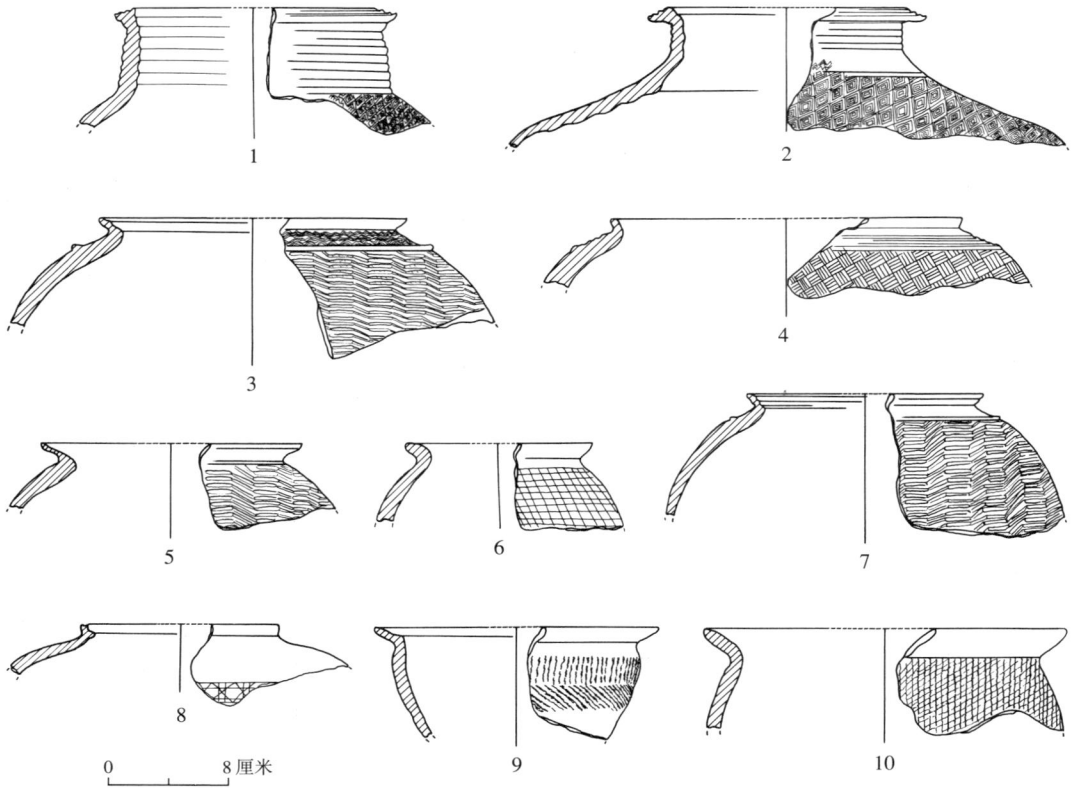

图九一　Ⅱ区出土印纹陶器物口沿

1. 高领罐Ⅱ T0303⑥：15　2. 高领罐Ⅱ T0304⑬：14　3. 侈口罐Ⅱ T0304⑧a：3　4. 侈口罐Ⅱ T0305⑧：3　5. 侈口罐Ⅱ T0305⑧：27　6. 侈口罐Ⅱ T0305⑥：34　7. 侈口罐Ⅱ T0305③：13　8. 敛口罐Ⅱ T0304⑦：11　9. 鼎类器Ⅱ T0305⑥：26　10. 鼎类器Ⅱ T0305③：7

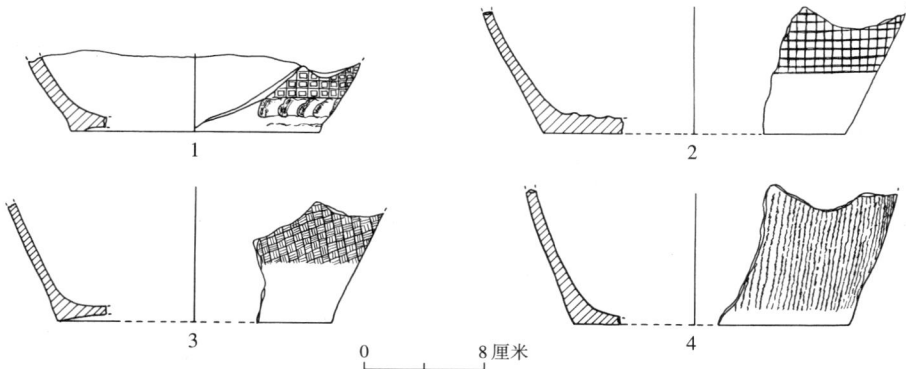

图九二　Ⅱ区出土印纹陶器底

1. Ⅱ T0305⑩：1　2. Ⅱ T0303⑥：24　3. Ⅱ T0303⑤：21　4. Ⅱ T0304⑫b：7

标本Ⅱ T0305③：7，夹陶红陶，软陶。大翻折沿，沿面内弧，深腹略弧。腹部拍印绳纹。口径18.8、残高27.2厘米。（图九一，10）

器底

标本Ⅱ T0305⑩：1，泥质灰陶，软陶质。腹部拍印"回"字纹，"回"字内外框阳线条凸起基本相平。底径16.4、残高4.8厘米。（图九二，1）

标本Ⅱ T0303⑥：24，硬陶质，紫红色胎。腹部拍印方格纹，纹饰较粗，阳线纹外凸。底径20、残高8.4厘米。（图九二，2）

标本Ⅱ T0303⑤：21，硬陶质，紫红色胎。腹部拍印席纹，纹饰细密，单个席纹呈方形，内填两短直线。底径18.4、残高8厘米。（图九二，3）

标本Ⅱ T0304⑫b：7，硬陶质，紫红色胎。腹部拍印竖绳纹，纹饰较为细密。底径18.4、残高9.2厘米。（图九二，4）

四　其他

1. 石斧

标本Ⅱ T0305⑥：8，正锋，双面刃，近刃部磨制较精，保存较佳，其余部位风化较为严重。顶部较小，剖面近似于橄榄形。刃宽3、长12.6厘米。（图九三，1）

2. 石锛

标本Ⅱ T0305③：6，残。刃宽4.2、长6.1厘米。（图九三：2）

3. 陶网坠

形态较为单一，平面近长方形，两侧及正背面各有凹弧。数量较少，见有多件粘结现象，应该为本窑址的产品。

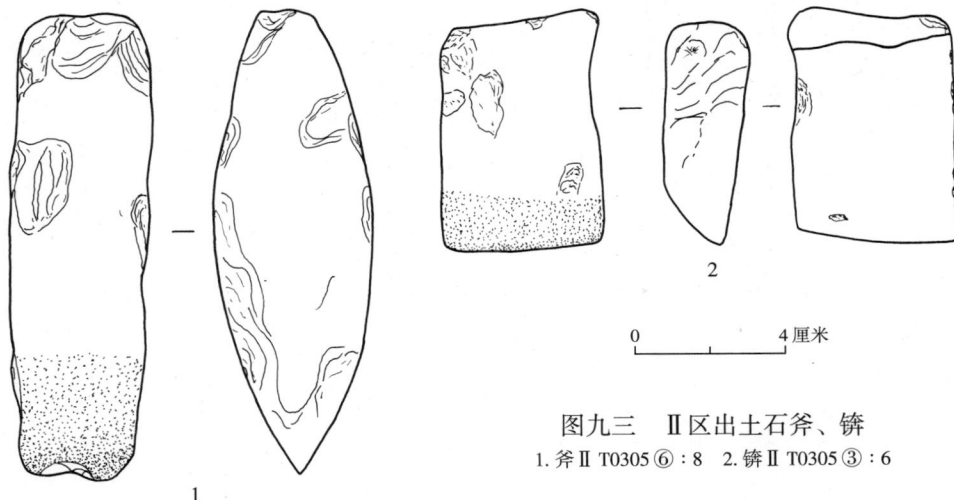

0 ——————— 4厘米

图九三　Ⅱ区出土石斧、锛
1. 斧Ⅱ T0305⑥：8　2. 锛Ⅱ T0305③：6

标本 Ⅱ T0304⑫b：14，两件粘结在一起。棕褐色胎，质地极松，表面爆汗。左侧一件宽3.4、右侧一件宽2.9厘米。（图九四，1）

标本 Ⅱ T0304⑥：8，形体略小。灰白色，陶土质，火候较低。长3.5、宽3.3厘米。（图九四，2）

标本 Ⅱ T0304⑥：11，灰白色，陶土质，火候较低。长3.4、宽3.2厘米。（图九四，3）

标本 Ⅱ T0304⑤b：24，形体略大。灰白色，陶土质，火候较低。长5.6、宽4.8厘米。（图九四，5）

标本 Ⅱ T0305⑥：11，两件粘结在一起。棕褐色，质地极松，表面爆汗。左侧一件宽4、右侧一件宽3.5厘米。（图九四，4）

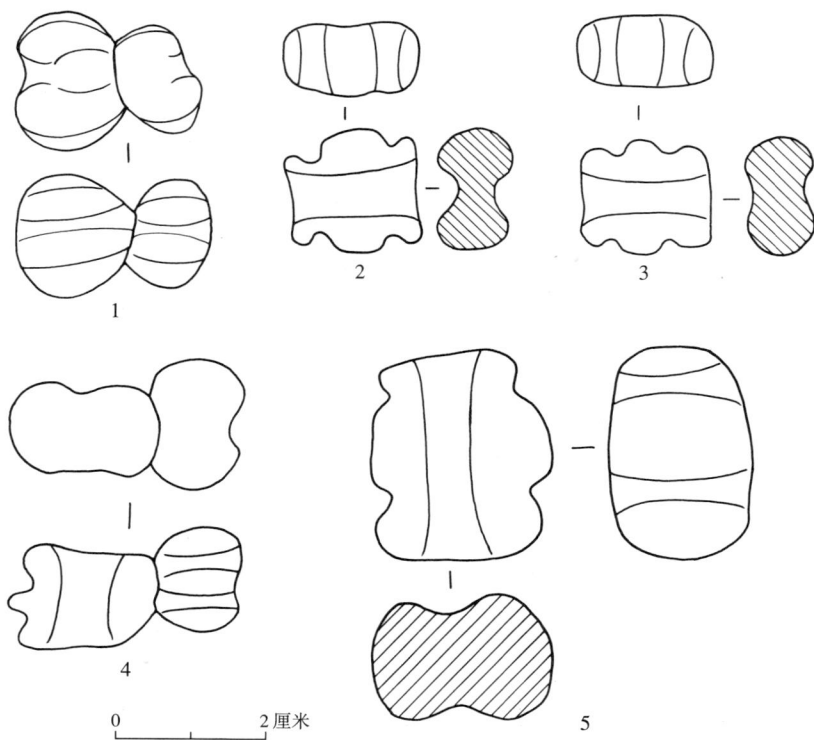

图九四　Ⅱ区出土陶网坠

1. Ⅱ T0304⑫b：14　2. Ⅱ T0304⑥：8　3. Ⅱ T0304⑥：11　4. Ⅱ T0305⑥：11　5. Ⅱ T0304
⑤b：24

第五章　Ⅲ区地层与遗物

第一节　探方与地层堆积

　　Ⅲ区位于水库西侧北边朝东的山坡上，地面散落大量的原始瓷片，均比较细碎，明显经过二次搬运。从地形上看，库区内散落原始瓷片的区域地形极陡，不太可能有原生的堆积。水库大坝上侧因修筑公路，山坡已被整体移去，因此推测原来的窑床应该位于现已为公路的山坡上，现在地面上散落的原始瓷片为修筑公路时从山坡上滚落下来。为了探明地层的堆积情况，在水库淹没区内沿山坡横向布5×10米探方一个，编号ⅢT0303，在东、北各留宽1米的隔梁，实际发掘面积为4×9米，方向10°。（图九五）

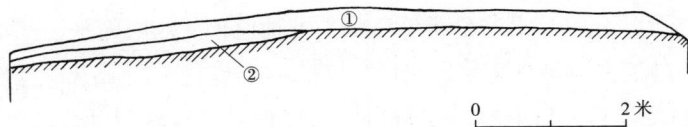

图九五　ⅢT0303西壁剖面图

　　①层：表土层，厚10~30厘米。黄褐色土，夹杂大量的石块及少量的原始瓷片，石块一般较小，石质与山坡开凿出的石块一致。当为从山坡上滚落下来后形成。
　　②层：深10~30、厚0~20厘米。分布于探方的西南边。红褐色土，土质较松软，夹有少量的红烧土粒。包含一定的原始瓷片，但器类单一，绝大多数为B型Ⅶ式碗即盅式碗，此外还有一种饼形器物，均为生烧，为别处所不见。该文化层土层较松，不像是原生地层而更接近于次生地层，该窑址的原生堆积可能已完全破坏。

第二节　遗　物

　　Ⅲ区器物相当单一，以B型Ⅶ式碗占据了绝对地位，少量饼形器，仅见钵及印纹陶残片各1片。B型Ⅶ式碗形态一致，但大小不一。

1．B型Ⅶ式碗

标本Ⅲ T0303②：1，口沿略呈子母口状。青黄色釉极佳。内底中心呈乳突状上鼓，旋纹不清晰。口径11.4、底径5.4、高5.8厘米。（图九六，1）

标本Ⅲ T0303②：2，口沿略呈子母口状。青釉呈点状积釉。口径8.4、底径5、高3.8厘米。（图九六，2）

标本Ⅲ T0303②：3，内底粘结有大块的窑渣。釉不是很好，积釉明显。口径10.4、底径6.4、高6.2厘米。（图九六，3；彩版六四，1）

标本Ⅲ T0303②：4，内底粘结有小块的窑渣。釉呈点状积釉。口径10.8、底径6.2、高6.2厘米。（图九六，4）

标本Ⅲ T0303②：5，青釉色较深，釉层薄而均匀。口径8.6、底径5.2、高4.4厘米。（图九六，5；彩版六四，2）

标本Ⅲ T0303②：6，内腹青釉色较佳，内底中心积釉有乳白色窑变，并有剥釉；外腹釉青黄色，近底足处红褐色。内底旋纹不清。口径7.8、底径4.6、高4厘米。（图九六，6）

标本Ⅲ T0303②：7，器形极大。口沿略呈子母口状。青黄色釉基本剥落。内底平而不见旋纹。口径17、底径9.2、高8.8厘米。（图九六，7）

标本Ⅲ T0303②：13，口沿略呈子母口状。器内粘结有小块的窑渣。青釉，呈色极佳。口径6.8、底径4.4、高3.8厘米。（图九六，8）

标本Ⅲ T0303②：14，口沿略呈子母口状。青釉色较佳。内底平，基本不见旋纹，粘结有小块的窑渣；外底白色砂性烧结物极厚。口径6.8、底径4.2、高3.6厘米。（图九六，9）

标本Ⅲ T0303②：15，口沿略呈子母口状。青釉略呈点状积釉。口径8.8、底径5.2、高4.8厘米。（图九六，10）

2．A型Ⅱ式钵

标本Ⅲ T0303②：11，口沿变形。淡黄色胎，胎质较为疏松。淡黄色釉不佳，剥釉严重。由内底中心向内腹旋纹由密变疏，内底粘结有小块的窑渣；外底白色砂性烧结物较厚。口径11.6、底径6.2、高9.4厘米。（图九六，11）

3．饼形器

横截面呈极扁的梯形。均生烧，浅黄色胎。器形基本一致，仅大小略有区别。

标本Ⅲ T0303②：8，直径9厘米。（图九六，12；彩版六四，3）

标本Ⅲ T0303②：9，直径10厘米。（图九六，13；彩版六四，4）

标本Ⅲ T0303②：10，直径11.3厘米。（图九六，14；彩版六四，5）

标本Ⅲ T0303②：12，直径10厘米。（图九六，15；彩版六四，6）

4．印纹陶

仅发现1片。泥质硬陶。曲折纹。

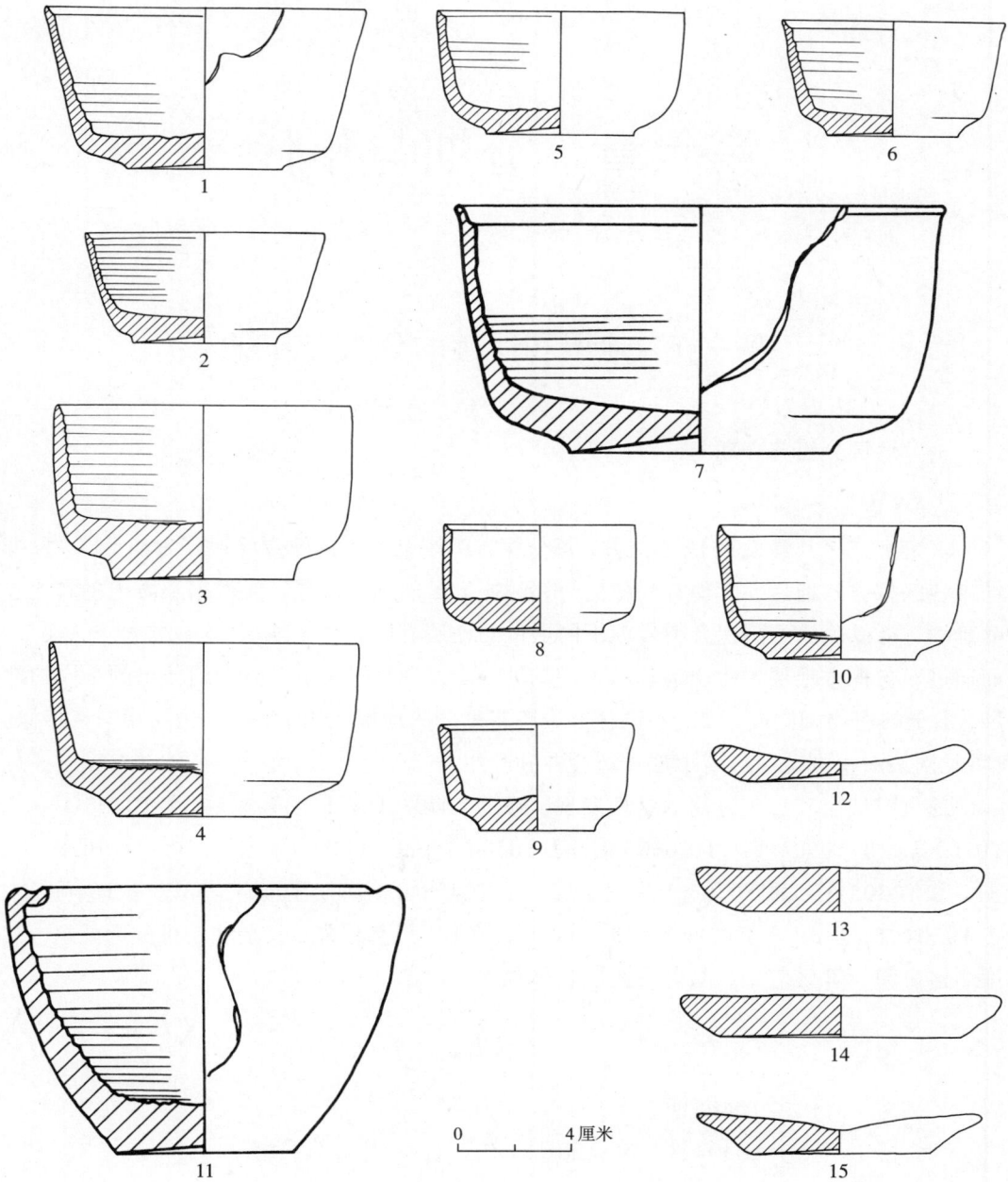

图九六　Ⅲ区出土原始瓷碗、钵、饼形器

1. B型Ⅶ式碗Ⅲ T0303②：1　　2. B型Ⅶ式碗Ⅲ T0303②：2　　3. B型Ⅶ式碗Ⅲ T0303②：3　　4. B型Ⅶ式碗Ⅲ T0303②：4
5. B型Ⅶ式碗Ⅲ T0303②：5　　6. B型Ⅶ式碗Ⅲ T0303②：6　　7. B型Ⅶ式碗Ⅲ T0303②：7　　8. B型Ⅶ式碗Ⅲ T0303②：13
9. B型Ⅶ式碗Ⅲ T0303②：14　　10. B型Ⅶ式碗Ⅲ T0303②：15　　11. A型Ⅱ式钵Ⅲ T0303②：11　　12. 饼形器Ⅲ T0303②：8
13. 饼形器Ⅲ T0303②：9　　14. 饼形器Ⅲ T0303②：10　　15. 饼形器Ⅲ T0303②：12

第六章 分期与年代

第一节 地层和遗迹的分组与分期

一 地层分组与分期

（一）各区地层分组

本窑址三区共计发掘12个探方，每个探方都按土质土色的差异划分为若干层。发掘结束各区探方打通后，发现有些相互为邻的探方虽然独立分层，但根据土质土色和地层的延续，可以确认不同探方编号为不同层位的地层有的为同一地层。（参见表一、表二）而通过对各探方地层中出土遗物的整理，进一步发现：同一个探方中划分出的不同的地层，出土的遗物相同或相似；不同探方中各自划分的地层，也有些出土遗物相同或相似。（参见附表一）据此可以对地层进行合并和分组。

通过对地层和出土遗物的整理发现，除Ⅰ T0403 ①、Ⅰ T0404 ①、Ⅰ T0405 ①、Ⅰ T0503 ①、Ⅰ T0504 ①、Ⅰ T0505 ①、Ⅰ T0506 ①、Ⅰ T0604 ①、Ⅱ T0303 ①、Ⅱ T0304 ①、Ⅱ T0305 ①、Ⅲ T0303 ①为表土层，Ⅰ T0403 ②③、Ⅰ T0404 ②③、Ⅰ T0405 ②、Ⅰ T0504 ② a ③ a、Ⅰ T0506 ②和Ⅱ T0304 ②③④为扰乱层外，其余地层可分为九组，其中Ⅰ区三组、Ⅱ区五组、Ⅲ区一组。具体如下：

Ⅰ区

第1组：Ⅰ T0403 ⑩、

　　　　Ⅰ T0404 ⑧、⑨、⑩

　　　　Ⅰ T0405 ⑦

　　　　Ⅰ T0504 ⑤

第2组：Ⅰ T0403 ⑧、⑨

　　　　Ⅰ T0404 ④、⑤、⑥、⑦

　　　　Ⅰ T0405 ③、④、⑤、⑥

Ⅰ T0504 ② b、③ b、④

Ⅰ T0505 ② a、② b、③、④ a、④ b、⑤、⑥

Ⅰ T0506 ③、④、⑤、⑥

第 3 组：Ⅰ T0403 ④、⑤、⑥、⑦

Ⅱ 区

第 1 组：Ⅱ T0303 ⑨、⑩

Ⅱ T0304 ⑫ b、⑬

Ⅱ T0305 ⑦ a、⑦ b、⑧、⑨、⑩

第 2 组：Ⅱ T0303 ⑦ a、⑦ b、⑧ a、⑧ b

Ⅱ T0304 ⑩、⑪、⑫ a

Ⅱ T0305 ④、⑤、⑥

第 3 组：Ⅱ T0304 ⑧ a、⑧ b、⑨

Ⅱ T0305 ②、③

第 4 组：Ⅱ T0303 ② c、③、④、⑤、⑥

Ⅱ T0304 ⑤ b、⑥、⑦

第 5 组：Ⅱ T0303 ② a、② b

Ⅱ T0304 ⑤ a

Ⅲ 区

第 1 组：Ⅲ T0303 ②

（二）三区统一的地层分组

Ⅰ区、Ⅱ区各组诸地层在各自的探方中有相应的叠压关系，可确定时代的相对早晚；三区各组之间的早晚关系，则通过器物类型学的排比加以确定。这样可以确定三个区九组地层的大排行，即：

第一组即Ⅰ区第 1 组；

第二组即Ⅰ区第 2 组；

第三组即Ⅱ区第 1 组；

第四组即Ⅱ区第 2 组；

第五组即Ⅰ区第 3 组；

第六组即Ⅱ区第 3 组；

第七组即Ⅱ区第 4 组；

第八组即Ⅱ区第 5 组；

14. H2

位于 I T0604北部略偏西，开口于表土层下，打破H3与生土。包含物不多，但均为原始瓷片，主要是翻折沿浅坦腹碗与装饰风格粗放的对称弧形纹卣残片等，与第二组地层出土遗物相同。但H3为第八期遗迹，H2不早于H3，亦归入第八期，灰坑中出土早期也即第二期的遗物。

15. H4

位于 I T0604的北部略偏东，开口于表土层下，打破H5。包含物较乱，既有翻折沿浅坦腹碗，也有细方格纹印纹陶片与子母口盅式碗。与H3相似，归入第八期遗迹，出土部分早期遗物。

第二节　各期特征

一　第一期

1. 器类

器类比较简单，以A型碗和盂所占比例基本相当，以A型Ⅱ式碗和Ⅰ式盂为主，其次是小盂、A型Ⅰ式碗与A型Ⅰ式卣，有少量的平底尊形器、桥形纽Ⅰ式器盖和Ⅰ式鼎等。浅圈足器物均见于这一时期。碗和盂的底足均保存了手捏的痕迹而不另加修整，作风较为粗放。A型Ⅰ式碗保留了较多的商、西周以来高柄豆的遗风——浅坦腹接近于豆盘，圈足亦未完全消失，当为西周晚期豆与春秋早期碗的中间形态。鼎仅见一件，圆锥形足较直，其装饰纹样与装饰技法均与Ⅱ式鼎有较大的区别：剔刻的"S"形纹较粗放，顺着"S"的字形自上到下一次刻成，起笔处较浅细，收笔处最深粗，在"S"的两个转折及收笔处因积泥而形成小突。肩部堆贴对称的倒"U"形小耳。制作秩序为先堆贴小耳，再刻划"S"形纹。不见扉棱与其他堆贴。A型Ⅰ式卣数量极少，以素面为主，往往釉色较佳，纹饰仅见有近似于圆圈形纹的一种装饰。

2. 胎釉

胎质较细腻，且较为致密，但有细小的气孔，胎色较浅，多呈灰白色。均为满釉，施釉不均匀，流釉与缩釉现象严重，釉色较深，呈青褐色，釉层较厚，多数玻璃质感较强，釉色较佳，但胎釉结合较差，常见大面积剥落现象。除剥釉外，生烧的比例也很高，生烧器物往往呈土黄色，火候明显较低。

3. 装饰

以素面为主，仅在极少部分的卣、平底尊形器、小盂上有少量的圆圈形纹、"S"形纹等简单纹饰。器底不见旋纹或旋纹极粗疏，旋纹绝大多数呈顺时针方向旋转。少量的碗、盂、小盂上堆贴横向"S"形纹：其中 A 型 I 式碗的堆贴位于翻折沿的沿面上，且多为三个；A 型 II 式碗则无堆贴或仅有两个堆贴；盂或小盂上的"S"纹堆贴则位于短颈近折肩处，均为两个。部分盂与小盂的折肩处有对称双泥条小系一对，并在肩部刻划"S"形细阴线纹。

4. 制作

这一时期碗类器物的底足均为手捏而成，保留了明显的手捏痕迹，外底往往凹凸不平。小盂底部较平，可见线割痕迹，弧形线割痕迹较为粗疏而且不是十分清晰。

5. 装烧

这一期是生烧与剥釉产品比例最高的一期，废品率很高，废弃的产品中往往粘结有大块的窑渣，说明窑炉的砌筑技术不十分成熟，室温的控制不十分熟练。不见窑具，器物外底部往往有明显的白色砂性烧结物粘附，不仅几乎占据了整个器底，而且一般较厚。推测当时不使用间隔具而在器底涂抹一层砂性物质后直接叠烧。

这一时期器物还有一个总的特征，即除鼎、平底尊形器外，包括碗、盂、小盂、卣在内的器物口沿均多作子母口状，但出土的器盖极少，且碗的子母口处往往有"S"形堆贴——这一时期的子母口形可能只是一种技术上的方便或是装饰，而并非与器盖配套的真正子母口。

偶见印纹硬陶片，纹饰主要是细密的重"回"字纹，风格接近于云雷纹。

二　第二期

本期无论是器类还是装饰纹样均大量增加，是本窑址各期中器物种类最多、装饰最纷繁复杂的一期，亦是本窑址的最鼎盛时期。

1. 器类

器物种类上最显著的变化是 A 型碗数量超过盂，开始占据主要的地位。A 型 I 式碗消失，A 型 II 式碗及新出现的 A 型 III 式碗成主流产品，其次是 I 式盂、小盂、A 型 I 式卣及新出现的 A 型 I 式钵，平底尊形器的数量与比例有所增加，II 式鼎的数量有较大的增加，少量桥形纽 I 式器盖、小罐。II 式盂、B 型 I 式卣、簋等是新出现的器形。A 型 III 式碗由 A 型 II 式碗的假圈足变矮或变成平底，但保留了线割后所留下的痕迹而不加任何的修整，风格仍旧较为粗放，内底有明显的较为粗疏的旋纹。鼎三圆锥形足外撇，腹部通体饰剔刻纹，在双系之间设有对称的扉棱，部分在扉棱上部有立鸟。A 型 I 式钵器形接近于 A 型卣，直筒腹，仅器形较矮小。簋圈足较高而外撇。

这一时期的器物仍常见子母口，并且出现较大型的器盖，少量器盖装饰有双勾线"S"形纹等精美的纹饰，推测部分卣类器物带盖，其子母口具有实用的功能。

2. 胎釉

胎、釉与第一期相似。胎质仍较为细腻但有少量的小气孔，胎色较浅而呈灰白色。均为满釉，施釉不均匀，流釉与缩釉现象严重，釉色较深，釉层较厚，多数玻璃质感较强，釉色较佳，但胎釉结合较差。青褐色占绝大多数，偶见黑褐色釉。

3. 装饰

装饰复杂。除碗外，鼎、簋，绝大部分卣，大部分钵、器盖、小盂、平底尊形器等均装饰有纹饰。鼎的"S"形纹为剔刻，并在剔刻的收笔处积泥形成小泥点。"S"形纹剔刻方式也与前期相异：从"S"的中间向两头分别剔刻，因此在两头积泥形成小泥点。卣的纹饰最多、最复杂，仅少量为素面，纹饰包括勾连双勾线"S"形纹、勾连"S"形纹、双勾线"S"形纹、双勾线双"S"形纹、细乱的勾连纹、规则的云雷纹、对称弧形纹、圆圈形纹等。对称弧形纹一般由上下各两道弧形构成，五组对称弧形纹构成一个完整的印模，纹饰较为粗大。钵的纹饰基本与卣相同，主要包括双勾线双"S"形纹、勾连双勾线"S"形纹等。簋在腹部刻划细的"S"形纹，近肩部等距设对称的扉棱与绳索状倒"U"形系各一对。水盂和平底尊形器主要是肩部刻划细阴线的"S"形纹。器盖主要装饰双勾线"S"形纹和双勾线双"S"形纹。盖纽一般作绳索状桥形，两头往往有"S"形或反"S"形或正、反"S"形堆贴。这一期的纹饰总体风格粗放，布局杂乱，仅少量双勾线"S"形纹、勾连双勾线"S"形纹和云雷纹排列较为整齐有序。

4. 制作

A 型Ⅲ式碗的底足线割后，外圈不再用手捏制出假圈足，底部保留线割后外凸的不规则泥痕。除 A 型卣等大型器物外，内底往往有旋纹，旋纹与第一期相似，基本为顺时针方向旋转，且较为粗疏，可见轮制技术变化不大。大型卣类器物底部不见有旋纹，器物腹部一般隐约可见较粗的泥条纹，当为泥条盘筑、拼接底足成器。除鼎外，其余器物外底部有弧形线割痕迹，较为粗疏。

5. 装烧

这一期生烧与剥釉产品比例虽然较第一期有所下降，但仍旧很高。废弃的产品中往往粘结有大块的窑渣，说明窑炉的砌筑技术仍不是十分成熟。本次发掘在Ⅰ区揭露了三条窑炉遗迹，均仅残存窑尾部分，从残存部分推断，窑总长当在 10 米以内。用泥土砌筑的窑壁较薄，内壁无窑汗，仅略现灰黑色，说明每一条窑的烧造时间都不是很长；同时亦说明窑底的温度较低，容易出现生烧。中期大量使用的托珠此期仍然基本不见，但器物外底部亦有明显的白色砂性烧结物粘附，烧造方法仍为直接放置于窑床上叠烧。

三　第三期

1. 器类

器类较为单一。A 型Ⅲ式碗占绝大多数，其次为小盂，新出现 B 型Ⅰ式碗、A 型Ⅱ式钵和 A 型Ⅱ式、Ⅲ式卣。偶见Ⅰ式、Ⅱ式盂和 A 型Ⅱ式碗、A 型Ⅰ式钵、桥形纽Ⅰ式器盖、B 型Ⅰ式卣等。卣以 A 型Ⅱ式为主,极少量的 A 型Ⅲ式与 B 型Ⅰ式卣。这一时期碗、盂类器物保留了子母口的作风,而卣类器物的子母口已消失,演变成侈口卷沿,沿面装饰数道凹弦纹。

2. 胎釉

产品胎、釉质量明显较前两期差。胎质较粗,夹杂有较多的细砂粒,胎体表面往往不太光洁,胎色较深,一般呈灰黑色、土黄色或紫红色。釉层薄,施釉不均匀,剥落严重,玻璃质感不强,多数器物呈土黄色,偶见少量釉层厚、釉色深、玻璃质感较强的器物。

3. 装饰

以素面为主,仅少量卣、碗等器物装饰有纹饰。卣装饰纹样种类较第二期大为减少,以勾连双勾线"S"形纹为主,少量对称弧形纹。勾连双勾线"S"形纹常与方格纹构成复合纹饰,排列较为整齐规则,重复重叠拍印现象较为少见,仅在两组纹饰的衔接处有局部的重叠。对称弧形纹仍以上下各两道弧形纹相对构成、纹饰较大且粗放的为主,但新出现由上下三道或四道弧线构成、纹饰较为细密、排列更为整齐的细密对称弧形纹,后者数量极少。碗的装饰纹样见于 B 型Ⅰ式碗上,包括水波纹与对称弧形纹两种,均较为粗放。

4. 制作

碗类器物内底顺时针方向的旋纹和外底的弧形线割痕迹均较为粗疏。卣类器物的底、腹仍为分段拼接而成,器腹为盘筑而成。

5. 装烧

这一期生烧产品比例较第二期明显下降,但剥釉现象仍旧严重。器物外底保留了施白色砂性物质的做法,并开始出现少量的托珠。托珠形体较为扁平,胎质较粗、夹杂有细砂粒,且多挤压变形、胎体开裂。

四　第四期

器物种类、纹饰仍比较单一,但较第三期略为丰富。大部分产品质量与第三期相似,胎、釉质量较差。

1. 器类

以 A 型Ⅲ式碗为主,其次是新出现的 B 型Ⅲ式碗,少量 B 型Ⅱ式碗、小盂、B 型盘及 A 型Ⅰ式、Ⅱ式钵和 A 型Ⅱ式、Ⅲ式卣等,偶见Ⅱ式盂、B 型Ⅰ式卣、罐、A 型盘和桥形纽Ⅰ式器盖等。

B 型碗由 A 型碗的翻折沿、沿面内凹演变成了窄平沿,沿面上有数道细凹弦纹,腹部由浅坦腹变成较深。卣多为 A 型,少见 B 型。碗、盂、钵类器物保留了子母口的作风,而卣类器物均为侈口卷沿，沿面装饰数道凹弦纹。

2. 胎釉

大多数器物胎、釉与第三期相似：胎质粗，胎色深；均为满釉，但釉色差，玻璃质感不强，剥釉严重，多呈土黄色。不过新出现的B型Ⅲ式碗的胎、釉质量明显有所提高：胎质较为细密，胎色灰白；施釉技术进步，釉层薄，施釉均匀，玻璃质感略强，剥釉现象较为少见。

3. 装饰

以素面为主，部分器物装饰有纹饰，主要集中在A型Ⅱ式和Ⅲ式卣、B型Ⅱ式和Ⅲ式碗、A型Ⅰ式钵上。卣上纹饰以对称弧形纹为主，其次是勾连双勾线"S"形纹，排列仍旧较为整齐规整。对称弧形包括粗放与细密两种，以后者为主。部分拍印细密对称弧形纹的器物釉色略佳，施釉均匀，玻璃质感较强。B型Ⅱ式、Ⅲ式碗装饰阴线刻划的纵向水波纹：其中B型Ⅱ式碗纹饰略粗，而B型Ⅲ式碗纹饰则更为细密。A型Ⅰ式钵有绳索状倒"U"形系和细泥条下端粘结在一起近"心"形两种，纹饰主要集中在上腹近折肩处，为一窄圈；极少量器物在短颈处也有纹饰，一种是"S"形或反"S"形，另外一种是水波纹，均为阴线刻划。

4. 制作

与第三期相比，制作工艺发生了变化。除新出现的B型Ⅲ式碗外，其余器物的内底旋纹仍旧较粗疏。B型Ⅲ式碗内底旋纹明显较为细密，外底的弧形线割痕迹亦更为细密。推测此一时期的轮制技术有所突破。

5. 装烧

生烧和剥釉器物的比例较第三期有所下降，剥釉现象主要集中在A型碗上。托珠数量较第三期有所增加，仍以形体扁平、胎质较粗、挤压变形、胎体开裂的为主，形体呈圆锥形状、胎质较致密、器形规整、表面有爆汗釉者则较为少见。从器物底部保存的托珠痕迹来看，一般是三个托珠同时使用，等距分布于器物内底近中心部，偶见仅用较大型近圆饼的托珠置于器物底部中心单个使用的情况。几乎所有的器物外底都保留了施白色砂性物质的做法。

五 第五期

1. 器类

B型Ⅲ式碗占绝大多数，其次为少量A型Ⅲ式卣、A型Ⅱ式钵和A型Ⅲ式碗，新出现B型Ⅱ式卣，偶见Ⅱ式盂、小盂、A型盘、平底尊形器和桥形纽Ⅰ式器盖等。

2. 胎釉

本期无论是胎还是施釉技术上都更加进步。胎多呈灰白色，胎体明显较前几期细腻致密，气孔减少。满釉，釉层薄而均匀，青釉呈色较佳，玻璃质感较强。胎釉结合紧密，剥釉产品极少。

3. 纹饰

主要是水波纹和细密对称弧形纹。其中水波纹装饰在 B 型Ⅲ式碗上，纵向，细阴线刻划，细密规则，排列整齐。细密对称弧形纹装饰在 A 型Ⅲ式和 B 型Ⅱ式卣上，仍旧为上下三或四道弧线构成一组纹饰，五组对称弧形纹构成一个完整的印模，各组纹饰排列整齐，极少有重叠的现象。

4. 制作

碗内底旋纹清晰细密，外底线割痕迹明显。卣底、腹仍旧是分段制作，即泥条盘筑器腹拼接底足。

5. 装烧

生烧与剥釉产品比例大为减少。有少量的托珠，均为圆锥形，胎质较为致密细腻，火候较高，表面往往有爆汗釉。所有原始瓷器物底部均有大量的白色砂性烧结物。

六　第六期

1. 器类

除 A 型Ⅲ式、B 型Ⅲ式碗外，还出现了 B 型Ⅳ式碗，三者占据了出土器物的绝大多数。其次是少量的小盂、B 型盘、A 型Ⅱ式钵、桥形纽Ⅰ式器盖和 A 型Ⅲ式卣等。B 型Ⅳ式碗在 B 型Ⅲ式碗窄平沿的基础上进一步发展，沿更窄，部分甚至变成了方唇，沿面上的弦纹也几近消失。卣为侈口卷沿，沿上有凹弦纹数道。

2. 胎釉

胎色较白，一般呈灰白色，胎质较为致密细腻，气孔很少，火候高。均为满釉，釉层薄，施釉均匀，玻璃质感较强，青黄釉，釉色佳。

3. 装饰

以素面为主，纹饰仍旧集中在 B 型Ⅲ式碗与 A 型Ⅲ式卣上。B 型Ⅲ式碗上的纹饰为水波纹，A 型Ⅲ式卣上装饰细密对称弧形纹。

4. 制作

碗的内底旋纹与外底弧形线割痕迹更加细密。

5. 装烧

生烧、剥釉的产品比例很低，但器物内底粘结有大块窑渣的产品比例仍旧较高。开始大量出现托珠，圆锥形，形态一般较小，也有少量大小差异明显，胎质较为致密细腻，许多表面有爆汗釉。从碗内底残存的痕迹上看，仍是三个等距分布使用。器物外底仍保留了施白色砂性物质的做法。

七　第七期

1. 器类

器类单一。B型Ⅳ式碗占据了绝大多数，其次是少量的A型、B型盘，A型Ⅱ式、B型钵，罐、小罐和桥形纽Ⅰ式器盖等。其中B型Ⅳ式碗大小各异，部分窄平沿完全演变成了方唇。B型Ⅴ式碗是新出现的器形，和较B型Ⅳ式碗相比，其腹更直，几乎不见方唇而均为圆唇，但腹仍旧较扁矮。B型盘方唇，浅坦腹，器形较大。A型Ⅱ式钵部分器物腹更斜，下底、腹胎较为厚重。

2. 胎釉

胎色浅，胎质较为致密细腻，气孔很少，火候高。均为满釉，釉层薄，施釉均匀，玻璃质感较强，青黄釉呈色佳。部分器物有窑变现象，积釉较厚处呈乳白色。

3. 装饰

绝在部分素面，仅在少量器物的口沿部位有细弦纹，但本期盘、碗类器物的旋纹不仅限于底部，腹部亦满布，纹路细密，可能已具有装饰功能。

4. 制作

碗、盘类器物内底、内腹的旋纹更加细密，外底弧形线割痕迹亦更加细密。

5. 装烧

生烧与剥釉产品极少，但是内底粘结大块窑渣的现象仍旧较为普遍。从地层上看，前面几期地层中的瓷片较少，而到这一时期地层堆积发生了明显的变化，瓷片极多，主要是瓷片的堆积层，其情况较为接近汉以后窑址中纯瓷片或瓷片与窑具的堆积，表明这一时期烧造产量有了较大的提高。窑具中仍旧流行使用托珠，器物外底部仍粘附白色砂性烧结物。

八　第八期

1. 器类

器类更为单一。B型Ⅴ式碗和新出现的B型Ⅵ式碗、桥形纽Ⅱ式器盖三类器物几乎占据了出土器物的全部，偶见A型Ⅱ钵。B型Ⅵ式碗则在B型Ⅴ式碗的基础上腹部加深，演变成典型的盅式碗，并且出现了子母口，同出土的大量器盖可与之配套使用，此子母口当具有实用功能。

2. 胎釉

胎色较浅，呈灰白色或灰黄色，胎质较细密、坚致，气孔小而少。满釉，釉色青黄，釉层薄，施釉均匀，玻璃质感较强。

3. 装饰

素面，仅在盖纽的纽面上有叶脉纹装饰。

4．制作

碗的内底及盖背的旋纹更加细密，外底保留了细密弧形线割痕迹。

5．装烧

外底仍粘结白色砂性烧结物。虽然绝大多数器物火候较高，生烧与剥釉产品极少，但部分器物的底足火候较低，呈砖红色，并存在着剥釉的现象。本期没有发现托珠，碗底也没发现托珠痕。发现有碗撂烧的标本，因为撂烧的碗大小相当，上面碗的底悬空，折腹部位卡在下件碗的口部。

九　第九期

1．器类

器类更为单一。基本仅新出现的 B 型Ⅶ式碗与饼形器两种器物，偶见 A 型Ⅱ式钵。B型Ⅶ式碗为典型的盅式碗，与 B 型Ⅵ式碗相比，尖圆唇，子母口完全弱化，仅存极细弱的一道，几乎与腹部的旋纹相近。饼形器，器形与盅式碗的底部相近，但均为生烧，无釉，火候较低，用途不明。

2．胎釉

灰白色或灰黄色胎，胎质较为细密、坚致。满釉，釉色青黄，釉层薄，施釉均匀，玻璃质感较强。

3．装饰

均为素面。

4．制作

内底及腹部有极细密的旋纹，外底弧形线割痕迹细密。

5．装烧

外底有白色砂性烧结物。不见托珠。与第八期一样，虽然绝大多数器物火候较高，生烧与剥釉现象极少，但部分器物的外底足火候较低，呈砖红色，并存在着剥釉的现象。

上面的分期可以归纳为几点：

1．第二期器物种类繁多，纹饰复杂，并有较多的鼎、卣、簋等仿青铜礼器的大件器物，反映制瓷技术的器物胎体的细腻致密程度、施釉的均匀程度、胎釉的结合程度、釉的玻化程度等，说明第二期处于一较高的层次，代表了本窑址的最繁荣时期。从第三期开始，器类逐渐走向单一，主要为碗；到了第八、九期，基本仅有碗一种器物。第三、四期胎、釉质量均较差：胎质较粗，胎色深；釉绝大多数极差，几近完全剥落，部分保留釉的器物釉色深，釉层厚。从第五期开始，胎釉质量又有了显著的提高，胎质更细腻致密，施釉匀薄，釉色由较深的青褐色变为较淡的青黄色，玻璃质感强，剥釉、生烧产品较为少见。

2. 器物形态上，以碗的变化最为明显：碗口沿由翻折沿、沿面内弧、上有三个"S"形堆贴→两个"S"形堆贴或无堆贴→窄平沿、尖圆唇外凸→方唇略外凸或方唇、圆唇→尖唇、子母口→尖唇或尖唇、子母口极端弱化成一道装饰演变；腹部从弧腹浅坦→腹较直、深而略弧凸→直腹较高演变；底从浅圈足→假圈足或假圈足略内凹→平底演变；底的制作从手捏浅圈足→假圈足或假圈足平底略内凹、但圈足外侧仍用手捏制→平底线割后不加任何修整演变。

3. 在施釉上，第一至第四期釉层厚，釉色深，施釉不均匀，积釉或流釉明显，生烧与剥釉产品比例高；第五期开始釉色变浅，施釉均匀，釉层薄，胎釉结合佳，生烧、剥釉现象大为减少。

4. 在装饰上，以第二期纹饰种类最多，无论是纹饰的个体还是整体布局，均较为粗放，多见重复、重叠拍印现象；第三至第五期纹饰种类减少，单个纹饰更为细密规矩、排列规整，少见重复、重叠拍印现象；从第六期开始，纹饰进一步减少，且更细密、规整。

5. 窑具目前仅发现作为间隔具的托珠一种，第三期开始少量出现，第四期数量增加，第五期有少量发现，第六、七两期大量出现，极为流行。在第八、九期发现盅式碗套叠于口部摞烧的现象，托珠消失。三区原始瓷在绝大多数器物的外底部均有一层白色砂性烧结物。

6. 印纹陶发现极少，与地层中大量出土的原始瓷相比，完全不成比例，虽然均为残片，但很少见残次痕迹，亦不见窑渣、窑砂粘结及变形现象，基本可排除本窑址烧造的可能性。从纹饰风格来看，时代跨度较大：细密、杂乱、接近于云雷纹的重菱形纹时代较早，对照江南地区土墩墓的分期，可以到西周早期；而曲折纹等纹饰则与本窑址时代相近。窑址所处的区域为低山丘陵地区，是江南地区商周时期土墩墓的重要分布区域，已发掘的独仓山土墩墓群距离窑址仅8公里左右，而火烧山东、西低丘山顶上均有土墩墓存在，窑址里的印纹陶不排除是土墩墓被破坏后滚落山脚而形成的可能。

各期地层与出土主要器物型式对照见下表三。

各期典型器物的器形演变见图九七。

表三　火烧山窑址各组地层与出土主要器物型式对照表

期别	组别	地层	碗	盂	小盂	钵	平底尊形器	桥形纽器盖	鼎	卣	簋
第一期	第一组	ⅠT0403⑩、⑪ ⅠT0404⑧、⑨、⑩ ⅠT0504⑦ ⅠT0504⑤	AⅠ AⅡ★	Ⅰ★	◇		◇	Ⅰ	Ⅰ	AⅠ	
第二期	第二组	ⅠT0403⑧、⑨ ⅠT0404④、⑤、⑥、⑦ ⅠT0405③、④、⑤、⑥ ⅠT0504②b、③b、④ ⅠT0505②a、②b、③、④a、④b、⑤、⑥ ⅠT0506③、④、⑤、⑥	AⅡ★ AⅢ★	Ⅰ★ Ⅱ	◇★	AⅠ★		Ⅰ	Ⅱ	AⅠ★ BⅠ	◇
第三期	第三组	ⅡT0303⑨、⑩ ⅡT0304⑫b、⑬ ⅡT0305⑦a、⑦b、⑧、⑨、⑩	AⅡ AⅢ★ BⅠ	Ⅰ Ⅱ	◇	AⅠ AⅡ	◇	Ⅰ		AⅡ AⅢ BⅠ	
第四期	第四组	ⅡT0303⑦a、⑦b、⑧a、⑧b ⅡT0304⑩、⑪、⑫a ⅡT0305④、⑤、⑥	AⅢ★ BⅡ BⅢ★	Ⅱ	◇	AⅠ AⅡ	◇	Ⅰ		AⅡ AⅢ BⅠ	
第五期	第五组	ⅠT0403④、⑤、⑥、⑦	AⅢ BⅢ★	Ⅱ	◇	AⅡ	◇	Ⅰ		AⅢ BⅡ	
第六期	第六组	ⅡT0304⑧a、⑧b、⑨ ⅡT0305②、③	AⅢ BⅢ★ BⅣ		◇	AⅡ		Ⅰ		AⅢ	
第七期	第七组	ⅡT0303②c、③、④、⑤、⑥ ⅡT0304⑤b、⑥、⑦	BⅣ★ BⅤ			AⅡ B			Ⅰ		
第八期	第八组	ⅡT0303②a、②b ⅡT0304⑤a	BⅤ★ BⅥ★			AⅡ				Ⅱ	
第九期	第九组	ⅢT0303②	BⅦ★								

★ 表示地层出土的主要器类；

◇ 表示地层中有此类器物但未分型式。

第三节　时代推测

　　陈元甫先生在《论浙江地区土墩墓分期》①一文（下面简称陈文）中将浙江地区商周时期的土墩墓划分为九期，时代为夏至战国早期。这是目前针对浙江地区土墩墓分期所作的最全面、深入的研究。

　　陈文将西周晚期至春秋晚期划分为西周晚期至春秋初期、春秋早期、春秋中期、春秋晚期四期。与本窑址相关的各期原始瓷器基本特征如下：

　　西周晚至春秋初期（第五期）：敞口豆开始向敞口碗过渡，成为前期敞口豆与后期敞口碗的中间形态。

　　春秋早期（第六期）：圈足器已基本消失，敞口豆已演变成敞口小平底的碗。

　　春秋中期（第七期）：器类明显减少，常见的碗由上期的腹壁坦张而逐渐变直趋深，大体形成了盅式碗的形态。

　　春秋晚期（第八期）：碗的腹壁继续增高变直，底腹的折收位置下降，内底宽平，底腹分界明显，内壁的轮旋纹显得更为纤细密集，其前期阶段往往上置圆饼形盖，其后期阶段形成了盅式碗的形态。

　　本节对本窑址的时代推测主要以上述分期及各期特征为据。具体分析如下：

　　本窑址第一期的主要器物包括盂和A型Ⅱ式碗，A型Ⅰ式碗虽然数量不多，但仅见于本期，该型碗即相当于陈文第五期的敞口豆。豆是江南土墩墓的主要器物之一，常见于商与西周时期，从商代到西周中晚期，豆柄不断变矮，直至消失。西周中晚期的矮圈足豆在安徽屯溪②和浙江义乌平畴③、东阳六石④等地的土墩墓中均有发现，形态为翻折沿、浅坦腹、矮圈足；本窑址A型Ⅰ式碗"翻折沿、弧腹浅坦、浅圈足"正与之相类。A型Ⅱ式碗由A型Ⅰ式碗发展演变而来，其圈足形态当是处于西周中晚期的豆与春秋早期的平底碗之间的一种过渡形态，时代也应较A型Ⅰ式碗略晚。但这一时期不见陈文第六期也即春秋早期的敞口小平底碗。因此可以推断本期早于春秋早期，时代为西周晚期至春秋初期。

---

① 陈元甫：《论浙江地区土墩墓分期》，浙江省文物考古研究所编《纪念浙江省文物考古研究所建所二十周年论文集》，西泠印社，1999年。

② 安徽省文化局文物工作队：《安徽屯溪西周墓葬发掘报告》，《考古学报》1959年4期。

③ 金华地区文管会：《浙江义乌县平畴西周墓》，《考古》1985年7期。

④ 浙江省磐安县文管会：《浙江东阳六石西周土墩墓》，《考古》1986年9期。

　　本期的 A 型 I 式碗在江苏镇江马迹山遗址①、丹徒磨盘墩②、宜兴宜黄 M1③和浙江瑞安凤凰山④土墩墓中有发现。A 型 II 式碗和小盂在江苏无锡璨山⑤、溧水宽广墩⑥和浙江德清独仓山⑦土墩墓中有发现。

　　A 型 III 式碗是本窑址第二、三、四期中最主要的器形之一，该型碗即陈文第六期也即春秋早期的敞口小平底碗，因此推断此三期的时代当在春秋早期。其中，第二期中 A 型 III 式碗出现并成为主流产品，A 型 II 式碗仍有一定的数量，时代当紧接第一期；第三期 A 型 II 式碗几近绝迹，A 型 III 式碗仍占较大比例，并出现 C 型 I 式碗，其与第二期之间也当没有缺环；第四期 A 型 II 式碗彻底消失，A 型 III 式碗数量仍然较多，新出现 B 型 II 式、III 式碗，且 B 型 III 式碗迅速成为主力产品——该型碗与陈文第七期也即春秋中期的碗已较为接近。因此这三期分别相当于春秋早期前段、春秋早期中段和春秋早期后段。

　　此三期出土的小盂在浙江淳安左口 M3⑧、德清独仓山 D6M2，鼎在上海⑨和浙江萧山长山⑩土墩墓中有发现，筒形卣在江苏溧水宽广墩有发现。A 型 III 式碗在浙江安吉的土墩墓⑪中有发现。此外，包括鼎、碗、卣在内有整个器物群在浙江德清皇坟堆⑫和塔山⑬土墩墓中均有出土。

　　本窑址第五期仅发现于 I T0403 中，有少量 A 型 III 式碗，B 型 III 式碗占优势；第六期以 B 型 III 式碗为主，A 型 III 式碗有一定的数量，新出现 B 型 IV 式碗；第七期 B 型 IV 式碗数量巨大，并且出现 B 型 V 式碗。其中，B 型 IV 式碗与陈文第七期也即春秋中期的碗相同，时代当为春秋中期。推测此三期的时代为春秋中期前段、春秋中期中段、春秋中期后段。

　　B 型 III 式碗在江苏武进武大 M9 土墩墓⑭中有发现。B 型 IV 式碗在浙江德清独仓山、长兴便山土墩墓第四期⑮、湖州堂子山 D216⑯和长兴石狮 D2M11⑰等墓葬中均有发现。

---

① 镇江博物馆：《镇江市马迹山遗址的发掘》，《文物》1983 年 11 期。

② 南京博物院、丹徒县文管会：《江苏丹徒磨盘墩周墓发掘简报》，《考古》1985 年 11 期。

③ 镇江博物馆：《江苏武进、宜兴石室墓》，《文物》1983 年 11 期。

④ 俞天舒：《浙江瑞安凤凰山周墓清理简报》，《考古》1987 年 8 期。

⑤ 无锡市博物馆：《无锡璨山土墩墓》，《考古》1981 年 2 期。

⑥ 刘建国、吴大林：《江苏溧水宽广墩墓出土器物》，《文物》1985 年 12 期。

⑦ 浙江省文物考古研究所等：《独仓山与南王山》，科学出版社，2006 年。

⑧ 浙江省文物考古所：《浙江淳安左口土墩墓》，《文物》1987 年 5 期。

⑨ 上海市文物管理委员会：《上海考古精华》，上海人民美术出版社，2006 年。

⑩ 萧山博物馆：《萧山古陶瓷》。文物出版社，2007 年。

⑪ 安吉县文化馆：《浙江安吉发掘一座石构建筑》，《考古》1979 年 2 期。

⑫ 姚仲源：《浙江德清出土的原始青瓷器》，《文物》1982 年 4 期。

⑬ 朱建明：《浙江德清三合塔山土墩墓》，《东南文化》2000 年 3 期。

⑭ 镇江博物馆：《江苏武进、宜兴石室墓》，《文物》1983 年 11 期。

⑮ 浙江省文物考古研究所：《浙江长兴县便山土墩墓发掘报告》，浙江省文物考古研究所编《浙江省文物考古研究所学刊（1980～1990）》，科学出版社，1993 年。

⑯ 湖州文物保护管理所：《浙江湖州堂子山土墩墓发掘报告》，《东方博物》第 11 辑。

⑰ 浙江省文物考古研究所：《浙江长兴县石狮土墩发掘报告》，浙江省文物考古研究所编《浙江省文物考古研究所学刊（1980～1990）》，科学出版社，1993 年。

本窑址第八期 B 型 Ⅴ 式碗仍占一定的比例，新出现的 B 型 Ⅵ 式碗数量占优，还出现了桥形纽 Ⅱ 式器盖。第八期的 B 型 Ⅵ 式碗和第九期 B 型 Ⅶ 式碗与陈文第八期前、后段器形相同，第八期的桥形纽 Ⅱ 式器盖即陈文第八期前段的圆饼形盖，与 B 型 Ⅵ 式碗配套使用；陈文第九期小盅这两期均不见。推测第八、九期的时代分别为春秋晚期前段、春秋晚期后段。

B 型 Ⅵ 式碗在浙江德清独仓山、长兴便山第五期土墩墓、慈溪彭东赵家山[①]、湖州堂子山 D211M1 和江苏句容浮山果园 ⅩⅣ 号墩 M4[②]等墓葬中均有出土。

本窑址各期的时代归纳如下：

第一期为西周晚期到春秋初期；

第二期为春秋早期前段；

第三期为春秋早期中段；

第四期为春秋早期后段；

第五期为春秋中期前段；

第六期为春秋中期中段；

第七期为春秋中期后段；

第八期为春秋晚期前段；

第九期为春秋晚期后段。

第四节　　主要收获

一　发现西周晚期至春秋晚期的原始瓷龙窑窑址

浙江目前经过发掘的烧造原始瓷的龙窑，比较明确的有三处：萧山前山窑址[③]、萧山安山窑址[④]和绍兴富盛窑址[⑤]。这三处窑炉"均为龙窑，特征典型，依山势而筑、利用山坡倾斜度控制火焰流向和加强热能利用率，长条形，窑炉长、火膛短，窑炉构筑简单，多条叠压"[⑥]。保存较为完整的前山窑址 Y2 斜长 13 米，坡度约 15°。这三条窑，原始瓷与印纹陶兼烧，时代在春秋晚期到战国早期之间。

---

① 浙江省文物考古研究所：《慈溪市彭东、东安的土墩墓与土墩石室墓》，浙江省文物考古研究所编《浙江省文物考古研究所学刊（1980～1990）》，科学出版社，1993 年。

② 镇江博物馆浮山果园古墓发掘组：《江苏句容浮山果园的土墩墓》，《考古》1979 年 2 期。

③ 浙江省文物考古研究所、萧山博物馆：《浙江萧山前山窑址发掘简报》，《文物》2005 年 5 期。

④ 浙江省文物考古研究所材料。

⑤ 绍兴县文物管理委员会：《浙江绍兴富盛战国窑址》，《考古》1979 年 3 期。

⑥ 王屹峰：《浙江原始瓷及印纹陶窑址群的调查与研究》，《中国古陶瓷研究（12）》，紫禁城出版社，2006 年。

火烧山保存下来的窑炉虽然不完整，但均依山势修筑在山坡上，坡度分别为15°与16°，虽然窑头被破坏，长度不详，但保存了长条形的结构，Y1窑炉残长290、宽212厘米，窑长明显大于窑宽。Y3虽然窑炉残长仅216、残宽222厘米，但在窑炉前面，较窑炉略宽的位置，有一道明显的凹槽，深度基本与残存的窑底相当，长近380厘米，推测是窑炉被破坏后形成的痕迹，如此，则此窑炉长近600厘米或以上。火烧山窑址的窑炉，具备了龙窑的特征。这是目前已知保存下来的唯一一处西周晚期至春秋晚期的原始瓷龙窑窑址，也是目前已发掘的最早的纯烧原始瓷的龙窑窑址，对于探索中国早期青瓷的烧造技术具有极其重要的意义。

龙窑出现后，在窑温的控制技术成熟上，也并不是一步到位的。在火烧山窑址的第一、二、三期中，特别是前两期中，存在大量的生烧标本：胎呈土黄色，不见釉，火候明显较低。第四、五、六期生烧现象明显减少，最后三期则基本不见生烧的标本，说明龙窑的窑温控制也存在一个逐步成熟的过程。

二　间隔具的使用

本窑址的第三、四、五、六、七期中出土了大量的托珠：早期呈扁圆形，胎质较粗，常常变形开裂，大小变化不大；后期胎质细腻，基本呈圆锥形，底部有凹窝，大小不一，以适应不同大小的器物。从部分呈粘结状的标本来看，它们是作为叠烧的间隔具使用，三个基本等距置于器物的内底，其上再叠置同类器物。使用这类间隔具，可以防止釉面粘连，并避免叠烧对器物内底釉面的破坏，使器物更加美观。这是一种较为先进的技术，甚至比六朝时期锯齿状的间隔具更加进步——六朝时期的锯齿状间隔具形体较大且粗笨厚重，导致器物的内底出现很深的痕迹，影响了器物的美观。火烧山窑址出土的器物标本内底干净，很少见有间隔具留下的痕迹，更无内底深陷的凹痕。这种托珠是目前已知的最早的间隔具。

但这种间隔具在本窑址中主要见于上述五期中，不仅较之早的第一、二期不见，较之晚的第八、九期亦基本不见。从分布上看，主要见于Ⅱ区，Ⅰ区仅第五期有零星发现，Ⅲ区不见。从对东苕溪流域整个原始瓷窑址群的调查情况来看，在德清北部发现的30多个地点中，进入战国时期许多窑址的产品相当精美，器形巨大、装饰复杂、釉色青翠、釉面匀净，并烧造成组的瓿、甬钟等仿青铜器礼器①，但目前均没有发现使用间隔窑具的。

三　出土大量精美标本，确立原始瓷更详细分期

火烧山窑址的产品丰富，以碗为主，包括盘、罐、盂、钵、器盖以及仿青铜器的鼎、

---

① 朱建明：《浙江德清原始青瓷窑址调查》，《考古》1989年9期。

卣、簋等。大部分产品釉色佳、器形规整，部分器物装饰纹样复杂——包括鼎、簋，绝大部分卣，大部分钵、器盖、盂、小盂、平底尊形器和部分碗上。主要纹饰有：对称弧形纹、勾连双勾线"S"形纹、勾连"S"形纹、双勾线"S"形纹、双勾线双"S"形纹、多次拍印的细乱勾连云纹、规则的云雷纹、对称弧形纹、圆圈形纹和菱形纹。这为江南大型土墩墓中出土的原始瓷器的产地确定提供了重要资料。

土墩墓是江南地区特有的一种埋葬形式，原始瓷与印纹硬陶一起构成了土墩墓最主要的随葬器。由于土墩墓位于山脊或山顶上，单独成墩，少见叠压打破关系，更多是孤立的器物单独成组，其年代的确定主要依靠类型学的排比，较少地层学上的证据。而火烧山窑址堆积深厚，地层叠压关系清楚，器物早晚变化轨迹清晰。火烧山窑址的发掘和器物发展序列的确定，不仅从地层学上印证了原有学者所作的排序和器物分期断代，而且在此基础上作了进一步的细化，基本建立了自西周晚期至春秋晚期的年代标尺。

四 仿青铜礼器（显赫物品）的烧成

从西周晚期与春秋早期开始，原始瓷在器物种类与装饰艺术上一个最重大的变化是实用器物与礼器发生了较为显著的分化，前者是日常用器，后者则是一种显赫物品。显赫物品（prestige-goods）是指那些贵重、稀有、精美的，作为权力与身份地位象征的物品。因为这些物品需要大量的劳动投入和特别的精细技艺，只有贵族才能支撑生产这些东西所需的专职匠人和生产设施，因而他们也就有效控制了这些物品。由于这些物品是权力与身份地位的象征物品，由地位较高的人所控制，这些人通过控制显赫物品控制了政治权威。这样通过技艺不断提高的显赫物品的生产，贵族的政治权威得到了进一步的增强与合法化。因此，显赫物品的出现，是社会分化的象征。

本窑址第二期出土了大量的包括鼎、卣、簋等在内的器物，器形巨大，制作规整，施釉技术成熟，表面装饰有繁缛的纹饰，与一般的碗类等日用器有明显的区别，劳力的投入远非后者能比，无疑是一种标志身份与地位的显赫物品，虽然使用这些器物的社会其基本结构与形态尚需更多的材料来分析，但这批器物的生产与使用无疑标志着这个时期江南的文化开始步入了等级社会或者原有的等级进一步分化。除第二期外，其余各期少见或不见这类器物。特别是晚期，虽然在胎体的制作、施釉技术、烧造方法上存在着明显的提高，但是器类却更为单一，基本为实用器的碗，反映当时的社会复杂化进程并非是直线上升的，而是存在着反复。

包括鼎、卣、簋在内的这批器物与中原的青铜器有着千丝万缕的关系，应该是仿青铜器的原始瓷礼器。在器形上，鼎、簋、垂腹卣与青铜器的同类器物相似，筒形卣可能是青铜垂腹卣的一种地方变型。而部分装饰纹样，可能也与青铜器上的纹样有关。

附　表

火烧山窑址各探方出土主要器物统计表

一　Ⅰ T0403 出土主要器物统计表

探方		碗 A				碗 B	盂			小盂	卣 A		卣 B		盘 A	钵 A		平底尊形器	器盖 桥形纽	鼎		粗旋纹碗底	
		I	II	III	口沿	III	I	II	口沿		I	III	I	II	A	I	II		I	I	II	I	II
④	有釉			1	4	33				2							2					24	
	生烧																					3	2
	剥釉				1	2																	11
⑤	有釉			3	9	187	1					2		2			14						111
	生烧																					2	
	剥釉		2																			1	3
⑥	有釉		7	22		66		5		7						5		2	2			5	41
	生烧		1	13		2			1		10											2	22
	剥釉		3	3		4	1		5			3											5
⑦	有釉					27	3		13	2						2						5	22
	生烧			1		3					18											28	26
	剥釉		1	2																			3
⑧	有釉		6	17		99	19		106	48								1			2	7	86
	生烧		4	43		31	5	1	18	3		28										10	136
	剥釉		5	26		54	15	2	55	4												5	34
⑨	有釉		10	110	185		53	2	83	60	8		1		1	2		8	1		9	15	126
	生烧		2	19		22	19	1	26	3	8					2					1	23	44
	剥釉		11	43		27	42	2	41													26	36
⑩	有釉	5	6			28	27		117									2				66	
	生烧		84		105		111		127													197	
	剥釉		4			7	10		16													47	
⑪	有釉		6				1		6	1	16											8	
	生烧		15			31	8		48													39	
	剥釉		2			1	16		8	2										1			14
总计		5	156	278	645	321	326	13	675	132	60	33	1	2	3	4	21	13	3	1	12	506	729

二 丨 T0404出土主要器物统计表

		碗			盂			小盂	卣		钵	器盖	鼎	小罐	篦	粗旋纹碗底	
		A							A	B	A	桥形纽					
		II	III	口沿	I	II	口沿		I	I	I	I	II			I	II
④	有釉	4	8		1			16	15	1	9		9	4	1	9	49
	生烧															3	16
	剥釉															2	9
⑤	有釉		12	18				32	13	3	10		14		2	3	43
	生烧																3
	剥釉		3	2					1				3				
⑥	有釉															2	5
	生烧																
	剥釉																
⑦	有釉	9	2	56	8	1	16	13	8			1	1			26	14
	生烧		2	2												14	7
	剥釉		1	8	1		12									16	6
⑧	有釉	1		16	3		12	7	12							6	
	生烧	1			1												
	剥釉			2	2			7								12	
⑨	有釉	4		18	2		20	3	11			3				30	
	生烧	2		6	7		4	1	1							12	
	剥釉	16		23	18		17	3								32	
⑩	有釉	7		23	7		16	7	5							35	
	生烧	1		2												11	
	剥釉	5		4	2		3									6	
总计		50	28	180	52	1	100	89	66	4	20	3	27	4	3	219	152

三 ┃ T0504 出土主要器物统计表

		碗 A			盂			小盂	卣 A	钵 A	器盖 桥形纽	鼎	小罐	粗旋纹碗底	
		II	III	口沿	I	II	口沿		I	I	I	II		I	II
②b	有釉			4				1	3	4			1	1	4
	生烧														
	剥釉													1	1
③b	有釉			11				4		1			1	5	2
	生烧		1	2										1	14
	剥釉			1						1					
④	有釉	3	10	85			18	23	10	4	1	1		29	35
	生烧		3	1			1	2						9	7
	剥釉	1	5	18	1	1	6	1						17	13
⑤	有釉			22			53	6	5		3			35	18
	生烧	4			9		1	1						4	1
	剥釉	1		6	3		6	4						20	
总计		9	19	150	13	1	85	42	18	10	4	1	1	122	95

四 ┃ T0505 出土主要器物统计表

		碗			盂			小盂	卣		钵	小罐	粗旋纹碗底	
		A							A	B	A			
		Ⅱ	Ⅲ	口沿	Ⅰ	Ⅱ	口沿		Ⅰ	Ⅰ	Ⅰ		Ⅰ	Ⅱ
②a	有釉		4	19				7	5		10		3	22
	生烧			2										3
	剥釉		1	6					13					11
②b	有釉		1	9				4	2					8
	生烧												1	
	剥釉			3										3
③	有釉	5	33	166	8	2	35	62	10	4	27	1	24	72
	生烧	3		2									4	6
	剥釉	4	4	15				2					2	9
④a	有釉		7	27	1			8	1					8
	生烧		2	1				2						1
	剥釉	1	6	5	1									
④b	有釉	1	11	41			2	7	21		8		9	31
	生烧		1	2									1	8
	剥釉	1	3	6									1	9
⑤	有釉	1	16	126	2		3	28	15		12		10	38
	生烧	2											2	1
	剥釉	1		13			1						7	4
⑥	有釉	2	2	17	3		15	29	2		5		6	9
	生烧													
	剥釉			3	1		4	4	1				3	4
总计		21	91	463	16	2	60	153	70	4	62	1	73	247

五　ⅠT0506 出土主要器物统计表

		碗			盂			小盂	卣 A	钵 A	器盖 桥形纽	小罐	粗旋纹碗底	
		A							I	I	I			
		Ⅱ	Ⅲ	口沿	I	Ⅱ	口沿		I	I	I		I	Ⅱ
③	有釉	5	11	58	4	2	27	45	43	26	2		18	34
	生烧													
	剥釉				1		1		3				6	11
④	有釉		2	19	1		5	3	1	14		1	2	2
	生烧													
	剥釉			5									1	2
⑤	有釉	3	2	28	3		23	15	5	7			11	12
	生烧													
	剥釉			1			3						7	2
⑥	有釉		1	4	3		9	6	4				4	1
	生烧													
	剥釉	1		1	1								1	1
总计		9	16	116	13	2	68	69	50	47	2	1	50	65

六　Ⅱ T0303 出土主要器物统计表

| | | 碗 | | | | | | | 小盂 | 卣 A | 盘 | | 罐 | 小罐 | 钵 | | | 平底尊形器 | 器盖桥形纽 | 粗旋纹碗底 | 细旋纹碗底 |
| | | A | | B | | | | | | | | | | | A | | B | | | | |
		Ⅲ	口沿	Ⅱ	Ⅲ	Ⅳ	Ⅴ	Ⅵ		Ⅰ	A	B			Ⅰ	Ⅱ			Ⅱ	Ⅱ	
②a	有釉						12	8								1			18		27
	生烧																				
	剥釉																		2		4
②b	有釉						2	36											45		55
	生烧																				
	剥釉							1													20
②c	有釉					595					15	10		4		16					202
	生烧																				3
	剥釉					24															13
③	有釉					150					1					7	2				74
	生烧					2															
	剥釉										2				1						
④	有釉					179					3		1			2					91
	生烧					1															
	剥釉					3															3
⑤	有釉	3			1	1206					35	16	14	3		22	4				912
	生烧					4															5
	剥釉				1	32										3					45
⑥	有釉	7		5	12	505					10	5	8	1		50	2			2	610
	生烧	3																			
	剥釉					17				1			1								26
⑦a ⑦b	有釉	4	17	1	5				6				1			2		1		24	
	生烧	2																			
	剥釉	4	1																		
⑧a ⑧b	有釉			1																	
	生烧																				
	剥釉																				
⑨	有釉	2																			
	生烧																				
	剥釉	1																			
⑩	有釉	12	7						11			1		1				1		18	
	生烧	1	4																		5
	剥釉	10	3																		5
总计		49	32	7	19	2781	14	45	17	1	66	22	23	10	3	102	8	2	65	54	2087

七　Ⅱ T0304 出土主要器物统计表

| | | 碗 | | | | | | | | 小盂 | 卤 | | | 盘 | | 小罐 | 罐 | 钵 | | | 平底尊形器 | 器盖桥形纽 | | 粗旋纹碗底 | 细旋纹碗底 |
| | | A | | B | | | | | | | A | | B | | | | | A | | B | | | | | |
		III	口沿	I	II	III	IV	V	VI		II	III	I	A	B			I	II			I	II	II	
⑤a	有釉							25	30										2				31		60
	生烧																								4
	剥釉							1	1														1		4
⑤b	有釉						753	13						18	16	3			10	3		8			308
	生烧																								
	剥釉														2							1			8
⑥	有釉						407							16	13	1			10						130
	生烧																								
	剥釉														1										4
⑦	有釉					11	196							8	4				8	2					54
	生烧						1																		
	剥釉						5																		
⑧a	有釉	8	4			23	35					1		1	1				1					11	27
	生烧	1																							
⑧b	剥釉																							3	
⑨	有釉	13	32			65	17					7		1	2				7					35	15
	生烧		5																						
	剥釉	3				5																		12	1
⑩	有釉	18	21		14	104						5	1			1	4	1	5		1			38	7
	生烧																								
	剥釉	4										5				1								1	3
⑪	有釉	4			3	3						5				2		2						6	
	生烧																								
	剥釉	3																							
⑫a	有釉	1	67	1		3																		91	
	生烧																							4	
	剥釉		9																					10	
⑫b	有釉	53	9	5						14	3	1	1						2						
	生烧		1																						
	剥釉	23																							
⑬	有釉	16		1						6	11					1		1				1			16
	生烧																								
	剥釉	1		5																					1
总计		148	148	12	17	214	1414	39	31	20	14	24	2	44	39	10	4	4	45	5	1	10	32	228	625

八　ⅡT0305 出土主要器物统计表

		碗					盂			小盂	卣			小罐	钵		平底尊形器	器盖桥形纽	粗旋纹碗底		细旋纹碗底
		A			B						A		B		A						
		II	III	口沿	III	IV	I	II	口沿		II	III	I		I	II		I	I	II	
②	有釉		14	37	18					6		16		1	8					41	21
	生烧																				
	剥釉		1	15															2	10	
③	有釉		21	52	16	3						43				3			1	29	
	生烧		3	1																1	
	剥釉		4	8																6	
④	有釉		19	35				1			2	2			2					19	
	生烧																			1	
	剥釉		1																	5	
⑤	有釉		25	50							5	2			3				1	50	
	生烧		1																	4	
	剥釉		7	3											1					5	
⑥	有釉		18	163	10			7		2	4	2	1		7					160	
	生烧		1	1																4	
	剥釉		25	31																44	
⑦a ⑦b	有釉		3																		
	生烧																				
	剥釉																				
⑧	有釉	1	6	42						7	1								7	23	
	生烧																				
	剥釉	3	5	9				1	1									2	3	9	
⑨	有釉	3	14	26			1	1	3	1							2		7	29	
	生烧			1				1						1					7	1	
	剥釉	2	10	12						1									1	19	
⑩	有釉	1	11	25											1					17	
	生烧			1															1	4	
	剥釉			11						1										17	
总计		10	190	522	44	3	1	10	5	17	13	65	1	3	13	11	2	5	27	498	21

附录一

能量色散 X 荧光分析德清出土原始瓷化学组成

熊樱菲

（上海博物馆）

本工作对浙江德清出土的 38 件早期青瓷（或原始瓷）进行化学组成分析。样品内外表面或仅表面施有一层厚薄不均的玻璃釉，一些样品釉层非常薄（0.1mm 以下），颜色青中带黄或褐或灰色，部分夹杂有酱色斑点；胎以灰白色为主，较致密；原料处理不够精细，有较大的气孔和颗粒状石英。

对德清出土青瓷的分析采用能量色散 X 荧光分析方法（EDXRF 分析）。分析测试所用仪器为美国 TN-Spectrace 公司的 Quan-X 型能谱仪，仪器经上海博物馆实验室改装后，可直接对青瓷釉进行元素成分的无损检测，测定的常量元素分析采用基本参数法经过标样校准，并归纳为氧化物进行归一计算，检测分析的结果列入表中。具体无损定量分析方法见参考文献。由于 XRF 技术对瓷釉中主要元素的分析灵敏深度在 10 ~ 1000μm（0.01~1 mm）左右，而部分样品釉层厚度在 0.1mm 以下，所以瓷釉成分中包含了一些瓷胎的信息。

表一所列为德清出土青瓷釉的化学组成数据，分析的 38 件青瓷釉化学组成中，其特点是瓷釉均属钙釉，同时 CaO、P_2O_5 含量很高，有些 CaO 含量接近 20%，相对其他青瓷（或原始瓷）釉中 P_2O_5 含量也很高，估计配釉时加入了一定量的草木灰。SiO_2 含量相对稳定，在 58%~65% 之间，Fe_2O_3（或 FeO）含量较高，一般均在 2% 以上，所以釉色青黄。

表二所列为青瓷胎的化学组成数据，其特点是成分相对比较集中、稳定，基本集中在一个较小的区域内。Al_2O_3 含量变化不大，均在 20% 以下，为南方青瓷的特征；SiO_2 含量较高，在 75% 左右，胎中 Fe_2O_3、TiO_2 含量较高，Fe_2O_3 含量一般均在 2% 以上，但已降低至 3% 以下。可以看出，这类瓷器的原料已经过一定的选择或加工，工艺也比较成熟稳定，但杂质含量较高，对胎原料的处理还不够精细。

表三所列为青瓷胎的吸水率统计情况。

表一　德清出土青瓷釉的常量元素化学组成（%）

样品名称	期别	备注	Na₂O	MgO	Al₂O₃	SiO₂	K₂O	CaO	TiO₂	MnO	Fe₂O₃	P₂O₅
Ⅰ T0403⑪-1	一	07DHⅠ	0.62	1.61	14.00	58.66	1.78	18.12	0.55	0.06	3.13	1.43
Ⅰ T0403⑪-22		07DHⅠ	0.72	1.66	18.06	62.77	4.66	6.52	0.92	0.11	4.26	0.34
Ⅰ T0403⑩-1		07DHⅠ	0.90	1.77	14.33	61.51	3.13	13.26	0.69	0.15	3.41	0.84
Ⅰ T0403⑩-2		07DHⅠ	0.78	1.73	13.50	56.04	2.25	18.46	1.00	0.17	5.36	0.55
Ⅰ T0404⑩-1		07DHⅠ	0.56	1.37	14.56	63.78	2.79	11.32	0.82	0.09	4.08	0.60
Ⅰ T0404⑩-2		07DHⅠ	1.06	1.58	15.04	63.80	3.34	9.92	0.68	0.07	3.74	0.72
Ⅰ T0404⑨-1		07DHⅠ	0.86	1.58	13.63	58.71	3.04	16.04	0.60	0.35	4.00	1.20
Ⅰ T0404⑨-2		07DHⅠ	0.70	1.98	13.15	57.76	2.51	19.17	0.55	0.12	3.10	0.95
Ⅰ T0404⑧-1		07DHⅠ	0.77	1.48	15.41	62.94	1.97	11.94	0.78	0.19	3.96	0.54
Ⅰ T0404⑦-1	二	07DHⅠ	0.82	1.46	14.20	62.84	3.54	12.38	0.71	0.12	3.08	0.77
Ⅰ T0404⑦-2		07DHⅠ	0.75	1.97	13.37	59.89	2.85	15.23	0.64	0.14	3.80	1.26
Ⅰ T0504⑤-1		07DHⅠ	0.92	1.47	13.30	65.58	3.26	11.01	0.75	0.08	2.36	1.27
Ⅰ T0504⑤-2		07DHⅠ	0.45	1.98	11.96	58.16	1.28	20.17	0.67	0.12	3.46	1.76
Ⅱ T0304⑬-2	三	07DHⅡ	0.23	1.20	13.61	61.20	1.92	16.91	0.71	0.12	3.39	0.73
Ⅱ T0304⑬-3		07DHⅡ	0.91	1.88	13.14	58.81	2.41	18.01	0.59	0.14	3.13	1.00
Ⅱ T0305⑧-1		07DHⅡ	0.03	1.44	14.11	60.59	2.02	16.97	0.74	0.16	3.34	0.61
Ⅱ T0305⑧-2		07DHⅡ	1.33	1.98	13.18	60.86	1.53	15.29	0.71	0.24	3.79	1.09
Ⅰ T0403⑤-1	五	07DHⅠ	1.10	2.33	13.82	62.84	2.33	12.91	0.63	0.44	2.26	1.36
Ⅰ T0403⑤-2		07DHⅠ	0.70	2.62	13.60	56.61	1.90	18.32	0.61	1.06	2.83	1.74
Ⅰ T0403⑤-3内1		07DHⅠ	0.52	2.52	13.04	58.89	1.70	16.98	0.63	0.72	3.04	1.90
Ⅰ T0403⑤-3内2		07DHⅠ	0.44	2.34	13.01	59.22	1.59	17.15	0.66	0.73	3.03	1.83
Ⅰ T0403⑤-4		07DHⅠ	0.93	2.36	14.99	62.28	2.08	11.71	0.68	0.50	2.84	1.57
Ⅱ T0304⑨-1	六	07DHⅡ	0.83	1.97	14.93	67.74	3.86	5.39	0.74	0.27	2.81	1.45
Ⅱ T0304⑨-2		07DHⅡ	0.22	1.66	12.17	66.76	2.59	11.72	0.66	0.43	2.50	1.30
Ⅱ T0303⑥-1	七	07DHⅡ	1.12	2.21	14.76	63.58	2.26	11.65	0.63	0.19	2.36	1.25
Ⅱ T0303⑥-2		07DHⅡ	1.12	1.91	14.39	65.13	2.73	10.51	0.60	0.27	2.34	0.99
Ⅱ T0303⑤-1		07DHⅡ	0.65	1.56	13.01	63.63	4.67	10.87	1.16	0.22	3.51	0.60
Ⅱ T0303⑤-2		07DHⅡ	1.01	2.41	11.38	62.48	2.26	15.66	0.70	0.66	1.93	1.52
Ⅱ T0304⑦-1		07DHⅡ	0.63	1.63	15.53	65.18	2.70	9.55	0.71	0.18	3.44	0.46
Ⅱ T0303②a-1	八	07DHⅡ	0.91	1.17	16.06	69.25	3.01	4.78	0.78	0.12	2.29	1.56
Ⅱ T0303②a-3		07DHⅡ	1.29	1.80	14.03	63.24	4.06	10.98	0.70	0.18	2.91	0.81
Ⅲ T0303②-2	九	07DHⅢ	0.90	1.87	15.52	68.08	2.60	6.46	0.74	0.18	2.71	0.91
Ⅲ T0303②-3		07DHⅢ	0.35	1.34	15.65	65.73	2.26	10.09	0.71	0.23	2.60	1.06
ERDU	汉	二都	0.99	1.64	13.11	61.78	2.70	15.33	0.57	0.28	2.69	0.83
XMS-黑	东晋	小马山	0.73	1.21	11.51	55.66	1.00	20.86	0.65	0.33	7.39	0.58
XMS-2		小马山	0.41	1.44	14.47	58.52	1.58	19.61	0.72	0.19	2.44	0.60

表二　德清出土青瓷胎的常量元素化学组成（%）

样品名称	期别	备注	Na₂O	MgO	Al₂O₃	SiO₂	K₂O	CaO	TiO₂	MnO	Fe₂O₃
Ⅰ T0403⑪–1	一	07DHⅠ	0.69	0.38	17.70	75.97	1.76	0.32	0.97	0.02	2.21
Ⅰ T0403⑪–2		07DHⅠ	0.50	0.30	17.38	76.04	2.39	0.49	0.77	0.03	2.11
Ⅰ T0403⑩–1		07DHⅠ	0.39	0.35	16.27	77.79	1.99	0.30	1.06	0.01	1.85
Ⅰ T0403⑩–2		07DHⅠ	0.68	0.30	17.50	75.84	2.04	0.25	1.01	0.02	2.35
Ⅰ T0404⑩–1		07DHⅠ	0.35	0.24	17.08	75.90	2.09	0.29	1.07	0.03	2.94
Ⅰ T0404⑩–2		07DHⅠ	0.57	0.31	15.73	74.05	2.93	2.01	1.01	0.06	3.28
Ⅰ T0404⑨–1		07DHⅠ	0.27	0.30	19.10	74.52	2.24	0.27	1.03	0.02	2.25
Ⅰ T0404⑨–2		07DHⅠ	0.53	0.30	17.60	75.88	2.29	0.48	0.80	0.01	2.13
Ⅰ T0404⑧–1		07DHⅠ	0.18	0.20	15.55	79.09	1.75	0.38	0.84	0.02	1.99
Ⅰ T0404⑦–1	二	07DHⅠ	0.63	0.33	16.27	76.55	3.23	0.37	0.91	0.01	1.71
Ⅰ T0404⑦–2		07DHⅠ	0.76	0.42	17.18	74.97	1.85	0.26	1.20	0.03	3.33
Ⅰ T0504⑤–1		07DHⅠ	0.00	0.07	14.29	80.17	2.32	0.39	1.18	0.03	1.55
Ⅰ T0504⑤–2		07DHⅠ	0.40	0.35	16.01	77.48	2.45	0.33	1.04	0.02	1.94
Ⅱ T0304⑬–1	三	07DHⅡ	0.83	0.47	16.74	75.34	2.35	0.32	1.07	0.01	2.87
Ⅱ T0304⑬–2		07DHⅡ	0.79	0.46	17.40	75.11	2.11	0.26	1.04	0.05	2.78
Ⅱ T0304⑬–3		07DHⅡ	0.65	0.31	17.77	76.31	1.97	0.48	0.70	0.02	1.79
Ⅱ T0305⑧–1		07DHⅡ	0.19	0.26	16.10	77.70	2.04	0.28	0.95	0.03	2.46
Ⅱ T0305⑧–2		07DHⅡ	0.56	0.34	14.07	80.27	1.48	0.40	0.99	0.03	1.86
Ⅰ T0403⑤–1	五	07DHⅠ	0.82	0.30	16.04	77.18	2.07	0.79	0.90	0.02	1.89
Ⅰ T0403⑤–2		07DHⅠ	0.19	0.24	18.44	75.70	1.38	0.26	1.02	0.02	2.77
Ⅰ T0403⑤–3		07DHⅠ	0.33	0.28	17.80	76.17	1.96	0.37	0.83	0.02	2.25
Ⅰ T0403⑤–4		07DHⅠ	0.40	0.32	17.00	75.99	2.30	0.33	1.07	0.02	2.58
Ⅱ T0304⑨–1	六	07DHⅡ	0.57	0.40	16.23	77.70	1.67	0.32	0.86	0.04	2.14
Ⅱ T0304⑨–2		07DHⅡ	0.62	0.31	17.35	76.47	1.79	0.32	0.92	0.01	2.21
Ⅱ T0303⑥–1	七	07DHⅡ	0.60	0.31	18.90	74.79	2.21	0.35	0.86	0.04	1.94
Ⅱ T0303⑥–2		07DHⅡ	0.61	0.32	16.74	76.80	2.22	0.41	0.86	0.03	2.01
Ⅱ T0303⑤–2		07DHⅡ	0.38	0.26	14.50	80.15	1.69	0.35	1.00	0.02	1.63
Ⅱ T0303②a–1	八	07DHⅡ	1.05	0.40	15.98	76.72	2.43	0.28	1.08	0.02	2.05
Ⅱ T0303②a–2		07DHⅡ	0.99	0.40	17.09	75.37	2.53	0.99	0.96	0.04	1.64
Ⅱ T0303②a–3		07DHⅡ	0.66	0.30	18.29	74.42	2.10	0.47	1.26	0.02	2.50
Ⅲ T0303②–1	九	07DHⅢ	0.22	0.18	17.09	76.17	2.56	0.43	1.08	0.05	2.24
Ⅲ T0303②–2		07DHⅢ	0.33	0.55	15.62	72.71	2.45	4.27	0.94	0.11	2.31
Ⅲ T0303②–3		07DHⅢ	0.59	0.22	17.55	75.73	2.43	0.48	0.84	0.04	2.14
ERDU	汉	二都	1.11	0.46	18.11	74.21	2.30	0.53	0.92	0.03	2.34
XMS–1	东晋	小马山	0.73	0.44	17.87	74.13	2.30	0.51	0.96	0.02	3.04
XMS–2		小马山	0.50	0.30	17.38	76.04	2.39	0.49	0.77	0.03	2.11
西侧瓷石–1		07DH	0.09	0.71	18.17	68.98	3.93	0.24	0.91	0.03	6.94
西侧瓷石–黑色表层		07DH	0.00	0.54	26.13	20.54	2.09	0.29	0.87	17.15	30.63
东侧瓷石–1		07DH	0.00	0.42	18.52	74.47	4.20	0.06	0.89	0.03	1.41

表三　吸水率统计情况

样品编号	期别	净重	毛重	吸水率
Ⅰ T0404 ⑩ -2	一	2.30	2.43	5.65%
Ⅰ T0404 ⑧ -1		1.93	1.99	3.10%
Ⅰ T0403 ⑤ -1	五	1.03	1.06	2.91%
Ⅰ T0403 ⑤ -3		2.08	2.15	3.37%
Ⅰ T0403 ⑤ -4		1.58	1.66	5.06%
Ⅱ T0303 ⑥ -1	七	0.97	0.98	1.03%
Ⅱ T0303 ② a-2	八	2.15	2.17	0.93%
Ⅲ T0303 ② -1	九	1.64	1.69	3.05%
小马山1	东晋	1.88	1.92	2.12%
小马山2		1.87	1.91	2.14%

附录二

北京大学加速器质谱（AMS）碳－14测试报告

送样单位：浙江省文物考古研究所
送　样　人：郑建明
测定日期：08－02

Lab 编号	样品	样品原编号	碳十四年代（BP）	树轮校正后年代（BC）	
				1 σ (68.2%)	2 σ (95.4%)
BA07657	炭样	07DH Ⅰ T0403 ⑩	2490 ± 35	770BC (13.4%) 720BC 700BC (54.8%) 540BC	780BC (91.6%) 480BC 470BC (3.8%) 410BC
BA07655	炭样	07DH Ⅰ T0403 ⑨	2435 ± 35	730BC (13.0%) 690BC 550BC (55.2%) 410BC	760BC (20.8%) 680BC 670BC (8.7%) 610BC 600BC (65.9%) 400BC
BA07658	炭样	07DH Ⅱ T0305 ⑨	2485 ± 35	760BC (14.9%) 710BC 700BC (4.3%) 680BC 670BC (49.0%) 530BC	780BC (90.7%) 480BC 470BC (4.7%) 410BC
BA07659	炭样	07DH Ⅱ T0305 ⑥	2440 ± 40	740BC (15.5%) 690BC 670BC (3.8%) 640BC 550BC (48.9%) 410BC	760BC (21.6%) 680BC 670BC (12.1%) 610BC 600BC (61.7%) 400BC
BA07660	炭样	07DH Ⅱ T0304 ⑩	2505 ± 40	770BC (14.3%) 730BC 690BC (11.5%) 660BC 650BC (42.4%) 540BC	800BC (93.6%) 500BC 440BC (1.8%) 410BC
BA07656	炭样	07DH Ⅰ T0403 ⑥	2435 ± 35	730BC (13.0%) 690BC 550BC (55.2%) 410BC	760BC (20.8%) 680BC 670BC (8.7%) 610BC 600BC (65.9%) 400BC
BA07661	炭样	07DH Ⅱ T0304 ⑤	2475 ± 40	760BC (23.1%) 680BC 670BC (45.1%) 520BC	770BC (85.9%) 480BC 470BC (9.5%) 410BC

注：所用碳十四半衰期为5568年，BP为距1950年的年代。

树轮校正所用曲线为IntCal04（ Reimer PJ, MGL Baillie, E Bard, A Bayliss, JW Beck, C Bertrand, PG Blackwell, CE Buck, G Burr, KB Cutler, PE Damon, RL Edwards, RG Fairbanks, M Friedrich, TP Guilderson, KA Hughen, B Kromer, FG McCormac, S Manning, C Bronk Ramsey, RW Reimer, S Remmele, JR Southon, M Stuiver, S Talamo, FW Taylor, J van der Plicht, and CE Weyhenmeyer. 2004 *Radiocarbon* 46:1029–1058. ），所用程序为OxCal v3.10（ Christopher Bronk Ramsey 2005，www.rlaha.ox.ac.uk/orau/oxcal.html ）。

北京大学　加速器质谱实验室
第四纪年代测定实验室
2008 年 2 月 22 日

后　记

　　瓷窑址考古一直以来是浙江省文物考古研究所的重点科研项目，而故宫博物院在古陶瓷研究方面一直处于国内外领先地位，两家单位早在1979年因紧水滩水库的建设需要，联合发掘了位于龙泉县道泰区的山头窑窑址，取得了很好的科研成果。德清县是浙江省原始瓷的著名产地，而原始瓷窑址的发掘，一直是一个考古盲点。有鉴于此，在文化部副部长、故宫博物院院长郑欣淼先生的建议下，浙江省文物考古研究所和故宫博物院再度合作，携手德清县博物馆，联合派员组成考古队，对水库大坝加固工程而涉及的火烧山窑址进行抢救性发掘，由2007年3月下旬开始，5月底顺利结束野外工作，旋即转入室内整理。

　　火烧山窑址考古工作受到了有关领导、专家的高度关注与支持。

　　文化部副部长、故宫博物院院长郑欣淼先生在"五一"长假一结束，即率故宫专家到工地进行现场指导，并在工地亲身体验考古队员们的艰苦生活。浙江省文化厅副厅长、文物局局长鲍贤伦先生先后两次对窑址考古阶段性成果进行了考察，浙江省文物考古研究所的领导和湖州市、德清县有关领导多次亲临考古工地，并对考古发掘的相关情况作出具体的指导。

　　作为一处知名的窑址，火烧山窑址的发掘同样得到了省内外古陶瓷专家们的高度关注，耿宝昌先生、李辉柄先生、任世龙先生、陈克伦先生、李刚先生等诸多专家先后到考古工地观摩出土的遗迹与器物标本，对考古工作的开展提出诸多宝贵建议。

　　本次联合考古发掘，队长郑建明（领队），副队长冯小琦，参加发掘人员有（按姓氏笔划）：王光尧、任秀侠、朱建明、周建忠、黄卫文、董健丽、蔡毅，实习生朱嵩、技工孙晓治与岳友军。文物修复、拓片由孙晓治完成，器物照主要由李永加完成，野外照片及部分器物照由郑建明拍摄，岳友军绘制了全部的线图。本报告由郑建明、冯小琦、周建忠联合执笔。

　　浙江省文物考古研究所的沈岳明先生对本书稿进行了全面细致的审阅并提出详细的修改意见。

　　在此付梓之际，对各位领导、专家及朋友们的关心与支持，一并表示衷心的感谢！

编　者

DEQING HUOSHAOSHAN

(ABSTRACT)

The Huoshaoshan site – an ancient green proto-porcelain kiln from the late Western Zhou Dynasty to late Spring and Autumn – is located in Longshan Village, Wukang Town, Deqing County, Zhejiang Province. The features of the kilns are located at the both ends of the Juebuling Dam, north of the village. Due to the consolidation of the Juebuling Dam, a field team composed of staff from the Zhejiang Provincial Institute of Cultural Relics and Archaeology, the Palace Museum in Beijing and the Deqing County Museum conducted a salvage excavation from March to May, 2007.

The largest area of deposits is situated on the western slope of Huoshaoshan Hill near the eastern end of the dam. The embankment built in 1958 overlays the site. The excavated site is divided into three areas, including Area I, the northern part near the eastern end of the dam; Area II, the southern area near the eastern end of the dam; and Area III, the northern part near the western end of the dam. A total of 900 sq m was uncovered and features such as kiln beds (inside kiln floor), pits and a large number of proto-porcelain specimens were found.

Three kiln beds and more than 10 pits were excavated. All kiln beds were damaged. Y1 (Kiln 1) and Y2 (Kiln 2) are situated near the west edge of Area I. The remnant of Y2 is about 150cm long and 225cm wide, and its west wall was destroyed by the construction of Y1. Y1 is situated to the west of Y2 and its distal portion is intact. The remnant is about 290cm long and 212cm wide. Y1 extended to the west and was built on the foundation of Y2, incorporated part of the distal wall of Y2 and its kiln bed covered with sand. The wall remnants of the kilns are about 40cm high and 20cm thick. The internal walls were gray due to high temperatures in the kilns and the fine sandy layer at the bottom is grayish black.

Y3 (Kiln 3) is situated near the eastern edge of Area I. The remnant is 216cm long and 222cm wide. The remaining wall is 20cm thick and 40cm high and the inside is grayish black in color. The sandy layer at the bottom is divided into 4 sub-layers. Layers 1 and 3 are grayish black, while Layers 2 and 4 are reddish brown. The grayish black layer on the kiln bed surface was caused by heavy firing over a long period of time. Thus, Y3 might have been repaired at least twice. In the front of the kiln bed, there is a trench of the same width as the kiln bed, about 10cm below the surface and 380cm long. It was probably formed after the kiln bed had been destroyed, so the original length of the kiln might have been near 600cm.

The kilns were all built on a slope of 15–16° and might have been rectangular. In this structure, the heated air goes through the kiln chamber(s) in a certain way during firing. This discovery provides important evidence for the origins of Chinese climbing kiln (dragon-shaped kiln).

The pits vary in shape and are filled with different inclusions. H3 is oval in shape, 220cm deep. H5 is gourd-shaped and contained lumps of fired clay. H3 and H5 are near the hill top. The function of the pits is yet to be determined.

This site yielded a wide range of artifacts. Due to the absence of impressed pottery, only proto-porcelain was fired in the kiln. The artifacts include vessels for practical uses such as bowls (*Wan*, *Bo*), plates (*Pan*), pots (*Guan*), water containers (*Yu*) and basins (*Pen*). It yields ritual vessels as well which were modeled on bronze equivalents of vessles (*You*), tripods (*Ding*) and tureens (*Gui*).

The diversity of the bowls varies stratigraphically and may be seriated. The earliest bowl (*Wan*) was characterized by a turned over rim and short circular base. Later, the bowls have deeper and straighter walls and finally are cup-shaped. *You*, a large vessel, can be divided into two forms, cylindrical and drum-shaped. The fragments of *He* with swing-handle were also found.

On the basis of the stratigraphy and typological comparison, the kiln site is divided into nine phases from the late Western Zhou Dynasty to the late Spring and Autumn Period. Many glazed vessels decorated with many types of designs were made from the late Western Zhou Dynasty to the early Spring and Autumn, representing a flourishing period of the kiln. Those for ritual use which were modeled on bronze vessels were found during this period. Very complicated designs are frequently seen on the outer wall of the vessels. Designs are large, rough and randomly arranged. Some impressed designs overlap. While biscuit firing and glaze peeling occurred frequently and the problem of glaze-to-body adherence was not well accomplished in this period, the glaze was thick, dark-colored and vitreous.

After the middle Spring and Autumn period, vessels imitating ritual bronze equivalents disappeared; those for practical use such as the bowl (*Wan*) became dominant. Designs decreased dramatically both in type and quantity. Only two designs survive: symmetrical arcs and finely dense water wave. They are arranged densely and neatly. Overlapping impressions are rare. The clay body was more uniform and finer than that of the early period. The glazing technique improved remarkably. The glaze adheres to the clay body better. Biscuit firing and glaze peeling decreased. Glaze was getting thinner and uniform. Color became light green. During the late Spring and Autumn period, vessel types are fewer in number. Almost only the cup-shaped bowl with flat bottom and plain surface remained. Glazing and clay body manufacturing techniques improved remarkably.

No sophisticated instruments, used to separate the porcelain objects during firing, have been found., Sand stuck to the bottoms of some vessels also indicates that vessels were directly placed on the kiln bed during firing. From the early Spring and Autumn period, a few small setters occurred. Many circular cone shaped setters were found in the middle Spring and Autumn period and they disappeared afterwards.

The results of this excavation are summarized as following:

1. Zhejiang Province is known as an important region of proto-porcelain manufacture. Huoshaoshan is the only proto-porcelain kiln site so far found and dates from the late Western Zhou Dynasty to the late Spring and Autumn period. It is also the earliest kiln site that exclusively produced proto-porcelain. It is of great importance for exploring firing and manufacturing technology of early green porcelain in China.

2. Burial mounds are a specific burial pattern distributed in the southern area of the lower Yangzi River. Proto-porcelain and impressed pottery constituted the main funerary objects in the burials. Because these mounds occur in isolation their chronology can only be identified on the basis of typology. No stratification could be set up for their relative dating. Fortunately, the undisturbed deposit at the Huoshaoshan kiln site is rather thick and therefore typological variation and change through time can potentially be clarified. The stratigraphic evidence can further refine some scholars' classifications. The chronological datum from the late West Zhou Dynasty to late Spring and Autumn in the region could be finally established.

3. The Huoshaoshan kiln site yielded diverse proto-porcelain for ritual use, such as *You*, *Ding* and *Gui* modeled on bronze objects. Huoshaoshan was probably the place of production of those proto-porcelain unearthed from burial mounds in the region. This provides us with important evidence for studying craft production, transportation and social structure at that time. In addition, ritual vessels are a type of prestige goods symbolizing wealth and status. They represent the development of hierarchical differentiation and offer significant evidence for exploring the development of the Wu and Yue civilizations and the formation of early states in this area.

（译：复旦大学潘艳博士　校：复旦大学陈淳教授）

徳清火焼山

（要　旨）

　　火焼山原始青磁窯址は、徳清県武康鎮龍山村施宅自然村の北側、掘歩嶺ダムの両端に位置する。西周晩期から春秋晩期まで原始青磁を焼造した古窯遺跡である。掘歩嶺ダムの補強と堆積物除去の工事のため、2007年3月から5月まで、浙江省文物考古研究所および北京故宮博物院、徳清博物館が協力して考古隊を組織し、窯址の緊急発掘を行った。窯址の主な堆積はダム東端の火焼山西側斜面にあり、1958年に築かれた掘歩嶺ダムがちょうど窯址の真上にあたるため、窯址は3つに分断されている。本発掘は、これらの3ヶ所の区画に沿って発掘を行う。すなわち、ダムの東端北面を一区、東端南面を二区、ダム西端北面を三区とする。これら3ヶ所の合計発掘面積は900平方メートル近くになり、発掘により、窯床、灰坑など豊富な遺跡と大量の原始磁片が出土した。

　　今回の発掘により、窯床3つ、灰坑10数ヶ所が発見された。窯址は操業期間が長く、活動範囲も広かったため、3つの窯床はすべて破壊されており、窯尻部分の長さ2メートル前後を残すのみである。Y1、Y2は一区の西側周辺に位置し、Y2は残長1.5メートル、西側窯壁はY1により打ち壊され、窯幅は不詳である。Y1はY2の西側にあり、窯尻は完全に保存されており。Y1は残長2.9メートル、幅は2.12メートル、西北西350°の方向を向き、傾斜は15°、Y2を土台として西向きに築かれており、もともとY2の後部窯壁と砂床であった部分が一部利用されている。Y1、Y2の窯壁の残高は40センチ近く、厚みは約20センチ、紅焼土レンガが用いられており、窯壁内側は焼成によりかなり灰色に変色し、底部の砂床は灰黒色を呈している。

　　Y3は一区の東部周辺に位置し、残長2.16メートル、最も広く残っている部分で幅2.22メートル、紅焼土の窯壁の厚みは20センチ、残高約40センチ、内側はほのかに灰黒色を呈し、西北西352°の方向を向き、傾斜角は16°である。状況を分析すると、底部砂床は4層からなる。第一、三層は灰黒色、第二、四層はレンガ色を呈している。そのうち灰黒色層は窯床表面が比較的長時間焼き続けられた結果であると考えられる。したがって、Y3は少なくとも2度の修復を経て使用されたものと推測される。窯床の前面には窯床とほぼ同じ幅の道が一条ある。地面から約0.1メートル低く、長さ約3.8メートルのくぼみであり、おそらく窯床が壊された後に形成されたものである。この推測に基づけば、この窯のもともとの長さは少なくとも5.9メートル前後であったものと考えられる。

　現在、既に発見された窯床はすべて山の斜面上にあり、一定の傾斜角がある。Y3の形状は細長い長方形を呈していたと推測され、龍窯の基本条件を備えている。したがって、これは、現在のところ発掘されている窯のうち、山の傾斜面を利用して築いた原始青磁の長方形の窯炉遺跡の最も早い例であり、わが国の龍窯の起源を探る上で重要な証拠を提供している。

　灰坑の形態は多様であり、坑を充填している土も複雑な様相を呈している。H3の平面は楕円形に近い形であり、坑壁は直線的に傾斜し、深さは2.2メートルに達する。坑を充填している土は純一であり、夾雑物は極めて少ない。H5は葫蘆形を呈しており、中は大量の紅焼土の大きな塊で充填されていた。H3、H5は山頂付近に位置し、さらに上に行くと窯床などの遺跡や文化層の堆積はなく、その点に関してはさらに研究を行う必要がある。

　この窯址出土の遺物は非常に豊富であり、印紋硬陶は見受けられず原始青磁のみを焼造した窯址であるといえる。主に実用器として碗、盤、水盂、鉢、盆などがあり、さらに青銅器の礼器を写した卣（ゆう）や鼎、簋（き）なども発見された。

　碗の器形は早期から晩期までの間に大きく変化しており、最も時代の特徴を備えているものである。その中でも広口の碗においては、早期は口縁が外反し、低い高台がつく点に特徴がある。以後は碗の腹部がしだいに深く直線的に変化していき、最後には筒型の盅式碗になる。

　卣は筒状のものと鼓腹の2種類の器形に分けられ、器体はきわめて大きく、把手の残片も併せて発見されている。

　考古発掘による地層の状況や出土器物の類型学的見地から、本窯址は西周晩期から春秋末期までの9期に分けられることができる。その中で西周末期から春秋早期までが本窯址の最盛期であり、焼造器物の種類は豊富で、その造りも精美であり、装飾も多く、釉色も美しい。青銅礼器を写した器物はおもにこの時期にみられ、器物の腹部にはしばしば繁縟な文様が見られる。文様の一つ一つが大きく、大まかで、配列も整然としていない。さらに印文が重なるように押されている部分もしばしば見られる。この時期の製品は、生焼けや釉剥げが最も多く見られ、胎と釉の結合はあまりよくないが、釉層が厚く、深い釉色を呈し、全体的にガラスの質感が強い。春秋中期以後、青銅器の倣製品は基本的に見られなくなり、碗が主要製品となり、少量の盤、罐などすべて実用器ばかりなる。文様に関しても、施される量やその種類も激減し、基本的に罐に対称弧形文が見られるのと碗に縦方向の細い波濤文が部分的に施されているものの2種が見られるのみである。それらの文様は細密で、整然と文様が配列され、印文が重なるように押されるような現象はほとんど見られない。胎質は早期に比べてさらにきめが細かくなり、施釉技術も明らかに進歩し、胎と

釉薬の結合も良くなり、生焼けや釉剥げなどの状態のものは大幅に減少した。釉層も薄く
なり、施釉も均一で、釉色は淡くなり淡青色を呈している。春秋晩期は中期を基礎上に成
り立ち、器種はさらに減少して子母口と尖円唇の2種類の盅式碗のみである。直口直腹、平
底露胎である。胎と釉の製作技術はいっそう向上している。

　焼造技術に関して、トチンなどの窯道具は発見されておらず、いくつかの器物のそこに
かなり厚い砂層が付着していることから、器物は直接砂床の上に置かれたものと考えられ
る。春秋早期後半から重ね焼きの際に用いる間隔具は現れ始めるが、その数量は極めて少
なく、春秋中期前半になって大量に発見され始める。主に、円錐形に近い托珠という団子
状にした粘土塊であり、3つ1組で使用され、春秋中期後半以後はまた出土しなくなる。

　浙江省は原始磁の重要な産地である。火焼山窯址は今のところすでに発見、保存されて
いる中で唯一西周晩期から春秋晩期までの原始磁窯址である。そして、今までに発掘され
た窯址の中で最も早い、唯一原始青磁のみを焼造した窯址である。龍窯に属すると指摘で
きる窯床遺跡であり、中国早期の青磁焼造技術について論じるうえで非常に重要な意義を
もつ。これは今回の発掘のうち最も重要な収穫の一つである。

　土墩墓（盛り土の墓）は江南地区特有の埋葬形式である。原始磁は印文硬陶とともに土
墩墓の主要な随葬器を構成している。土墩墓は山の尾根、あるいは山頂に位置し、それだ
けで土盛りを成していることにより、その上に重なる地層によって破損をきたすことはな
い。そのため、多くはそれぞれの器種ごとにグループを作り、その年代確定には主に類型
学的な比較に依拠しており、地層学的な証明は不十分である。しかし火焼山窯址の場合、
堆積が非常に厚く、地層の重なり具合も明瞭で、器物の早期から晩期までの変化が捉えや
すい。この点において、今まで研究者によって為されていた器物の編年研究に対して、地
層学による裏づけが得られたのである。さらにその編年研究をさらに進めて細分化し、西
周晩期から春秋晩期までの年代測定の基本的な基準を打ち立てることができた。これは今
回の発掘における第二の重要な収穫である。

　火焼山窯址の産品は非常に豊富であり、卣や鼎、簋などの青銅器礼器の倣製品を含む大
量の製品を出土した。したがって、江南の大型土墩墓から出土したこれらの器物の原産地を
見つけることができたと言える。このことは、当時の社会の手工業の生産状況や交通運輸状
況および社会的分業を研究する上で重要な価値がある。同時に、青銅器礼器の倣製品は、碗、
盤などの実用器物は本質的に区別してあることから、身分や地位を顕示するものの象徴であ
り、その出現は社会階級の出現あるいは発展を表しており、江南地区の呉越文明の発展、国
家の形成を探る上で重要な価値がある。以上が今回の発掘における第三の重要な収穫である。

（翻译：复旦大学杉谷香袋子）

德淸火燒山

(개 요)

火燒山 原始靑瓷 窯址는 德淸縣 武康鎭 龍山村 施宅 마을 北쪽의 掘步嶺 댐의 양쪽에 위치하며 西周晩期부터 春秋晩期까지 原始靑瓷를 燒造하였던 가마유적이다. 掘步嶺 댐의 擴張 공사로 인하여 2007년 3월-5월에 걸쳐 浙江省文物考古研究所와 北京故宮, 德淸博物館이 연합하여 고고발굴팀을 구성하여 이 가마유적에 대해 구제발굴을 시행하였다.

유적의 퇴적층은 주로 댐 동쪽의 火燒山 서쪽 사면에 형성되어 있으며 1958년에 조성된 掘步嶺 댐은 바로 가마유적 위에 축조되어 가마유적을 3구역으로 나누었다. 이번 발굴은 댐 동쪽 北側을 一區, 南側을 二區, 서쪽 北側을 三區로 나누어서 진행하였다. 3개 구역을 합쳐서 발굴면적은 900㎡이며, 가마와 수혈 등의 유구 및 대량의 原始瓷 파편들이 확인되었다.

이번 발굴에서는 가마 3기(Y1, Y2, Y3)와 수혈 십여기(H1, H3, H5…)를 조사하였다. 가마의 사용 기간이 길고 窯業 활동이 많았기 때문에 3기의 가마는 모두 파괴되었다. Y1과 Y2는 一區의 서부에 위치한다. Y2는 남은 길이가 1.5m, 폭이 2.25m이고 서쪽 벽이 Y1에 의해 파괴되어 폭은 알기 어렵다. Y1은 Y2의 서쪽에 있고 미부가 완벽하게 보존되어 있는데 남은 길이가 2.19m이며 폭이 2.12m이다. 방향은 350도이고 경사가 15도에 이른다. Y1은 Y2의 기초 위에 약간 서쪽으로 치우쳐 축조되면서 Y2의 미부와 바닥의 모래층을 이용하였다. Y1과 Y2의 벽은 남아 있는 높이가 약40cm, 두께가 20cm이며, 흙으로 만든 벽은 내벽이 심하게 타서 회색을 띤다. 바닥의 모래층도 회흑색이 되어 있다.

Y3은 一區의 동쪽 끝에 위치하며 남아 있는 길이가 2.16m, 가장 넓은 폭이 2.22m이다. 가마의 벽은 두께가20cm, 남아 있는 높이가 40cm이고 灰黑色이다. 방향은 352도이며 경사각은 16도이다. 단면으로 보아 바닥의 모래층은 4층으로 구분할 수 있으나 1층과 3층은 灰黑色이고 2층과 4층은 진한 붉은 색이다. 灰黑色 모래층은 가마 바닥으로서 장기간 구워져서 형성된 것이므로 Y3은 적어도 2차의 보수를 거쳐 사용되어

왔다고 할 수 있다. 가마 앞에 가마의 폭과 비슷하고, 길이 3.8 m, 깊이 0.1 m의 도랑이 있으나 파괴된 가마로 추측되어 원래 가마의 길이는 6m 이상으로 짐작된다.

지금까지 발견된 가마는 모두 산비탈에 자리 잡고 있어 경사져 있다. Y3은 長條形(세장방형)으로 추정되며 龍窯의 기본 형태를 갖추었다. 따라서 현재까지 발굴된 자료 가운데 가장 이른 시기에 산의 경사면을 이용하여 축조된 원시청자 가마 유적에 해당하며, 중국 용요의 기원 문제에 관해 중요한 증거를 제공하였다.

수혈은 형태가 다양하고 내용이 복잡하다. H3은 평면이 타원형에 가깝고 벽이 비스듬하게 반듯하며 깊이가 2.2m에 이른다. 내부 퇴적토에 포함된 유물은 드물다. H5는 호리병형인데 대량의 소토 덩어리가 나왔다. H3과 H5는 산 정상에 가까우며 그 위에는 유물이나 유구가 없으므로 그 기능에 대해서는 앞으로 면밀히 검토해야 할 것이다.

가마의 소성품은 매우 풍부하지만 印紋陶가 보이지 않아 原始瓷만 생산한 가마로 추정된다. 실용품으로 碗, 盤, 罐, 水盂, 鉢, 대야 등이 주류를 이루며 靑銅禮器를 모방한 卣와 鼎, 簋 등도 있다.

碗은 시간에 따라 기형의 변화가 크고 시대적인 특징이 가장 두드러진다. 그 가운데 廠口碗은 처음에는 구연이 외반하면서 약간 안으로 휘어지며 굽이 낮다. 점차 동체가 깊어져서 盅式碗으로 변해 왔다.

卣는 筒形과 배부른 형의 두 가지가 있는데 부피가 크고 손잡이의 파편도 발견되었다.

발굴된 층위관계와 유물의 형식분류에 의해 이 가마 유적은 西周 晚期부터 春秋 말기까지 9기로 나누어질 수 있다. 그 가운데 西周 末期에서 春秋 早期는 全盛期로서 제품은 종류가 풍부할 뿐만 아니라 제작이 정교하고 다양한 문양이 장식되어 있으며 釉色도 비교적 곱다. 靑銅禮器를 모방한 유물은 주로 이 시기에 제작되었으며 동체에 항상 복잡한 무늬가 장식되어 있다. 문양은 크고 투박하며 불규칙하게 배치하여 겹친 것도 흔히 보인다. 덜 소성되거나 釉藥이 剝離된 현상이 많다. 釉藥은 胎體와 결합한 상황이 좋지 않지만 두껍고 색조가 진하며 유리질감이 강하다.

춘추 중기 이후에는 청동예기를 모방한 유물이 사라지고 碗이 절대다수를 차지하며 소량의 盤과 罐도 실용품이다. 문양은 수량이나 종류 모두 갑자기 줄었다. 罐의 對稱 弧形紋과 碗에 있는 세로로 된 치밀한 水波紋 두 가지만 남아 있는데 세밀하고 정연하다. 문양을 겹쳐서 찍는 현상이 드물다. 胎土는 조기의 것보다 치밀하고 섬세하다. 施釉 기술이 크게 발전해서 태체와 유약이 잘 결합하였다. 소성이 덜된 현상과 유약의 박리 현상이 대폭 줄었다. 유약은 얇아지고 고르며 색조가 옅어져서 연한 청색을 나타내고 있다.

춘추 만기는 중기의 기초 위에 종류가 더 줄어서 盅式碗만 남아 있다. 이중구연식

과 구연이 뾰족하면서 원만한 것의 두 가지로 구분하는데 구연과 동체가 반듯하고, 평저이며, 문양이 없다. 태체와 유약의 결합 수준은 한 층 더 높아졌다.

소조 기술에 있어서 아직 도침과 같은 것은 발견되지 않았고 일부 유물의 저부에 굵은 모래가 붙어 있어 직접 가마 바닥에 놓았다는 것을 말해 주고 있다. 춘추 조기의 후반부터 隔離用 窯 도구가 나타나지만 양이 적고 춘추 중기 전반부터 대량으로 나타났다. 주로 원추형 구슬과 비슷한 것 3개를 한 세트로 사용해 왔는데 춘추 중기 후반부터 거의 사라졌다.

浙江省은 원시청자의 중요 생산지이다. 火燒山窯址는 지금까지 알려진 유일한 서주 만기부터 춘추 만기까지의 원시자기 가마 유적이고 지금까지 발굴된 가장 이른 시기의 원시자기만을 생산하는 가마이다. 龍窯 계통에 속한 이 가마 유적의 발견은 중국 조기 청자 소조 기술의 연구에 있어 매우 중요한 의미가 있으며 이번 발굴의 가장 중요한 성과라고 할 수 있다.

土墩墓는 江南지역의 독특한 매장 형식인데 原始瓷는 印紋硬陶와 함께 토돈묘의 중요 부장품을 구성하고 있다. 토돈묘는 산 능선이나 정상에 위치하여 독립적이어서 서로 겹친 관계가 거의 없고 유물군도 독립적이다. 이로 인해 토돈묘의 연대는 주로 형식분류에 의해 추정되어 왔으며 층위학적인 근거가 빈약하였다. 火燒山窯址는 퇴적층이 두껍고 층위관계가 뚜렷하며 유물의 형식 변화도 분명하다. 이런 점을 이용하여 층위학적으로 선학들의 형식분류와 연대분기를 논증할 수 있으며, 이러한 기초 위에서 서주 만기-춘추 만기의 연대 판단 기준을 세울 수 있다. 이는 이번 발굴에서 얻어진 또 하나의 중대한 성과이다.

火燒山窯址의 출토품이 극히 풍부하며 卣, 鼎, 簋를 포함한 청동예기 倣製品이 대량으로 출토되었으므로 강남지역의 대형 토돈묘에서 출토되었던 같은 유형 유물의 原産地를 찾게 되었다. 또한 당시 사회의 手工業 상황과 유통 상황, 직업 분화에 대한 연구에 있어서 중요한 역할을 할 것이다. 청동예기를 모방한 제품은 碗이나 盤 등 실용품과 본질적인 차이가 있으며 신분과 지위를 상징하는 위세품으로서 社會階層 분화가 한층 더 심해진 것을 의미한다. 이는 강남지역 吳越文明 발전 및 국가형성 연구에 있어 중요한 가치가 있으며 이번 발굴에서 얻어진 세번째 중요한 성과라고 할 수 있다.

（翻译：浙江省文物考古研究所 李暉达　校正：韩国全南大学校林永珍教授）

1. 发掘前全景（西北－东南）

2. Ⅰ区全景（东北－西南）

发掘区及Ⅰ区全景

1. Ⅱ区全景（西北－东南）

2. Ⅲ区全景（东－西）

Ⅱ区、Ⅲ区全景

1. Ⅰ T0403 内原始瓷鼎出土情形

2. Ⅱ T0304 ⑦层局部

Ⅰ T0403 内原始瓷鼎出土情形及 Ⅱ T0304 ⑦层局部

1. Y1、Y2（北－南）

2. Y3（北－南）

Ⅰ区窑炉遗迹

1. Ⅰ式Ⅰ T0403⑩：11

2. Ⅰ式 H5：1

3. Ⅱ式Ⅰ T0403⑧：2

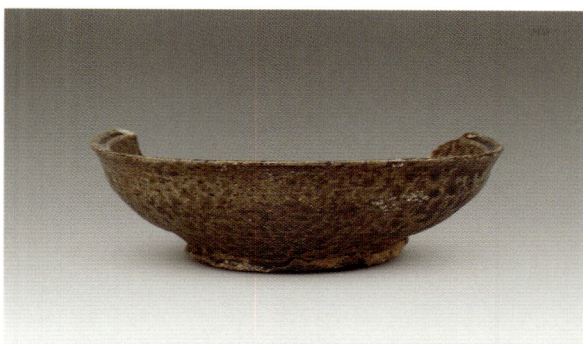

4. Ⅲ式Ⅰ T0403⑨：10

5. Ⅲ式Ⅰ T0403⑨：12

6. Ⅲ式Ⅰ T0403⑨：13

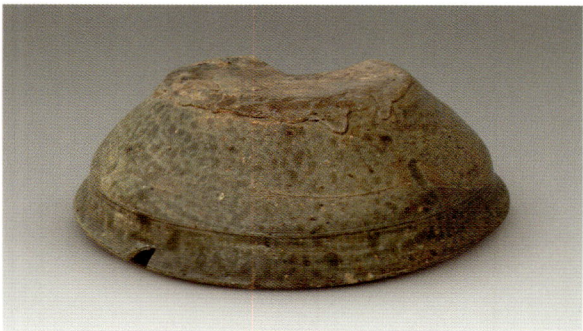

Ⅰ区出土原始瓷 A 型碗

1. A 型 Ⅲ 式 Y1 上 ② : 4

2. A 型 Ⅲ 式 H5 : 8

3. B 型 Ⅲ 式 Ⅰ T0403 ⑤ : 7

4. B 型 Ⅲ 式 Ⅰ T0403 ⑤ : 9

5. B 型 Ⅲ 式 Ⅰ T0403 ⑦ : 5

6. B 型 Ⅲ 式 Ⅰ T0403 ⑤ : 14

Ⅰ区出土原始瓷碗

1. Ⅰ T0403 ⑨：33

2. Ⅰ T0506 ③：4

3. Ⅰ T0506 ③：6

Ⅰ区出土原始瓷 C 型碗

1. Ⅰ T0403 ⑨：16

2. Ⅰ T0403 ⑨：24

3. Ⅰ T0403 ⑦：1

4. Ⅰ T0403 ⑥：3

5. Ⅰ T0405 ⑥：1

6. Ⅰ T0504 ⑤：1

Ⅰ区出土原始瓷小盂

1. 小盂Ⅰ T0505 ⑤：3

2. 小盂Ⅰ T0505 ④a：2

3. 小盂 Y1 上①：3

4. A 型盘Ⅰ T0403 ⑧：8

Ⅰ区出土原始瓷小盂、盘

1. Ⅰ T0403 ⑤：16

2. Ⅰ T0404 ⑤：4

3. Ⅰ T0404 ④：11

Ⅰ区出土原始瓷 A 型小罐

1. B 型 I T0403 ⑨：7

2. B 型 I T0403 ⑤：4

3. B 型 I T0506 ③：7

4. C 型 I T0403 ⑨：43

5. C 型 I T0505 ①：1

I 区出土原始瓷小罐

1. A 型 I 式 I T0404 ④：1

2. A 型 I 式 I T0405 ④：1

3. A 型 II 式 I T0403 ④：1

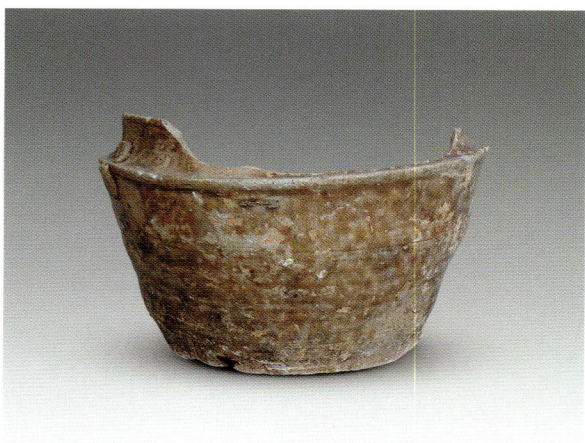

4. A 型 II 式 I T0403 ⑥：7

Ⅰ区出土原始瓷 A 型钵

1. Ⅰ T0403 ⑩：7

2. Ⅰ T0403 ⑨：9

3. Ⅰ T0403 ⑨：25

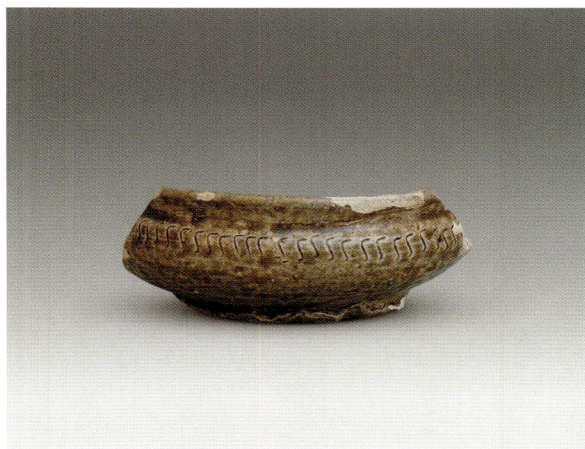

4. Ⅰ T0403 ⑨：49

5. Ⅰ T0403 ⑨：32

6. Ⅰ T0403 ⑨：34

Ⅰ区出土原始瓷平底尊形器

1. Ⅰ T0403 ⑨：36

2. Ⅰ T0403 ⑧：7

3. Ⅰ T0403 ⑥：5

4. Ⅰ T0403 ⑥：8

Ⅰ区出土原始瓷平底尊形器

1. Ⅰ T0403 ⑨：28

2. Ⅰ T0506 ⑤：1

3. Ⅰ T0506 ③：2

Ⅰ区出土原始瓷桥形纽Ⅰ式器盖

1. Ⅰ式Ⅰ T0403 ⑩：6

3. Ⅱ式Ⅰ T0403 ⑨：4-2

2. Ⅱ式Ⅰ T0403 ⑨：4-1

4. Ⅱ式Ⅰ T0403 ⑨：39

5. Ⅱ式 Y1上②：1

6. Ⅱ式 Y1上②：2

Ⅰ区出土原始瓷鼎

Ⅰ区出土原始瓷Ⅱ式鼎Ⅰ T0403 ⑨：3

Ⅰ区出土原始瓷 A 型Ⅰ式卣Ⅰ T0505 ⑤：8

Ⅰ区出土原始瓷 A 型Ⅰ式卣Ⅰ T0506②∶1

Ⅰ区出土原始瓷 A 型Ⅲ式卣Ⅰ T0403 ⑤：1

Ⅰ区出土原始瓷 B 型 Ⅰ 式卣 Ⅰ T0403 ⑨：31

Ⅰ区出土原始瓷 B 型Ⅱ式卣Ⅰ T0403 ⑤：8

1. Ⅰ T0404 ⑤ : 5

2. Ⅰ T0404 ⑤ : 6

Ⅰ区出土原始瓷簋

1. Ⅰ T0403 ⑨：38

2. Ⅰ T0404 ⑨：6

3. H4：4

4. Ⅰ T0404 ⑨：9

5. Ⅰ T0506 ③：5

6. Ⅰ T0403 ⑨：47

Ⅰ区出土原始瓷器底部刻划符号

1. Ⅰ T0404 ⑨：8

2. Ⅰ T0404 ⑨：10

3. Ⅰ T0404 ⑨：12

4. Ⅰ T0504 ④：2

5. Ⅰ T0505 ⑤：6

6. Ⅰ T0506 ①：2

Ⅰ区出土原始瓷器底部刻划符号

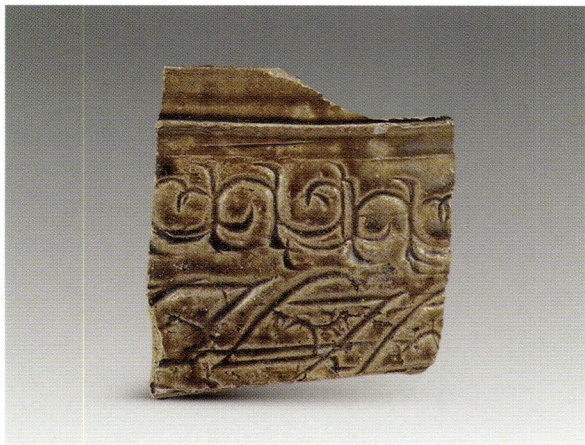

1. Ⅰ T0505 ③：17

2. Ⅰ T0505 ①：2

3. Ⅰ T0506 ③：8

4. Ⅰ T0506 ①：3

5. H9：5

6. H9：3

Ⅰ区出土原始瓷器装饰纹样

1. 细密对称弧形纹 I T0404 ③：3

2. 云雷纹 I T0405 ①：1

3. 云雷纹 I T0405 ①：2

4. 圆圈形纹 I T0404 ⑦：3

5. 圆圈形纹 I T0505 ③：16

I 区出土原始瓷器装饰纹样

1. Ⅰ T0404 ⑤ : 9

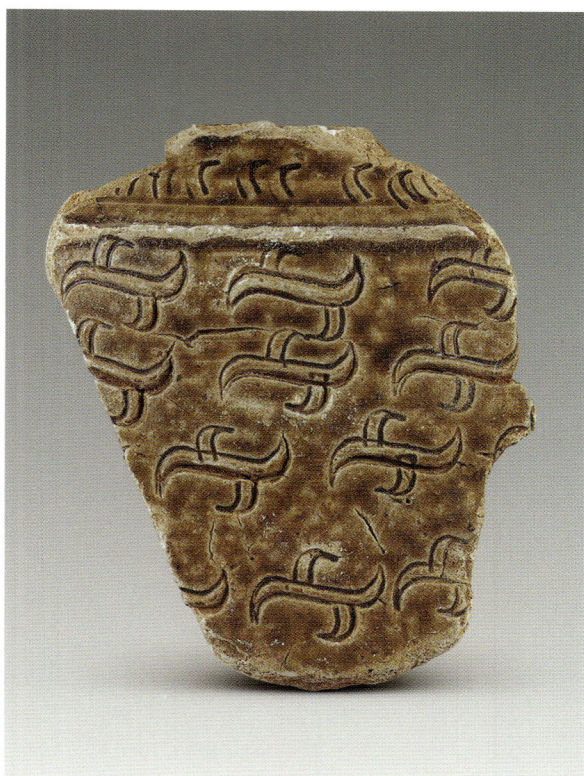

2. Ⅰ T0505 ④ b : 5

3. Ⅰ T0506 ③ : 9

Ⅰ区出土原始瓷器装饰纹样

1. 托珠ⅠT0404③：2、ⅠT0505②b：1、ⅠT0404④：6、ⅠT0404⑤：7、ⅠT0505③：15

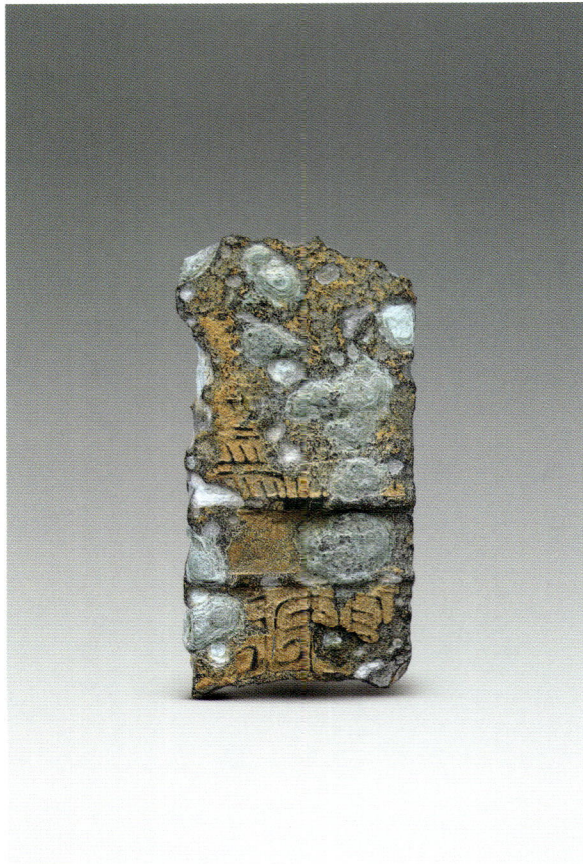

2. 青铜残片ⅠT0504⑤：7

Ⅰ区出土托珠及青铜残片

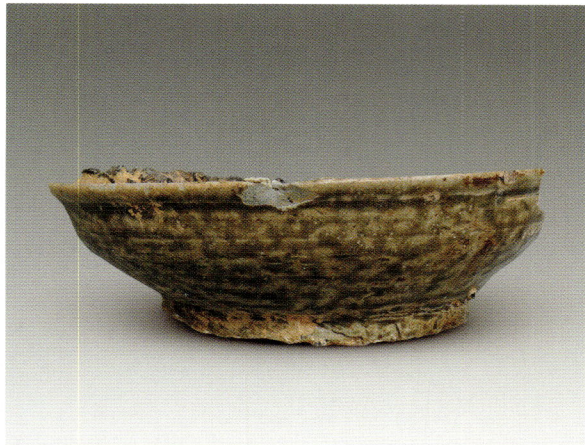

1. Ⅱ式Ⅱ T0305 ⑨：7

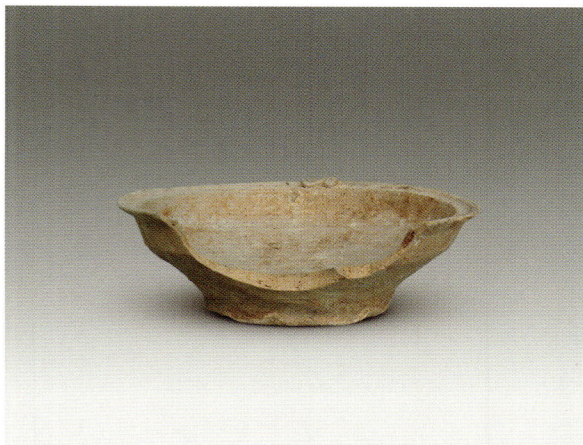

2. Ⅲ式Ⅱ T0304 ⑬：10

3. Ⅲ式Ⅱ T0304 ⑩：3

4. Ⅲ式Ⅱ T0304 ⑩：4

Ⅱ区出土原始瓷 A 型碗

1. Ⅱ T0304 ⑩：28

2. Ⅱ T0304 ⑧ a：6

3. Ⅱ T0305 ⑥：1

4. Ⅱ T0305 ⑥：6

5. Ⅱ T0305 ⑥：7

6. Ⅱ T0305 ⑥：13

Ⅱ区出土原始瓷 A 型 Ⅲ 式碗

1. A 型 Ⅲ 式 Ⅱ T0305 ⑥：12

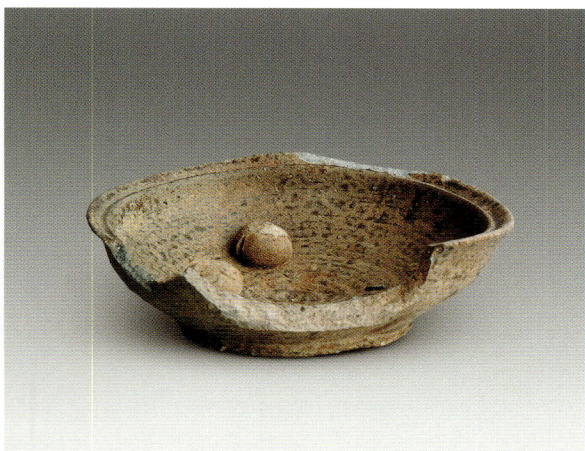

2. B 型 Ⅰ 式 Ⅱ T0304 ⑫ b：17

3. B 型 Ⅰ 式 Ⅱ T0304 ⑫ b：6

Ⅱ区出土原始瓷碗

1. Ⅱ T0303 ⑧ a：1

2. Ⅱ T0304 ⑩：14

3. Ⅱ T0304 ⑩：16

4. Ⅱ T0305 ⑥：18

5. Ⅱ T0305 ⑥：20

Ⅱ 区出土原始瓷 B 型 Ⅱ 式碗

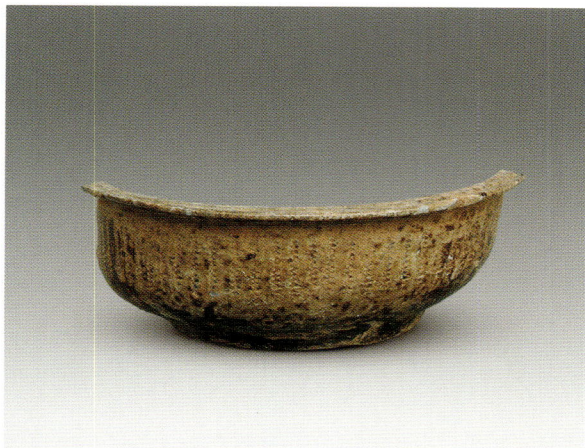

1. Ⅱ T0304 ⑩：6

2. Ⅱ T0304 ⑩：26

3. Ⅱ T0304 ⑨：3

4. Ⅱ T0304 ⑨：2

Ⅱ区出土原始瓷 B 型 Ⅲ 式碗

1. Ⅱ T0303 ⑤：2

2. Ⅱ T0304 ⑦：1

3. Ⅱ T0304 ⑦：8

4. Ⅱ T0304 ⑦：10

5. Ⅱ T0304 ⑦：14

6. Ⅱ T0304 ⑥：1

Ⅱ区出土原始瓷 B 型Ⅳ式碗

2. Ⅱ T0304 ⑤ b：10

3. Ⅱ T0304 ⑤ b：30

1. Ⅱ T0304 ⑤ b：1

Ⅱ区出土原始瓷 B 型Ⅳ式碗

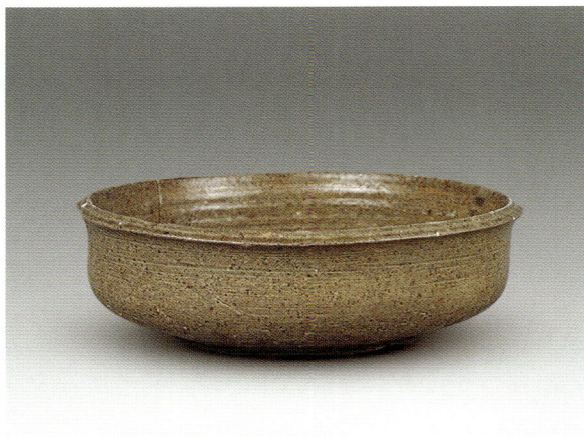

1. Ⅱ T0303 ② b：6

2. Ⅱ T0303 ② b：9

4. Ⅱ T0303 ② b：13

3. Ⅱ T0303 ② b：11

Ⅱ区出土原始瓷 B 型 V 式碗

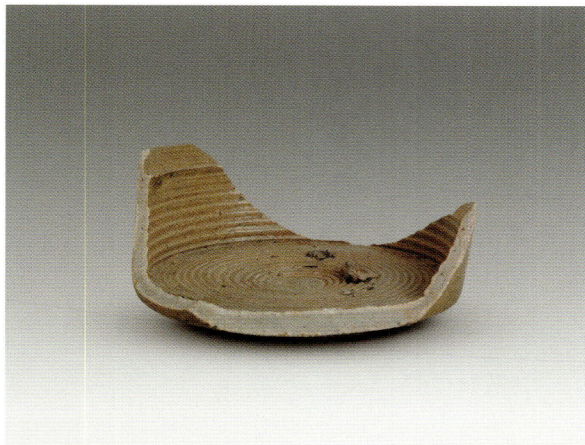

1. B 型 Ⅵ 式 Ⅱ T0303 ② b：1

2. B 型 Ⅵ 式 Ⅱ T0303 ② b：10

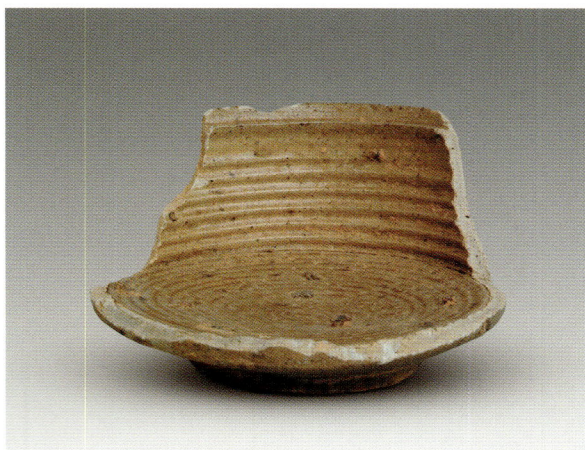

3. B 型 Ⅵ 式 Ⅱ T0304 ⑤ a：9

4. C 型 Ⅱ T0304 ⑩：17

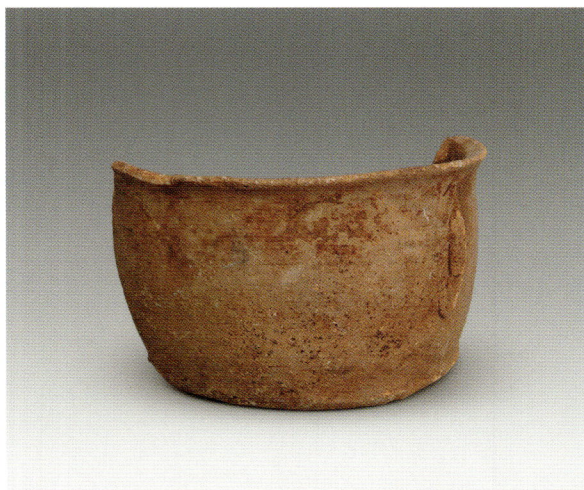

5. C 型 Ⅱ T0305 ⑤：5

Ⅱ 区出土原始瓷碗

1. Ⅱ T03C4 ⑩：15

2. Ⅱ T0304 ⑩：20

3. Ⅱ T0304 ⑨：7

4. Ⅱ T0304 ⑨：8

5. Ⅱ T0305 ⑥：23

Ⅱ区出土原始瓷 D 型碗

2. F 型 Ⅱ T0303 ② c：5

3. F 型 Ⅱ T0304 ⑤ b：33

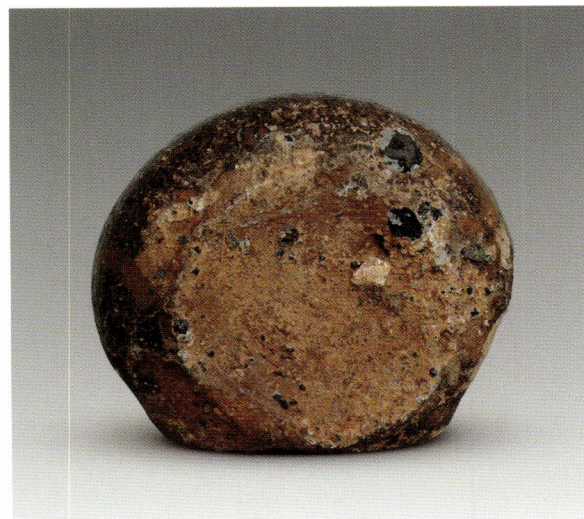

1. D 型 Ⅱ T0305 ⑥：16

Ⅱ区出土原始瓷碗

1. Ⅰ式ⅡT0305⑨：2

2. Ⅰ式ⅡT0305⑥：3

3. Ⅱ式ⅡT0305⑧：5

Ⅱ区出土原始瓷盂

1. Ⅱ T0303 ⑩：4

3. Ⅱ T0304 ⑬：4

4. Ⅱ T0304 ⑬：5

2. Ⅱ T0303 ⑩：5

5. Ⅱ T0304 ⑬：6

Ⅱ区出土原始瓷小盂

1. 小盂 II T0304 ⑬：7

2. 小盂 II T0304 ⑩：1

3. A 型盘 II T0303 ⑥：23

4. A 型盘 II T0304 ⑦：2

II 区出土原始瓷小盂、盘

1. Ⅱ T0303 ⑤：13

2. Ⅱ T0304 ⑥：4

3. Ⅱ T0304 ⑤ b：22

Ⅱ区出土原始瓷 B 型盘

1. Ⅱ T0304 ⑥：14

2. Ⅱ T0304 ⑤ b：20

Ⅱ 区出土原始瓷 A 型罐

1. A 型小罐 Ⅱ T0304 ⑫ b：13

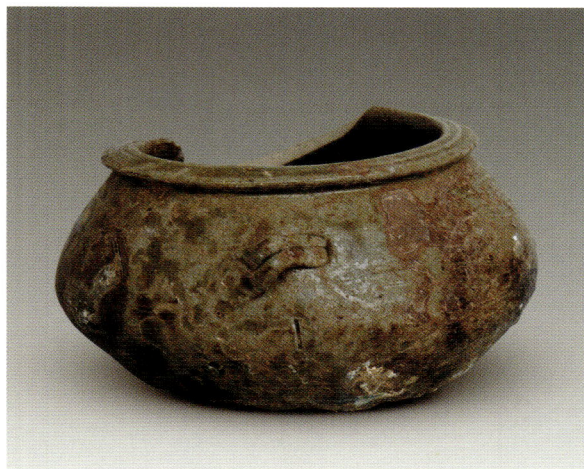

2. B 型小罐 Ⅱ T0304 ⑨：1

3. A 型 Ⅰ 式钵 Ⅱ T0304 ⑫ b：3

Ⅱ区出土原始瓷小罐、钵

1. Ⅱ T0304 ⑩：21

2. Ⅱ T0305 ⑥：22

Ⅱ区出土原始瓷 A 型 Ⅰ 式钵

1. A 型 II 式钵 II T0304 ⑩：19

2. A 型 II 式钵 II T0304 ⑧ a：4

3. A 型 II 式钵 II T0304 ⑦：12

4. A 型 II 式钵 II T0304 ⑤ b：35

5. 小钵 II T0303 ③：3

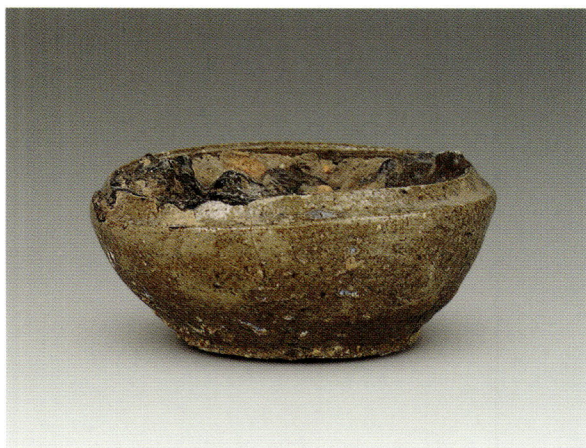

6. 小钵 II T0304 ⑤ b：23

II 区出土原始瓷钵、小钵

1. Ⅱ T0303 ③：5

2. Ⅱ T0304 ⑤ b：9

3. Ⅱ T0304 ⑦：13

Ⅱ区出土原始瓷 B 型钵

1. Ⅱ T0303 ⑩：3

2. Ⅱ T0304 ⑩：10

3. Ⅱ T0305 ⑨：4

Ⅱ区出土原始瓷平底尊形器

1. Ⅱ T0304 ⑩：23

2. Ⅱ T0304 ⑨：9

Ⅱ区出土原始瓷盆

1. Ⅰ式Ⅱ T0304 ⑬ : 12

2. Ⅰ式Ⅱ T0305 ⑤ : 9

3. Ⅰ式Ⅱ T0305 ⑤ : 20

4. Ⅰ式Ⅱ T0305 ③ : 14

5. Ⅱ式Ⅱ T0303 ② a : 1

6. Ⅱ式Ⅱ T0303 ② b : 14

Ⅱ区出土原始瓷桥形纽器盖

1. 桥形纽 Ⅱ 式 Ⅱ T0303 ② b：15

2. 桥形纽 Ⅱ 式 Ⅱ T0304 ⑤ a：2

3. 桥形纽 Ⅱ 式 Ⅱ T0304 ⑤ a：5

4. 其他类型 Ⅱ T0303 ⑦ a：1

5. 其他类型 Ⅱ T0303 ⑥：20

6. 其他类型 Ⅱ T0305 ⑤：23

Ⅱ区出土原始瓷器盖

1. Ⅱ T0304 ⑩：25

2. Ⅱ T0304 ⑧ a：5

Ⅱ区出土原始瓷 A 型 Ⅱ 式卣

Ⅱ区出土原始瓷 A 型Ⅲ式卣Ⅱ T0304 ⑩：5

Ⅱ区出土原始瓷 A 型 Ⅲ 式卣 Ⅱ T0304 ⑨：5

Ⅱ区出土原始瓷 B 型 Ⅰ 式卣 Ⅱ T0305 ⑥：17

1. 小杯形器 Ⅱ T0304 ⑬：15

2. 钵形器（？）Ⅱ T0304 ⑩：22

3. 提梁 Ⅱ T0305 ⑥：25

4. 羊形塑 Ⅱ T0305 ⑥：14

Ⅱ区出土原始瓷小杯形器、钵形器（？）、提梁、羊形塑

1. 刻划符号 Ⅱ T0305 ⑨：3

2. 刻划符号 Ⅱ T0305 ⑨：5

3. 刻划符号 Ⅱ T0305 ⑧：1

4. 刻划符号 Ⅱ T0305 ⑧：2

5. 刻划符号 Ⅱ T0305 ⑧：6

6. 勾连双勾线 "S" 形纹 Ⅱ T0304 ⑩：7

Ⅱ区出土原始瓷器刻划符号及装饰纹样

1. ⅡT0304⑬：17、ⅡT0305③：16、ⅡT0305③：9

2. ⅡT0304⑥：10

3. ⅡT0305③：13、ⅡT0304⑩：9、ⅡT0305⑥：31、ⅡT0305③：10、ⅡT0305②：1、ⅡT0305②：3

4. ⅡT0305⑥：32、ⅡT0305②：2、ⅡT0305⑥：33、ⅡT0305③：11、ⅡT0305⑧：8、ⅡT0305③：8

Ⅱ区出土托珠

1. B 型 Ⅶ 式碗 Ⅲ T0303 ② : 3

2. B 型 Ⅶ 式碗 Ⅲ T0303 ② : 5

3. 饼形器 Ⅲ T0303 ② : 8

4. 饼形器 Ⅲ T0303 ② : 9

5. 饼形器 Ⅲ T0303 ② : 10

6. 饼形器 Ⅲ T0303 ② : 12

Ⅲ区出土原始瓷碗、饼形器

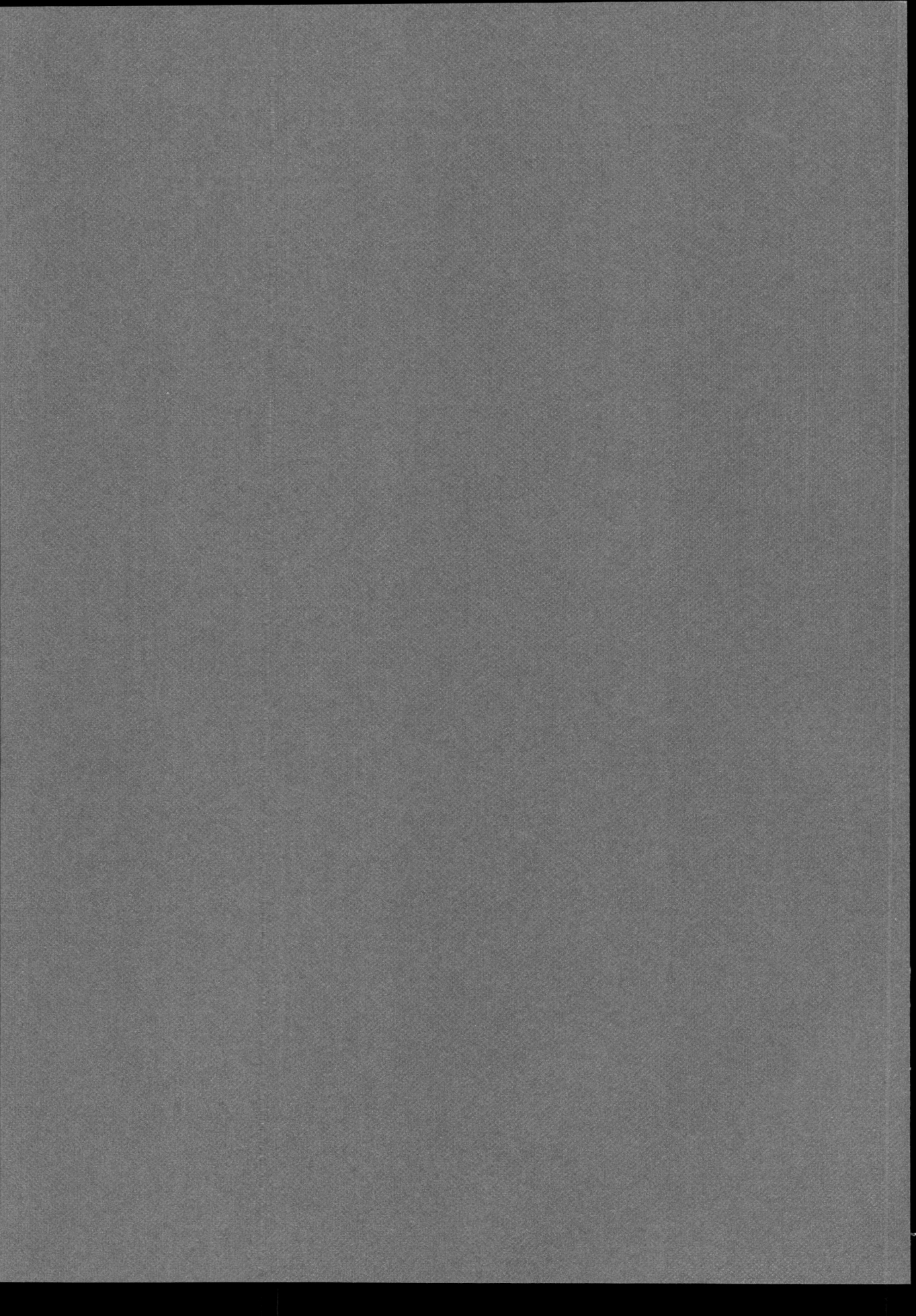